精神分析引论

【奥】弗洛伊德 ◎ 著
凌霄 ◎ 译

中国商业出版社

图书在版编目（CIP）数据

精神分析引论 /（奥）弗洛伊德著；凌霄译. —北京：中国商业出版社，2017.8
ISBN 978-7-5208-0035-8

Ⅰ. ①精… Ⅱ. ①弗… ②凌… Ⅲ. ①精神分析 Ⅳ. ①B84-065

中国版本图书馆 CIP 数据核字（2017）第 224224 号

责任编辑：武文胜

中国商业出版社出版发行
010-63180647　www.c-cbook.com
（100053　北京广安门内报国寺 1 号）
新华书店经销
三河市华润印刷有限公司

★ ★ ★ ★ ★

880×1230 毫米　1/32　12 印张　280 千字
2018 年 3 月第 1 版　2018 年 3 月第 1 次印刷
定价：48.00 元

★ ★ ★ ★ ★
（如有印刷质量问题可更换）

序

　　那些想要得到精神分析知识的人面临着很多难题,特别是当他们想要开展研究时,却找不到一本合适的参考书。之前,这些人可以在三类课本上加以甄选,可是初学者却觉得,每一类都存在不足之处。他们可以借助弗洛伊德、布里尔、费伦齐和我本人所刊载发行的大量论文,找到他们的研究方向。这些论文的安排没有根据某个一致性的计划,而且其阅读对象基本上是那些已经比较了解这种学问的人。或者,他们也可以尝试着对更系统的著作进行研究,像希契曼和巴巴拉·洛的书,这些书因为对太多的内容进行了精简,导致晦涩难懂。再不行的话,最后,他们或许还可以在众多书中找到一本,不需要把这些书的书名列举出来，它们都适当地阐述了精神分析，可是它们的作者虽然得到了这种学问的科学知识，却没有给予相应的原始资料。如今，一位最佳作者填补了精神分析文献的这个空白，他就是弗洛伊德教授自己。虽然他每天忙得不可开交，但还是抽出时间完成了这样一本书，只要是临床心理学界的人，都应该衷心地感谢他。今后，对于经常提出的问题，我们可以果断地说：这本好书开创了精神分析研究的先例。

可是就在这里，我也不得不提醒读者，觉得这本书是关于精神分析的完善的教科书的观点，有几点必须要予以指正。从一开始这本书创作的境况，我们就不能得出这样的评价。这部书是1915—1917年两个冬季在维也纳大学讲授的三部分讲稿。开头两部分假设听众对这门学科的知识完全不了解。从演讲的风格中我们也知道，是引出这门学问。可是在第三期演讲中，弗洛伊德教授信心十足地觉得听众在他们研究的基础上，已经把阅读的范围拓展开去了，决定把他们当作已经对这门学问有所了解的人，于是着手开始探讨更困难和更专业的课题——神经病的精神分析了。以至于，这本书的上半部分比下半部分要好懂得多，说实话，这样安排很合理，作者可以在这里或那里，将他比较难懂的最后的结论告诉大家。所以，不管一个精神分析的学者有多高的造诣，这本书都会让他受益匪浅。

我们还要留意到，此书没有完整论述精神分析和这里没有提到的其他人文科学的广泛关系。除了某些页上有一些提示以外，很少谈到精神分析在社会学、种族发展研究，特别是正常人心理学上的使用领域。此书大体上只是局限于日常生活的心理病理学和梦、神经病这三项专题，他之所以选取这些专题，是给作者目的的达到提供最合适的资料——让学生了解精神分析。

此书很早就出版了美国译本,可是除了笔调上的不足以外,译文中还存在很多大问题,比如有一节说幻念是独立的,被这样翻译以后,就好像在说弗洛伊德觉得强迫观念是绝症——所以,我们决定重新出版一个译本。里维埃夫人非常谨慎,从贝恩斯女士那里得到了第二部分十一讲草稿,进而翻译成了全书。我对比了译文和原著,与弗洛伊德教授和里维埃夫人一起,对存在疑惑的地方进行了探讨,我可以肯定地说,读者会满意里维埃夫人这本忠实的英译本。

欧内斯特·琼斯
1921年12月

目录

第一编 过失心理学 / 001
第一讲 绪论 / 001
第二讲 过失心理学 / 008
第三讲 过失心理学(续) / 020
第四讲 过失心理学(续完) / 036

第二编 梦 / 053
第五讲 初步探讨和困难 / 053
第六讲 释梦的初步假设与技术 / 067
第七讲 梦的显意和隐意 / 077
第八讲 孩提时的梦 / 086
第九讲 梦的检查作用 / 094
第十讲 梦的象征作用 / 104
第十一讲 梦的工作 / 120
第十二讲 梦的样本分析 / 131
第十三讲 梦的原始的与幼稚的特点 / 144
第十四讲 欲望满足 / 156
第十五讲 几点疑问和批评 / 168

第三编　神经病通论 / 179

　　第十六讲　精神分析法和精神病学 / 179

　　第十七讲　症候的含义 / 190

　　第十八讲　创伤的固执——潜意识 / 204

　　第十九讲　抗拒和压抑 / 216

　　第二十讲　人类的性生活 / 229

　　第二十一讲　里比多的发展与性的组织 / 244

　　第二十二讲　有关发展与退化——病原学 / 262

　　第二十三讲　症候的形成过程 / 279

　　第二十四讲　一般的神经过敏 / 296

　　第二十五讲　焦虑 / 309

　　第二十六讲　里比多说：自恋 / 327

　　第二十七讲　移情作用 / 344

　　第二十八讲　精神分析疗法 / 360

第一编
过失心理学

第一讲　绪论

大家通过阅读或传闻,对精神分析有了什么样的了解,我不得而知。可是我的讲题是"精神分析引论",也就是说,我必须假设大家根本不了解这一讲题,我必须从头开始说。

最起码,我可以假设大家是知道一件事的,那就是:在治疗神经错乱症时,精神分析是其中的一种方法。这个方法不同于其他医药的方法,甚至经常是反过来的。通常情况下,医生会对一种新的治疗方法进行大肆渲染,让病人相信它效果显著,从而接受这种新的治疗方法。我觉得这个办法很科学,我们可以因此让其疗效更加显著。可是如果采用精神分析这种方法来对神经病患者进行治疗,我们就不会采取这个办法了。我们会跟他说这个方法的难度很大,需要的时间很长,还特别需要他本人的配合,而最终会取得什么效果,则不得而知,所有成功都要依靠他自己的努力、认知、适应和忍受。我们为什么会采取这种好像很不寻常的态度,当然有十足的理由,以后,大家自然会知道的。

  很抱歉在讲演之初,我对待大家就像对神经病患者那样,我要奉劝大家下次不要来了。我要跟大家说的是,我只能让你们知道一点不太完整的精神分析的知识,而且你们也很难独立判断精神分析。你们因为受到教育和思想习惯的影响,不得已要排斥精神分析,你们先要经过一番强烈的内心挣扎,才能把这种本能的抵抗力克服掉。我的演讲到底能让你们了解多少精神分析,那当然无法预言,可是最起码,我可以跟你们说,你们不可能一听完讲,就懂得如何研究精神分析,也不能开展精神分析的治疗。而且,假如你们中有人不满足于表面的知识,而想要更深入地了解精神分析法,那么我不但不会激励他,而且还会斥责他。因为从目前的局面来看,假如从事这个职业,就相当于他已经失去了在学术上成功的机会,而且当他正式开业时,会发现他的目的和意向没有人了解,人们都对他充满了敌意,朝他发泄所有的隐匿的罪恶冲动。从现在欧洲战争的流毒中,你可能能够推断出他所面临的难题将是难以估算的。

  可是,一种新知识的出现,往往会诱惑有些人不顾一切地深入其中。假如你们当中有人尽管被我警示,却依然选择继续听讲,我当然会表示欢迎。可是你们都有权了解我所要指出的精神分析存在的内部难题。

  首先是精神分析的教学和说明的问题。当你们进行医学科研时,你们习惯于借助眼睛看到解剖的标本、化学反应的沉积物、神经受刺激后肌肉的收缩。后来,你们接触了病人,你们通过感官的方式去对病人的症状进行了解,对病理作用的结果进行观察,有时还可以对致病因进行研究。从外科来说,你们可以亲眼看见治病的手术,而且自己也能够参与其中。甚至从精神病疗法来说,病人的症状、反常的言行举止,都提供了一连串的现象,让你们记忆深刻。因此医学教授大部分都在做说明和指引的工作,似乎带领你们参观博物馆,而你们则因此可以直接接触到观察的对象,通过身临其境,确定新事物是真切存在的。

可遗憾的是,精神分析就不一样了。在精神分析治疗时,只有医生和病人的交谈。病人把他从前的经验,现在的难受、记忆说出来,并把他的希冀和情绪表达出来。医生只有安静地聆听,想办法引导病人的思路,强迫他关注某些方面,对他进行一些说明,观察他因此而得到的表扬或反对的反应。病人的亲朋好友只会相信他们亲眼所见、所接触到的,或者在电影中所看到的那种动作,现在听说"交谈可以治病"便会表示深切的怀疑了。他们的理由当然是逻辑不通的、冲突的。因为他们同时也相信神经病患者的病痛都是来源于想象。说话和巫术一开始原本是一回事,如今,语言不仅会让人快乐,也会让人失望。教员通过语言传授知识给学生,演说家通过语言感染听众,对他们的判断产生影响。语言可以带来情绪,我们经常把它当作彼此感应的工具。因此,对于心理治疗的交谈,我们不要小视。假如你们听到精神分析者和病人的交谈,也应该觉得知足了。

可是也很难听到交谈,因为分析时的对话是私密的,整个进程也是不能公开的。当然,我们在对精神病学进行演讲时,可以把神经衰弱或癔症患者介绍给大家,可是病人只会对自己的病情和症状进行阐述,不会说到其他方面。只有对医生怀有特别的感情时,病人才会畅所欲言,从而满足分析的需要。如果现场有一个不相干的第三者,他则会再次陷入沉默。因为分析时所要说的都是他们心灵最深处的东西,不仅不想让别人知道,还不想让他自己想起。

因此，你们就不能围观精神分析的治疗了。假如你们要学精神分析，就只能通过传闻。因为这种知识是间接的，所以你们很难形成自己在精神分析这个问题上的判断。所以，你们基本上要相信报告人是可信的。

现在暂时假设你们在听历史演讲，而不是在听精神病学演讲，又假设讲师现在讲述的是亚历山大大帝的传记和成功。你们为什么要相信他所说的呢？就形势来看，他的事迹好像比精神病学还要不靠谱，因为历史教授和你们一样，没有亲历过亚历山大的战事，而精神分析者最起码可以把他自己所参与过的事实讲给你们听。可是历史学家到底以什么论据作为基础呢？他可以请你们借鉴迪奥多罗斯、普罗塔克、阿利安等人的记述，他们和亚历山大生活在同一个时代，或者稍晚于他。他还可以请你们参观他在庞贝所保存的亚历山大的石像和钱币，把伊索斯战争的嵌画的照片展示给你们看。可是从严谨的意义上来讲，这些证物只能够对古人已相信亚历山大的存在和他的成功的真实性进行证明。你们可能又要开始批判了。可能你们会觉得有关亚历山大的记载不能完全相信，有些细节找不到十足的证据。可是当你们从教室走出去时，我可以肯定地说，你们绝对不会怀疑亚历山大的存在。那是什么原因呢？首先，教师不可能强迫你们相信他自己所不认可的事实，因为这不利于他。其次，古往今来，史学家所记载的这些史实，几乎没什么相互冲突的地方。万一你们对他们的记述提出质疑，你们便可采用两种测验：首先，看他们有没有作伪的企图；其次，看他们的记载是不是统一的。通过这种测验，就可以知道亚历山大确实是可信的，而摩西和尼罗特可能就逊色一点。到后来，你们就会知道精神分析的可疑之处到底在哪儿了。

你们现在有资格提出下面的问题：假如精神分析不仅不具备

客观的证据，还不能公开围观，那么要如何对它展开研究，并相信它是真实的呢？研究精神分析当然不简单，现在也极少有人对它进行深入研究，可是要学也是有途径的。精神分析的一个入门途径就是研究自我的人格。所谓"自我研究"并不都是指内省，可是因为没有更好的名词代替，所以才这样来对它进行描述。假如你们已经掌握了一些自我分析的知识，那么很多平常的心理现象可以当作素材用来进行自我分析。这样你们就可以相信精神分析所描述的绝对不是什么欺骗人的学说，尽管这方面的进步很有限。假如你们想要更深入地了解，可以把自己当作这方面的专家所分析的对象，可以借此机会去对分析者技艺的微妙之处进行观察。尽管这个学习法不错，可是只能用到个人身上，对全班是不适用的。

有关精神分析的第二个难点，并不是它天生就有的，而是你们接受了医学研究以后，受了它的影响以后才产生的。因为医学训练，你们养成了一种心理态度，完全不同于精神分析的态度。你们习惯于把解剖学当作机体的机能和失调的基础，用物理化学进行说明，用生物学理念进行深入剖析，而对精神方面的生活从来没有加以关注，对于复杂的有机体最终的发展或是精神生活却一无所知。所以，你们对精神分析的看法是不成熟的，你们时常对它表示质疑，对它的科学价值并不认可，而由诗人、哲学家、玄学家和一般人来研究。正是因为你们存在这种不足，所以你们不能变成好医生。因为医治病人时，你先了解到的肯定是病人的精神生活。你们原本对那些江湖术士和巫师是看不起的，可是因为你们不够重视精神生活，也许一部分医疗效果会归到那些江湖术士和巫师身上。

之前你们教育的这一不足之处，我知道是可以谅解的。在学校里,你们找不到一种相关的哲学科学来协助医学。不管是思辨哲学还是叙述性的心理学,或者是合并感官生理学研究的所谓实验心理学,对你们了解身心的关系、精神生活的失调都没有帮助。诚然,医学上有一种精神病学,专门对各种精神失调进行宣讲,集结成各种临床图书,可是就包括精神病学者本人在内,都质疑他们这些单纯描述的公式算不算得上科学。这些图画所表现的症状的发生、构成、联系,都是未知的。也许它们是联系不上脑子里的变化,或者尽管联系得上,却解释不了。只是当这些精神失常被确定为是由机体疾病带来的以后,才有可能得到治疗。精神分析所要填补的就是这个不足之处。精神分析法要把心理这个基础提供给精神病学,需要有个共同原因来对身体和精神的病症进行说明。只有放弃种种偏见,不管是来自于解剖的,还是化学的、生理的,才能达到这个目的,把纯粹的心理学的概念派上用场。你们一开始,肯定会觉得很奇怪。

其次还有一种困难,并不来源于你们的教育或你们的心理态度。精神分析中有两个信条,可以把人类都激怒:一是它和他们的理性的偏见刚好是反过来的;二是与他们的道德的美育的偏见相冲突。可不能小看这些偏见,人类进化是必然会出现这些的,是非常有实力的,情绪的力量是它们的基础,因此要打败它们,的确不容易。

精神分析首个让人不爽的命题是:心理过程主要停留在潜意识层面,而意识的心理过程则只是整个心灵的分离的部分和动作。我们一定不要忘记,之前我们一直以为心理的就是意识的。心理生活的特点似乎就是意识,而心理学则被看作是对意识内容进行分析的科学。这种看法太过于显著,以至于反对会被看作是无理取闹。可是精神分析却必须站在这个偏见的对立面,必须驳斥"心理的就是意识的"这一观点。精神分析以为心灵具有感情、思想、欲望等方方面面的作用,可是思想和欲望都可以停留在潜意识层面。可是精神分析因为持有这一观点,一开始那些理智的、充满智慧的科学者就不再对其寄予同情,而觉得它有巫术的嫌疑。我之所以把"心理的就是意识的"这一观点看作是偏见,其中的缘由你们当然很难理解,可是,如果真的存在潜意识,人类要进化到哪一步才能对它予以否认,或者这种否认可以带来什么好处,那也是你们无法预测的。于是心理生活和意识是不是在同一范围,或者比意识的范围还广,这种辩论似乎就只停留在文字层面,而和实际无关了。可是我要跟你们说,承认潜意识的心理过程,是对人类和科学崭新的观点的关键性一步。

现在我要对精神分析的第二个命题进行阐述了,你很难想象到第一个命题和第二个命题之间的关系有多么紧密。第二个命题也是一种精神分析的崭新观点,它觉得无论是广义的还是狭义的性的冲动,都是神经病和精神病的关键性源头,这点是先前没有发现的。甚至,我们觉得这些性的冲动对人类心灵最高文化的、艺术的和社会的成就发挥的作用是最大的。

我觉得精神分析法之所以让大家仇视,最主要的原因就是这个结论。你们肯定想知道这个结论有什么理由作为支撑。我们相信人类在面临强大的生存压力时,曾经努力地想要把原始冲动的满足给放弃,创造出文化。而也正是因为社会生活中不断涌入的个人为了实现公共利益,而把个人本能的享乐给抛弃了,文化才不断被改变。而其所利用的本能冲动,最重要的就是性的本能。所以,性的精力被提升了,也就是说,它把性的目标舍弃了,而开始追求更加崇高的社会目标。可是因为性的冲动难以掌控,所以由此而形成的组织都不太牢靠,而加入到文化事业中的每个人都难免会有受性力反抗的风险。假如任由性力肆无忌惮,回到它一开始的目标,那么社会文化所遇到的危机将是难以想象的。因此没有人愿意把性和社会发展的关系提出来,更不愿意认可性本能所具有的实力,或者对各人性生活的需求进行探讨。为了在性的问题上加以节制,就彻底把性这个问题抛开了。所以,精神分析的理论是受到质疑的,是要被理解成危险的、丑陋的、有违道德的。可是这种反驳要想产生效果是很难的,因为实际上,精神分析的结论可以被称为科学研究的客观结果,因此要想让反驳产生效果,就必须列举出非常充分的理由。对于和本意不相符的事实,人类会本能地把它看作是虚无,之后很轻易地找出辩驳的理由。所以,社会把它无法接受的东西公开为虚无的,用一些起源于情感冲动的、因果关系上的、详细的理由来对精神分析的结果加以驳斥,并坚持成见,用来对我们强大的反驳进行抗争。

可是我们不会在这种反面的理论趋势面前让步。我们只是对我们一心钻研所得到的事实加以肯定。我们笃定在科学研究的领域内,不需要顾及所有人的偏见,不管它们有没有道理。

在你们对精神分析感兴趣时,这些就是你们所遇到的困难。对于刚进入这门学科的人来说,也许讲得有点多了。假如你们还对此有信心,我们就会接着讲下去。

第二讲 过失心理学

现在我们摒弃假设,从事实的观察出发。为了实现这个宗旨,我们可以选择那些时常看到却一直被人们忽视的现象。一般健康人都会有这些现象,和疾病一点关系都没有。我想要说的就是大家经常所犯的无心之失。比如说,你想陈述某件事,可是所选择的词却不恰当［这就被称为"舌误"（slip of the tongue）］。又比如说写字也会犯与其相似的错误［这就称为"笔误"（slip of the pen）］，也许笔误会被我们发现，也许会被我们忽略掉。又比如说读书读错了字［这就称为"读误"（misreading）］。再比如说听者本没有问题，却把人家所说的话听错了。还有一组过失是因为短时间的，不是长久的遗忘所带来的，比如说一个人把他所熟悉的人的名字给忘了。又比如说一个人把他所要做的事给忘了，可是后来又想起来了，可见他只是短时间忘了。此外还有一种过失却是永久性的，比如说把某样东西放错了地方，导致永远都找不到了。这也是一种遗忘，可是和普通的遗忘略有差别。因为对于这种遗忘，我们觉得很惊讶，匪夷所思。还有一些过失，虽然只是短时间的，但却可以归到这一类。比如说有人一直都知道某件事情不对，可有时却会相信。像这样的现象还有很多。

在德文中，这些过失的名词的起首都是"ver"，从这里可以看出它们彼此间的关系。它们指的基本上都是短时间的、无关紧要的，而在生活中价值不太大的动作。比如说丢失的东西事实上一点都不重要。因此这些事实不会引起太大的关注，也不会有多少人喜欢。

我现在反倒要请你们去对这些现象进行研究，你们或许会急不可耐地驳斥，说："在人世上和精神错乱等方面存在不胜枚举的需要解释的神秘事情，把精力消耗在这些无足轻重的过失上，实在是太没有意思了。怎样能让我们开始关注精神分析呢？或许你可以对一个健全人在白天是怎么看到或听到虚幻的事物现象加以解释，或许你可以对一个人怎么突然相信自己最亲近的人正在加害于他的现象进行解释，或许你可以用最神奇的理由来证实一种包括儿童在内都会觉得可笑的幻想。可是假如分析只是用来说明一个演讲家用错字的原因,或者用来解释一个主妇忘记了钥匙等鸡毛蒜皮的小事的原因,那么我们就应该去关注更值得研究的事情了。"

我给你们的答案是:不要着急,你们的指责是偏离了主题的。当然,精神分析不能骄傲地说从来不对细小的事情加以干涉,相反,其他的科学经常嘲讽它所观察的材料是细小的、普通的、无关紧要的事件,甚至可以说是现象界里的糟粕。可是你们的指责好像觉得只要是特别重大的事件,肯定会有非常大的表现。可是在某个特定的时间和环境下,极其重大的事件通过某个细小的事件表现出来不可以吗?这个例子很容易举。比如说这里的青年听众们,他们是如何知道他们已经讨好了女人呢?难道一定要等她给予直接的明示、欢呼雀跃的拥抱吗?难道不正是通过一个眼神、一个手势、一个微小的动作表现出来的吗?或者假如你是一个侦探,正在调查一起谋杀案,你能希望在现场找到凶手留给你的印有他名字和地址的照片吗?难道当你找到了你所需要的线索,你不会觉得心满意足吗?因此细小的符号也有它相应的价值,我们是不能小看它们的。从这些符号出发,也许我们会发现特别重大的事件。你们觉得人世上和科学上的大问题会优先引起我们的兴趣,这点我当然表示认可。可是你们如果决定研究大问题,那也是有弊无利的,到了第二步就会觉得不知所措了。从科学工作的角度来说,假如眼前有一条路可走,你就照直走下去。如果你摒弃所有成见,义无反顾地向前,你也许可以以各种事物互相之间的关系作为契机(也有小事和大事之间的关系),以一些不值一提的工作作为契机,而侥幸开始研究大问题。

正是基于这个观点,我希望你们有兴趣研究这些正常人的小过失。我现在想先问一下那些对精神分析一无所知的人,对于这些现象,他们到底是怎样进行解释的。

他首先肯定会回答:"这些小事是不需要解释的。"他这句话到底是何意?他觉得这些小事可以非此即彼,而不能和其他事件形成因果上的关系吗?不管是谁,不管在哪方面,只要他对自然现象的因果律持否定态度,那么他就全然忘却了科学的宇宙观。宗教观也不会这么荒诞,因为从宗教的教义出发,如果不是上帝的意愿,也就是"一雀之微也不至于无因落地"。我想我们的朋友肯定不会对他的第一个答案深信不疑,他一定会妥协地说假如自己去对这些现象进行研究,肯定马上会得到相应的解释。那肯定是因为轻微的机能错乱,或精神的懈怠,这些情况是能够找到的。平常一个人说话没有问题,可是现在错了,那肯定是因为(一)疲倦或难受,(二)激动,(三)注意力放在其他事情上所带来的结果。这个证明起来很容易。疲倦、头疼或周期性的偏头痛经常会让人胡言乱语。在这种情况下,还时常出现把合适的名词给忘记了的状况。有很多人因为把专有名词给忘了,便预测要发作偏头痛了。一个人激动时,也经常用错字、写错字。注意力分散或专注于其他事情时,经常会不记得一些没在计划表上的事和很多他想要做的事。布拉特剧本里的教授就是这样一个例子。因为他正在思考第二卷书的问题,所以他把自己的雨伞给忘记了,而把别人的帽子拿了起来。我们通过自己的经验,也知道假如一个人专心致志于其他事情,就会把他的计划或信约给忘记。

看上去,这些话理解起来很容易,无可指摘,可是,可能不会让我们兴致盎然,也不能对我们的期许给予满足。让我们对这个解释过失的理论加以细致的分析吧。这些人所说的过失发生的前提并不是一个类型。常态机能之所以发生错乱,其生理依据就是循环系统的疾病和失调,而疲倦、激动和苦恼等,则可以被看作是心理生理的原因,这些都极易形成理论。疲倦、苦恼和整体的激动会让专注力无法集中,导致不能一心一意地进行某个动作,极易影响某件事情,导致其不能准确完成。神经中枢的血液循环假如出现问题或变化,也会出现这样的结果,同样让注意力无法集中。总的来说,之所以会出现各种过失,最主要的原因就是机体的或心理的原因而带来的注意力的分散。

可是这种说明对于精神分析的研究并不会起到太大的帮助,因此我们得把它舍弃。说实话,进一步对这个问题进行研究以后,就会发现这个"注意"说是不符合事实的,或最起码不能因此推导出一切。我们知道有很多人尽管不会经常觉得激动或疲倦,一切都在正常范围内,可也会出现这种过失或遗忘。只有当这些过失出现时,我们才会在事后把这些过失的原因归咎于他们自己想要否认的一种激动的状态。而且,这个问题也比较复杂,因为加强注意后,事情未必就会取得成功,减弱注意后,事情也未必就会一败涂地。有很多动作都是自发的,不需要刻意专注也会取得成功,比如说走路,可能不知道往哪走,可是却是可以到达目的地的,不会把方向走错。最起码,这是我们平常所司空见惯的。擅长演奏钢琴的琴师可以毫不费力地把曲子表演出来。当然,他也难免会犯些意外之失,可是如果自动弹琴会让错误的危险增加,那么琴师因为训练的强化而使弹琴的动作彻底变成自动的,就极易遇到这种危险了。可是我们知道有很多动作不需要过分专注,却往往成绩斐然,而有时特别想要成功,一丝一毫都不敢懈怠,却经常犯错误。也许你们可以说那是因为太激动了,可是为什么激动不能推动注意力更好地集中在他所希望达到的目的上,我们就无法理解了。因此在一场重要的谈话中,假如一个人把自己的意思表达反了,用心理生理说或注意说就很难进行解释了。

对于这些过失,还有很多其他的不太重要的特点,用这些理论也解释不清楚。比如说一个人暂时把某人的姓名给忘记了,特别烦恼,他不由得尽力去回想。为什么虽然他烦恼不已,却想不起来那个已经到了他的舌尖、只要别人一提起,他就可以马上想起来的名字呢?或许换一个例子来说吧。有时错误增加,彼此产生关联反应,或相互取代。比如说有一个人把一个约会给忘了,而第二次,虽然他想办法记住了,却把时间或地点给记错了。又比如说有一个人想尽各种办法,想要把一个已经忘记的字给想起来,而思考时却又忘记了可以给第一个字提供线索的第二个字。假如他因此想要记起第二个字,却又把第三个字给忘了,如此下去。排字的错误也是如此。据说,在某一"社会民主"报上也曾经出现过这种错误。该报刊载一次节宴,说:"参会者有呆子殿下"(His Highness, the Clown Prince)。第二天予以更正时,该报致歉说:"应该把错句修订为'公鸡殿下'"(His Highness, the Crow Prince)。又比如说某将军是众所周知的懦弱的人。有一随军记者对将军进行采访,在通信中称呼将军为 this battle-scared veteran[即害怕打仗的军人]。第二天,他致歉说,昨天的话应该修订为 the bottle-scarred veteran①[指嗜酒如命的军人]。这些过失,据说是因为排字机中有怪物捣鬼——这个比喻的含义就不属于心理生理说的范围了。

说错话也可能是因为暗示。可用一个故事来进行说明。在《奥尔良市少女》一剧中,有一个新演员出演了一个非常关键的角色,他原本应该向国王禀报说:"The Constable sends back his sword"[意思是"警察局局长把剑送回来了"]。预演时,主角捉弄他,多次

---

① 这是英文的例子。——英译注

对着紧张的新演员,把本文念成"The Komfortable① sends back his steed"[意思是"独马车把马送回来了"]。等到公演时,尽管这个悲催的新演员被多次警告不要说错了,也许正是因为被反复警告,他竟然又念错了。

用分心说是不可能对这些过失的特点进行解释的,可是我们也不需要因此得出结论,这个学说就不正确,假如增添一个环节,可能它就会是圆满的了。可是有很多过失却可以换个角度来思考。

我们把舌误作为典型。当然,笔误和读误也可以作为例子,可是我们一定要记得过去我们所探讨的只是我们说错话时到底是在什么地方以及什么情况下,而已经得到的答案也只限于这一点。我们也可以问为什么没有其他的错误,而只有这个特殊的错误呢?这就要考虑到过失的性质了。我们要知道的是,如果没有解答这个问题,也没有解释这个过失的结果,那么尽管已经把生理的理论提出来了,而在心理方面,却依然只是意外发生的现象。比如说,我说错了一个字,我可以用多种方式来把它说错,我可以用一千多个错字来取代那个正确的字,或者正确的也可以有多个变式。在很多也许会出现的错误中,只会有这个特殊的错误出现,到底有没有原因可循呢?或者只是因为意外的机会呢?到底能不能合理解释这个问题呢?

1895年,梅林格和迈尔(一位是语言学家,一位是精神病学家)曾经想方设法,想要从这方面着手,对舌误的问题进行研究。他们把搜集的很多案例集中在一起,用纯粹的叙述的看法来论述。当然,这不是解释,可是却能引向解释。错乱被他们分成"倒置"(字

---

① 维也纳的一个俗语,意思是"独马车"。

和音节、字母的倒置)、"预现""语音持续""混合""替代"五种。现在我们尝试着用举例来一一对其进行解释。比如说"黄狗的主人",错为"主人的黄狗",这就是极具代表性的"倒置"(从字的位置说)的案例。再比如说一个旅馆的茶房去敲大主教的门,主教问来者何人,茶房慌了,回答说:"我的奴仆,大人来了。"这也是倒置极具代表性的例子。① 而句中字母的"混合",则有如传教士所说:"How often do we feel a half-warmed fish within us"。又比如有人想表达自己是被动的单恋(就是说不由自主的单相思),却错说成被恋,这就是一个极具代表性的凝缩的例子。而语音持续是因为已经说出口的音节对准备要说出来的音节造成了干扰而出现的。比如说,"诸君,请大家干杯(auzustossen)以祝我们领袖的健康",错误地说成"诸君,请大家打嗝(aufzustossen),以祝我们的领袖健康"。

又比如一个议员说另一位议员是"honourable member for Central Hell"(意思是中央地狱里的荣誉会员,将 Hall 错说成 Hell)。再比如说一个士兵这样跟朋友说:"我希望我们在山上有一千人战败",将 fortified(守卫)错说成了 mortified(战败),这些都是非常有代表性的"语音持续"的案例。在第一个例子中,ell 这个音是持续的前面的"member for Central"下来的。第二个例子中,"men"一词中的 m 音持续下来组成了 mortified,这三个例子很少见。出现频率比较高的是"混合"的例子。比如说,一个男士咨询一位女士的意见,能不能一路"送辱"她(begleit-digen)。"送辱"这个词就是混合了"护送"(begleiten)和"侮辱"(beleidigen)这两个词。(可是年轻人要知道他如果这么鲁莽,便很难俘获女人的芳心。)又比如说

---

① 这是英文的例子。——英译注

一个可怜的女人说自己得了一种鬼怪病(incurable infernal disease①),根本无法医治。又比如说某夫人说:"男子极少明白女子所有的'无用的'性质(ineffectual qualities)的意义"(译注:ineffectual 或即 affectional 意思是感情的),这些都可以叫作"取代"。

梅林格和迈尔没有圆满地解释这些实例,他们觉得一个字的音和音节的音值是不一样的,高音值的音可以对低音值的音造成干扰。这个结论的依据明显是"不常见的预现"和"语音持续"。拿其他舌误来说,即便存在高低音值,也没什么大不了的。我们平常见得最多的舌误就是用一个字取代另一个相似的字。有很多人觉得这个相似点便足够说明了。比如说某教授在开始演讲时,说:"我不想"(geneigt)对前任教授的长处进行估计,——"不想"却错误地说成了"不配"(geeignet)。

可是最常见而又最会引人关注的舌误就是反向表达所要说的话,之所以会出现这些例子,原因可不是音的类似,所以,有些人觉得对立的两个词之间有很紧密的联系,因此在心理上的联系也会很密切。有很多这样的例子。比如说有一次国会议长在开始一场会议时说:"诸君,今天已到了法定人数,所以,我便宣布散会了。"

任何其他的联想也可能带来不好的结果。有一次,赫尔姆霍茨的孩子和工业界领袖兼发明家西门子的孩子喜结连理,宴会时,请知名生理学家杜布瓦-莱蒙发表演讲。他的演讲词理所当然是美好的,结束时举杯欢庆说"希望 Siemens and Halske 百年好合,"原来有个旧公司叫 Siemens and Halsk,柏林人都知道,就像伦敦人知道"Crosse and Blackwell"一样。

所以,我们一定要留意文字间的类同和音值(Sound-values),还

---

① 这是英文的例子。——英译注

要关注字的联想。可是并不仅限于此，从某个种类的实例来说，我们要对错误进行圆满解释，就必须合并研究前面所说过或想过的语句。按照梅林格的观点，这些例子都是"语音持续"的范畴，可是历史比较久远而已。——于是，我必须承认我脑海中的记忆是，舌误更难以理解了。

可是在对前面所举的各个例子进行研究时，我们还要关注一种印象。我们曾经只是对引发舌误的普通前提进行探讨，没有对舌误的结果进行过探讨。只要研究舌误的结果，就会发现有些舌误自身都是有价值的。这就是说舌误的结果本身可被视为一种指向性明确的心理过程，表述得有内容，还有意义。之前我们只对错误或过失进行讨论，现在看来好像这种过失有时也是一种合理的动作，只是它贸然闯入，把那些人们更加渴望的动作给取代了而已。

从那些例子来看，好像过失的意义是很明显的。议长在会议一开始就宣告散会，我们只要明白引发过失的情况，就可以对其意义进行揣度。他觉得本届会期肯定不会有什么好结果，还不如干脆散会算了，因此很容易就可以揣测出这个过失的意义。又比如说某女士对另一女士进行夸赞时说："我知道这顶美丽的帽子肯定是你绞成（cufgepatzt）的。"将"绣成"（aufgeputzt）误说成了"绞成"，她其实是想说这顶帽子一看就不是行家做的。又比如说某个夫人特别自以为是，她说："我丈夫请医生代定食单。医生说他不需要有什么不一般的食品，只需要食用我给他选择的东西就可以了。"我们也很好理解这个过失的意义。

现在假设大部分的口误和通常的过失都是有价值的，那么我们就必须特别关注之前没有关注到的过失的价值，而其他各点就只能退居其次。我们可以先略过生理的和心理的条件，全神贯注地研究有关过失意义和意向的单纯心理学。我们现在可以通过这个研究,深入探讨过失的材料。

可是在没有探讨以前,你们还要注意另一个提示,诗人在进行文艺表现时,常会用到舌误和其他过失作为手段。这证明他觉得过失或舌误是有价值的,因为他这样做是故意的。他绝对不是无心之失,而将这笔误变成剧中人物的舌误。他是想通过这个错误来表达一种深意,我们也可以对其动机进行研究——他是不是想借此把剧中人的注意力分散或太疲倦或头痛表现出来呢?当然,假如诗人的确想通过错误来把它们的意义表达出来,我们也不用过分关注。可能错误并没有深意,而只是偶然发生在精神上的一种事件,或只有偶然的意义,可是诗人却依然可以把文艺的技巧的过失的意义运用起来,以实现文艺的宗旨。所以,对舌误进行研究,向语言学者和精神病学者求教,还不如向诗人求教。

在由席勒所写的《华伦斯坦》(比科洛米尼,第一幕第五场)中,描述了这样一个例子,是有关这种过失的。在前一幕中,少年比科洛米尼曾经陪伴华伦斯坦漂亮的女儿到营寨里,因此热切支持华伦斯坦公爵而主张和平。他的父亲奥克塔维奥和朝臣奎斯登贝格因为他的退出大吃一惊。第五场有如下对话:

奎斯登贝格:啊,难道就这样吗?朋友,我们要骗他吗?我们不让他待在这里,让他不要回来,不在这时把他的眼睛打开吗?

奥克塔维奥:(从沉思中振奋起来)他已经把我的眼睛打开了,我都看明白了。

奎斯登贝格:看到什么了呀?

奥斯塔维奥:这旅行真是让人讨厌。

奎斯登贝格:为什么呢?你到底指的是什么?

奥斯塔维奥:朋友,来吧!我必须马上循着这倒霉的预兆,用我自己的眼睛好好看看——随我来吧!

奎斯登贝格:什么?去哪里啊?

奥斯塔维奥:(急匆匆地说)去她那里。去她本人那里。

奎斯登贝格:去……

奥斯塔维奥:(纠正了自己的话)去公爵那里。来,和我一块儿去吧。

奥斯塔维奥原本想说"去公爵那里",可是他错说成了"去她那里",由此可见,他也比较留恋公爵的女儿。

在莎士比亚的诗剧里,兰克得到一个记忆更深刻的实例。这个实例可以在《威尼斯商人》那一剧中,那幸运的求婚者巴萨尼奥对那三个宝器箱进行选择的那一场里找到。我现在最好先把兰克的短评读一下:

"莎士比亚的名剧《威尼斯商人》(第三幕第二场)中的舌误,从其所表达的诗的情感和其技术的灵活性来说,都是首屈一指的。这个舌误类似于弗洛伊德在他的《日常生活的心理病理学》中所引《华伦斯坦》剧中的舌误,从中也可以看出诗人对这种过失的构造和价值是再了解不过的,而且假设普通观众都可以理解。珀霞因为考虑到父亲的愿望,选择丈夫必须凭借机会。她凭借着好运远离了所有她讨厌的求婚者。她喜欢的是巴萨尼奥,他也向她求婚了,她担心他也会把箱子选错。她想跟他说即便他没有选对,她依然会选择他,可是因为她对父亲发过誓,所以只能缄口不言。莎士比亚让她在这个矛盾的内心世界里,对巴萨尼奥说了这样一番话:

我请你再等等!等过了一两天,再冒险吧!因为如果你没有选对,我就要失去你这个伙伴了,因此我恳请你再等等吧!我觉得我好像不愿意失去你(可是这可不是爱情)……也许我可以告诉你怎么做出正确选择,可是我因为发过誓所以不能这样做,所以你也许选不到我。可是一想到你可能会选错,我就想违背我曾经发过的誓。不要看着我,我已经被你的眼睛征服了,我被你分成了两半:一半属于你,另一半也属于你——可是我应该说属于我自己,既然是我的,当然也属于你,因此所有的就都属于你了。

她想偷偷跟他说,也就是在他做出选择前,她已经是他的了,她很喜欢他,可是按理,她是不应该说出这一层的。如此一来,诗人便运用舌误来把珀霞的情感表达出来,不仅可以让巴萨尼奥放宽心,也可以让观众安心等待选择的是哪个箱子。

请大家关注一下,在结束的时候,珀霞是怎么灵活地调和了自己说错的话和纠正的话,并让它们协调,又怎样把错误掩盖住了。

"……既然是我的,当然也属于你,因此所有的就都属于你了。"

所有医学界之外的学者,通过观察,把过失的价值揭示了出来,好像可以成为我们学说的先行者。你们清楚,利克顿伯格(1742—1799)是一个幽默的讽刺家,歌德说:"如果他说笑话,笑话的背后肯定隐藏着某个问题。"有时,他还在笑话中把解决问题的办法暗示出来。有一次,他嘲讽某人说:"他经常把 angenommon(动词,有'假设'的意思)读作 Agamemnon,因为他把荷马读得太熟了。"这句话确实可以用来对读误进行说明。

在下次演讲中,我们要考察的是,诗人是否认可心理错误的观点。

第三讲 过失心理学(续)

在上一次演讲中,我们只是对过失本身进行过探讨,并没有触及它和被触及的有意动作的联系。我们明白,就某些事例来说,过失好像也有价值。假如在更大范围内,过失有价值这一结论是适用的,那么研究意义会比研究因为过失所引发的前提更加生动。

到底该怎么解释心理过程的意义,我们首先要站在相同的立场。我认为,意义即它想表达的"意向"(intention),或者是在心理层面所占的比重。从我们所研究的大部分实例来看,"倾向"(tendency)或"意向"等词语可以取代"意义"这个词。到底是因为表象,还是因为对过失的意义相对理想化,才造成我们相信过失中存在意向呢?

我们此刻还以舌误为例子,来观察它更多的行为。我们不难看出,这些例子都有很明显的意向或意义,特别是那些反向表达自己所想要表述的内容的例子。比如议会议长在讲开场白的时候会说"会议结束",谁都懂他的意思是会开完了。你也能说"那是他自己说错了话",我们只是把其中的关键之处指了出来。请大家先听我说,提出质疑,觉得这是不可能的,觉得我们都明白现在是开会不是散会,觉得只有他自己最清楚他自己的意向,他是要说开会的。你们这样说,是不记得我们本来是想"只是对过失进行探讨",而留待以后再来分析过失和它所打乱的意向的。因此你们犯了逻辑上"窃取论点"的错误,并随意处置其所探究的所有问题了。

在其他的例子中,尽管舌误没有完全颠倒想要表达的内容,却依然表达出了一种矛盾的思想,像"我不想(geneigt)对前任教授的长处进行估计"。虽然"不想"不是"不配"(geaignet)对立面,可是这句话的意义已经完全不同于说话者所应该采取的态度了。

还有一些例子,舌误不过是把想要表现的意义另外增加了一层。所以它的错句依旧像是浓缩了很多句。就如那个自以为是的女人说:"他只需要吃我买的东西就行了。"字里行间她给人的感觉就是:"他当然能够选择他所喜欢的东西,可是他要什么,到底有什么意义呢？我才能够帮他选择食品呢？"舌误通常给人这种浓缩的感觉。就像一位解剖学教授在一场鼻腔的构造演讲结束的时候，问学生们是不是已经足够了解，在得到了肯定的答案之后，他接着说："这也许很难让人相信，在这几百万人的城市中，真正了解鼻腔的解剖的人少之又少。"按照这个浓缩句的意思是：只有他一个人懂这个问题。

舌误除了这个明显的特征外，还有其他的例子，它们的意义是很难理解的，因此使我们的愿望落空。就像读错专有名词，或者胡乱发些没有意义的语音等都是很平常的案例，因此仅从这些来看，就不难解释"过失是不是统统有意义"的问题了。现在我们更深入地对这些案例进行研究，也可以把这样一个事实提示出来，就是这种错误是很容易知会其中的意义的。说实话，前面很简单的例子和这些似乎很难理解的例子之间的差异并不是太大。

有人去问马主人："您的马现在怎么样了？"马主人回答说："哦！它不太好，它很'惨过'（stad）——不对，它还能再活一个月。""It may take another month"。那人没听懂，又问了一遍是什么意思，他说他觉得这是一件悲惨的事情（a sad business），把惨（sad）和过（take）放在一块儿就变成了"惨过"（stad）。（迈尔和梅林格）

还有一个人说到一件会被指责的事情时，他继续说道："可是一些事又'发龌'（refilled）了。"那么，他其实是想说，这些事是很"龌龊"的，"发现"（revealed）和"龌龊"（filthy）合二为一，变成了"发龌"。（迈尔和梅林格）

你们是否还有印象，那少年要"送辱"一个素不相识的女人。我们过去将这个词分解成"护送"和"侮辱"，当下不必要什么证据就能明白这种说法是值得相信的了。根据这些实际的例子来分析,足见它们就算不太清楚,也能诠释为两种不同表述方式的意向的融合或者争论。不同之处在于,在第一组中的"舌误"中,一个意向和其他意向是完全不相融的,说话的人把想表述的内容说反了。那么在第二组里,一个意向只是被误解或转换了其他意向。所以,就形成一种无意义或有意义的相互夹杂的字形。

现在我们已经理解大部分舌误的奥妙了。若是弄清楚了这一层,那么也可以领悟以前无法解释的另一种舌误了。就像改换名词的形式尽管不一定是因为两种相近名词的竞争所引起的,可是第二种意向是不难明白的。不是因为舌误所导致的名词的变化是很平常的,这种改变的用意是为了贬损某个人名,这是常见的侮辱人的方法之一。尽管有修养、有素质的人们不想采用,不过他们也不想舍弃,它被披上"下流玩笑"的外衣。打一个很俗的比方,"Schweinskarré"("猪样的")曾被用来讽刺法国总统Poincaré。我们还可以更深入一些,觉得这种嘲讽的意向也能隐藏于因为舌误所带来的人名变式之后。若是这种假设是正确的,那么因为舌误所导致的搞笑的变名也可以进行相似的理解。例如议会议员介绍他人为"中央地狱里的名誉会员"(honourable member for Central Hell),这种说法造成了一种好笑又不舒服的局面,会场中平和的氛围就被打乱了。因为这些变式带有嘲讽的意思,因此我们得出一个结论,它背后的意思就是:"你小心不要上当了吧。我这个字是没有任何意义的,若是谁想胡说,让他去阎王殿!"就像他这样,本来很好的字眼儿被他改变成了庸俗无理的字的舌误也能一样去理解。

一些无害的字被一部分爱开玩笑的人故意改为了粗暴的字眼儿,大家常常见到这样的情况。有些人觉得这很可笑,但事实上,你要是见到这样的例子,一定会想这是不小心的舌误还是故意编的玩笑。

过失之谜好像已经被我们用最少的付出破解了。过失是很关键的心灵活动,是有因可循的。它们的产生是因为两种意向的同时吸引或互相排斥,它们非常有价值。也许会有很多人向我提出疑问,我们首先要把这些问题解决掉,才能让这种来之不易的结论得到大家的认可。我并不想用随便的结论来搪塞大家,让我们静下心来,挨个对每件事情进行探讨吧。

你们会提出什么问题呢? 首先,你们会问我,这个解释是不是可以用来对所有舌误的事例进行解释呢? 是不是只能解释一小部分事例呢? 另外,这个概念对于很多种类的过失是不是也是适用的,像笔误、口误、读误及做错事和失物等呢? 再有,激动、疲惫、一心二用或注意力涣散等原因造成的过失心理学占多大的比例呢? 过失中两种相互排斥的倾向,一种很明显,另一种则不太确定。我们要怎样才能摸清后者的意图呢? 除了这些还有什么新的问题吗? 要是没有,我可要问你们了。我要提示大家,我们研究过失,不只是为了弄清它的本质,更要深层次地研究精神分析的主要意义。因此我提出了下面的问题:到底是何种偏向或企图干预了其他意向呢? 被干预的意向和干预的意向两者究竟有何关联呢? 因此过失之谜一旦破解,我们就要接着努力了。

我想说这就是对所有舌误的理解。为何? 因为我们只要对一个舌误的实例进行分析,就能总结出这样的观点。可是不能说这个解释适合于所有舌误。尽管也不会遇到什么阻碍,因为为了我们的目标,从理论上来说,这一层是无关紧要的。可是即便我们解释过的舌误的例子很有限,可是我们想用来解释精神分析的论断依然是有用的,再加上还有我们可以诠释的舌误不只是小范围的事例。第二,他种过失也适用于这个解释吗? 我们也可提前给予确定的回复。以后探究做错事、笔误或口误这类实例时，你们也能够坚信。可是为了叙述的方便，我想先暂停这个工作，先让我们对舌误进行更充分的分析。

像循环系统的紊乱、疲惫、激动、分心和注意力涣散等被有些学者认为至关重要的因素，现在于我们而言，有什么价值呢？假如过失的心理机制就像上面所说，就必须更完整地回应这个问题。你们要知道，我对这些因素不是持否定态度的。说实话，对于其他各方面的观点，精神分析似乎是无可争议的，精神分析只要在之前讲过的话中再注入一些新鲜的血液。有时，之前没有注意而如今精神分析所添加上去的内容，反倒是那事件中极为关键的部分。那些由小病、循环系统的扰乱和疲惫而产生的生理的倾向，当然会带来舌误，这些平常的经验，你们也是会相信的。可是认可了这些又能够对什么进行解释呢？它们并不是过失的必需前提。在完全健康和正常的情况下，也是会出现舌误的。因此身体的因素只是补充的，只能给带来舌误的特殊的精神机制提供便捷。之前，我曾经用到过一个比喻，现在短时间内没有找到更好的，就继续使用这个比喻了。比如说在黑夜里，我正在幽静的不远处散步，来了一个流氓，抢走了我的手表和金钱，我当时没有看清楚强盗长什么样子，我在警察局指控说："幽静和黑暗把我的钱物抢走了。"警察局局长可能会跟我说："实际上，你好像对极端的机械观点太相信了。你应该指控的是，一个你没有看清楚面容的强盗趁幽静和黑暗肆意妄为，把你的钱物抢走了。我觉得，现在最关键的是抓到强盗，也许还有可能把赃物拿回来。"

像兴奋、分心、注意力涣散等这样的心理生理的原因明显不能称为解释，它们只是几个术语。也就是说，它们是帘幕，我们要看到帘幕后面的东西才行。我们应该提出这样的问题：兴奋或分心到底来源于什么？虽然音值、字的类似、某些字共同的联想等的影响至关重要，因为它们让过失有了一条发泄的途径，可是就算有一条途径，就可以百分百保证我会沿着这个途径走吗？我还需要有个驱动力，强迫我必须顺着这条途径走。因此这些音值和字的联想也如同身体的情况，只是容易引发舌误的原因而已，不能真正对舌误进行解释。我演讲时所用到的无以计数的词语中，有很多字和其他字在读音上都是类似的，或意义与之相反，或公用的代表有紧密的联系，可是我因此用错的频率很低。哲学家冯特觉得如果因为身体的困乏而使得原来的意向被联想的倾向所束缚，便极易导致舌误。这好像有些道理，可是却不符合经验，因为在很多例子中，舌误并不能归因于身体或联想。

我对你们的下一个问题更感兴趣：到底要用什么方法，才能测试两种相互干扰的倾向呢？你们也许不清楚这个问题有多么重要。我们很容易了解这两种倾向中的一种，也就是被干扰的倾向。犯错误的人了解它，也认可它。只是另一种倾向会让人质疑，那就是干涉倾向。你们肯定还没有忘记，我们曾经说过这个倾向有时很明显，我们只要敢承认错误，就可以在错误的结果中发现这个倾向的性质。议长反向表达了所要说的话，他明显是要开会，可是本质上也想要散会。再清楚不过了，不用再多加解释。可是从其他例子来说，干涉的倾向没有完全暴露出自己，而只是让原来的倾向改变了面貌。我们要用什么方法，才能从这个变式中找到那干扰的倾向呢？

在某一组例子中，我们可以用非常稳妥而简洁的办法，也就是说，被干涉的倾向要用什么方法来测试，现在也可以用相同的方法，来对干涉的倾向进行测试。说话者使用错字以后，我们跟着询问，他就会采用他原本要说的字。"啊！它可惨过（stad）——不，它还能再活一个月。"他也可以对干涉的倾向进行补充说明。我们可以问他,为什么要先说"惨过"呢?他说:"我原本想说这是一件很悲惨的事。"拿另一例子来说,说话者使用了"发龌"两个字,他说他原本想要表达的是,这件事很龌龊,可是克制住了自己,换了一种表达方式。其干涉的倾向就像被干涉的倾向那样显著。这些实例都不是来源于我或给我提供帮助的人的胡编乱造,我之所以选择它们,是有我的理由的。我们必须问那说话者,为何会出现这样的错误,问他能不能进行解释。如果没有这样问,可能他会绕过去,而不想找到解释。可是经过追问以后,他就会说出他的第一个想法。你们要知道这个小小的帮助和其结果,正是我们要研究的精神分析一开始的形态。

可是我担心你们刚对精神分析的概念有所了解,就会马上排斥它。你们觉得犯错误者势必要对你要求解释的愿望进行满足,所以,便告诉了你他的第一个想法。而这错误是不是真的由这个所造成的,我们都没有十足的证据。可能它就是这样的,可能又不是这样的。可能他还想得到其他的解释。

显而易见,你们太鄙视心理事实了。你们想,如果有人对某一物质进行化学分析,对其中某一成分的重量进行测试。他可以从求出来的重量中得出某个结论。你觉得一个化学家会因为担心这一分解出来的物质可能有其他的重量而怀疑这些结论吗?所有人都清楚,那物质只有这仅有的一个重量,别无其他。所以,就以此为基础,果断地成立进一步的结论。一说到某人被拷问时联想到这个看法,而没有想到其他的看法,你们就会不相信这个心理事实,觉得他可能还有其他的看法。事实上,这都是你们固守你们心中的心理自由的假象。对于这一点,我要说声对不起,我和你们的观点截然不同。

现在你们会提出另一种质疑了，觉得："我们清楚精神分析有一种优势的技术，可以让被分析者把精神分析的问题解决掉。"比如说，那餐后的演说家请大家起来打嗝，以恭祝客人身体健康。你觉得其干涉的倾向是为了笑话，这个倾向和敬客的倾向彼此矛盾。可是这只是你的解释，依据就是无关于这个舌误的考察。如果你去征询那说错话的人的意见，他不但不承认他有侮辱的意思，而且会强烈地反对这个意思。为什么当别人强烈否定时，你还要死死揪住你这个无法证明的解释呢？

的确，这次你们的辩驳太强大了。我可以想象出来那位素昧平生的演说家，可能他是那位首席客人的助理员，可能是一位年纪尚轻的讲师，一个前途似锦的青年。我向他打听，他有没有觉得自己对他的领导不太尊重。于是发生了一场纷争，他开始烦躁，气愤地对我说："你也问我太多了吧，假如你继续问下去，别怪我不客气了。你的质疑会把我一生的事业都破坏掉的。由于我说了两次 auf，导致误将 anstossen 说成了 aufstossen。这就是梅林格所谓'语音持续'的实例，背后没有隐藏任何不好的意思。你知道吗？那就足矣。"这种反应让人目瞪口呆，是一个非常有力度的反驳。我知道我们不用再对他提出质疑，可是我想他在说到他的错误没有任何不好的意思时，好像过分激动了。他根本不需要因为单纯学理的分析而气得脸红脖子粗，你们可能也会赞成这一层，可是你们依然觉得他自己肯定知道他要说什么，不要说什么。

他应该知道吗？恐怕依然是一个问题吧。

你觉得现在已经驳倒我了。我听你们说："那就是你的技术了。犯错误者的说明假如符合你的看法，你便宣称本问题最后的见证者就是他，他自己是这样说的。可是，如果他所说的不符合你的观点，你便马上声称他说的话理由不充分，大家可以提出质疑。"

那的确是对的。可是我可以列举出一个相似的例子。比如说在法庭上,被告承认了自己的罪过,法官便不再怀疑他。如果被告不承认自己的罪过,法官就不相信他。如果不是这样,法律就难以实行下去了。尽管偶然也会出现失误,可是你们还是得承认,这个法律制度是切实有用的。

"嗯,难道你就是法官?难道你面前所站的被告就是说错话的人?难道舌误犯罪了吗?"

你们可以不用反驳这个比喻。你们知道有关过失的问题,我们的意见是不太一致的,我们现在还清楚要如何调和这种不一致。所以,我把法官和罪犯这个比喻提出来,当作暂时达成一致的基础。我们应该承认,假如被分析者承认过失的价值,就应该被完全相信了。我也觉得假如分析者不愿意直接说出来,或者连面都不让见,那么肯定得不到一手的证据。我们就得像法官断案那样,利用其他证据来协助。在法庭中判罪,为了事实上的原因,也可以采用间接的证据。尽管精神分析不需要这样的证据,可是也可以列入考虑范围。假如你相信科学只存在于已经得到验证的问题,那你就大错特错了。如果你对科学提出这个要求,也有失公平。只是那些想要得到权威的,甚至要把宗教教条摒弃而用科学教条取代的人才会提出这样的要求。事实上科学作为教条只有很少准确的原则,它涵盖的重点是程度不一的概率的描述。科学家有个特色就是会对靠近真理的东西感到满足,尽管还需要最后的证明,却也可以完成创造性的工作。

可是,如果被分析者不愿意对过失的意义进行解释,我们到底要去哪儿寻找解释的起点和作为证据的资料呢?我们可以从以下几个方面去找:首先,可以把那些非过失所导致的类似现象当作依据,比如说,如果一个人因为错误所带来的变式和因为故意所带来的变式相同,背后都会有嘲讽的意思。其次,可以以造成过失的心理情境和过失者的个性,以及没有犯错误之前的情感作为依据,也许过失反映的就是这些情感。通常情况下,我们从一般原则出发,可以得出过失的意义,这在一开始只能称得上是一种揣度、一种缓解,之后对心理情境进行研究,以得出证据。有时还要等到对过失意义接下来的表现进行研究以后,才能证明我们的揣度有没有科学性。

现在假如只是单纯说到舌误,虽然我还有几个不错的例子,可能也难以给你们提供这种证据了。那位要"送辱"某女士的青年,事实上是非常不好意思的;那位声称自己的丈夫只食用她所选择的东西的夫人,我明白她是个对家的管理非常严格的妇女,或许我们再举一个例子吧。俱乐部举行一个会议,一个青年会员发表演讲时,对他人进行强烈攻击,他把委员会的成员叫作"Lenders of the Committee"[也就是委员会中的放债者],原来应该是"members"[也就是委员]却用 Lenders[放债者]来取代。根据我们的想象,当他对别人发动强烈的攻击时,一些关系到放债(lending)的干涉倾向也正生龙活虎地存在着。事实上,有人跟我说这位演说家时常觉得经济窘迫,那时正在思考借债的问题。因此其干涉的倾向的确可以这样理解:"你在抗议时要小心一点啊,这些人可能都是你的债主呢。"

假如我说到其他的过失,我便可以给你们列出很多有关这种间接证据的例子。

假如一个人把一个常用的专有名词给忘记了,哪怕他用尽了全力,也不能记起它,我们便可以猜测这个人并不喜欢它,因此不想保存在记忆里。假如我们记得这一层,便可以对下面几个过失的心理情境进行探讨了。

Y先生和某女士谈恋爱,可是某女士并不喜欢他,很快,她就和X先生步入了婚姻殿堂。尽管Y先生很早就和X先生打过交道,比较熟悉,可是现在他却老是不记得X先生的名字,以至于每次要给他写信时,还要去问别人,他叫什么名字。很明显,Y先生是想彻底忘记他的情敌,把他从记忆里永远删除。

又比如说,某女士问医生一个他们共同的女朋友。她用的姓氏是这位女友未结婚以前的姓氏,而把她结婚以后的姓氏给忘了。她坦承自己并不赞成这桩婚事,而且对女友的丈夫厌恶至极。

之后,我们还会对专名的遗忘进行详细探讨,现在要引起我们关注的是带来遗忘的心理情境。

有关"决心"的遗忘也许是因为一种反向的情感,对"决心"的执行造成了阻碍。不仅精神分析家是这样看的,而且普通人处理日常事务也是如此,只是心理上否认而已。假如一个给予别人帮助的人,把想要得到帮助人的愿望给忘记了,那么即使提供帮助的人说了对不起,想要得到帮助的人依然会有所介怀。想要得到帮助的人会觉得,提供帮助的人太不重视他了,虽然对方答应了自己的请求,却根本没有身体力行。因此,哪怕是在日常生活中,遗忘有时也会让人生恨。由此可见,在过失的概念上,精神分析家和普通老百姓好像观点是一致的。试想一下,如果女主人看到有客人过来,开口就说:"你今天来了吗?我却已经把今天的约会给忘记了。"或者有个青年对他的恋人说,他已经忘记了他们之前的所有约会。事实上,他是不可能承认的,他会在非常短的时间内编造出多种荒诞的理由来阻止他去赴约,并使他直到现在都没有带给对方消息。我们都很清楚,在军队中,如果犯错了,遗忘是不能作为理由来求得谅解,从而免除处罚的。这个制度是得到大家公认的。如此一来,所有人都会马上认可某种过失是有意义的,而且也清楚那意义的内容了。为什么他们不把这个认知延伸到其他过失上，而公开承认它呢？当然，这个问题也会有一个相应的答案。

既然在普通人看来，遗忘"决心"的意义已经毋庸置疑，那就难怪作家也用这种过失来把相似的意义表示出来了。假如你们看过或读过萧伯纳的《凯撒和克利奥佩特拉》，是否还记得在最后一幕，凯撒下场时，觉得自己把一件应该做的事给忘记了，而内心忐忑。最后，他才记起来是没有和克利奥佩特拉说再见。作者想通过这个文学的技巧，把凯撒的狂妄感表现出来。可事实上，凯撒不仅没有这样的感觉，而且也从来没有过这样的向往。从历史的角度来看，你们会了解到，凯撒曾经带克利奥佩特拉一起到罗马去，而且凯撒遇刺时，克利奥佩特拉和她的小孩子还在罗马住着，直到后来才逃离这个地方。

这些遗忘"决心"的例子的意义都太明显了，因此并不能对我们的目的有多大帮助。因为我们的目的是，从心理情境中找到过失意义的提示。因此现在请对一种难以了解的过失进行探讨，也就是有关物件的遗失。你们觉得物件的遗失会让人烦恼，因此可能不太相信失物也是有目的的，可是这样的例子却比比皆是。有一个青年把他非常珍视的一支铅笔给弄丢了。几天前，他的姐夫给他写了一封信，信的结尾是这样写的："我现在可没空激励你放荡。"原来铅笔是这位姐夫赠送给他的。假如没有这个条件作为前提，我们当然不能武断地说，他把物品弄丢背后隐藏着丢失赠品的意思。这样的例子不胜枚举。一个人丢失物件，要么是因为和赠物者发生了口角而不愿想起他，要么是因为喜新厌旧。又比如说，假如把物件弄丢了、弄坏了，也可以实现相似的目的。在生日的前一天，一个小孩把自己所有的物品，像表和书包等都弄坏了，这难道是偶然发生的吗？

一个因为把物件弄丢了而内心忐忑的人，一定不肯相信他是有意这样做的。可是有时，我们也可以从失物的情境中发现一种短暂的或永久的遗弃的意思。下面这个例子就是一个非常好的实例。

有一个青年跟我说了这样一个故事："几年前我们夫妻之间有很多误解。我觉得她太冷漠了，尽管对于她优良的品质，我是认可的，可是我们住在一起却没有感情。有一天，她从外面回来，带了一本书给我，她觉得我看到这本书可能会很高兴。对于她的关心，我很感激，并答应读它，将它放在杂物中，从此就找不到了。几个月以后，我偶尔突然想到这本书，却怎么找也找不到。大概六个月以后，我的母亲生病了。她所住的地方和我家之间有很远的一段距离。我妻子去照顾我母亲。母亲病得很重，却反倒让我妻子优良的品质得到了很好的表现。有一天晚上，我回到家里，怀着对妻子满满的谢意，我打开书桌前的一个抽屉，虽然我的目的不明确，可是隐约有几分信心。我以为永远找不到的书竟然被我找到了。"

既然动机不存在了，失物便可以找到了。

也许我可以举出很多这样的例子，可是我不想这么做了。在我的《日常生活心理病理学》（1901年初版）一书中，你们可以看到很多和这种过失有关的实例。这些实例都可以对同一个事实进行说明。从这些实例中，你们可以发现错误是有目的的，还能够发现怎样从伴随的情境中揣度或验证错误的意义。我今天不想援引很多，因为我们现在的目的是，通过研究这些现象，以此敲开精神分析的大门。我现在还有两点要说：（1）一而再，再而三的和混合的过失，（2）以后的事实会证实我们的解释。

在过失中，绝佳的代表确实是一而再，再而三的和混合的过失。如果我们只需要对过失的意义进行证明，那就应该局限于这些过失上，因为哪怕是再笨的人，都会了解它们的意义，要求完美的人也可以笃定。如果反复犯一种错误，可见它肯定是有目的的，而不是毫无缘由的。而一种过失转变成另一种过失，更可以从中发现过失的要素。这个要素既不是过失的样式，也不是它可以采用的方法，而是通过过失可以达到目的倾向。我给你们列举一个反复遗忘的例子吧。琼斯说他有一次将一封写好的信搁在桌上，不知道为什么一连搁了好几天。后来他终于下定决心给邮寄了出去，可是他又忘了在信封上写收信人的地址和姓名，以至于信被退回。后来他填好以后再送到邮局，可是这一次他又忘记贴邮票了。这时，他才承认自己好像不想把这封信寄出去。

还有一个例子是错误地把别人的物件取了回来，然后又遗失了该物件。某女士和她的姐夫——一位著名画家一起在罗马游玩。在罗马居住的德国人给他大摆宴席，而且除了其他东西以外，还额外赠送给他一枚古典的金质章。因为她的姐夫对于这样贵重的赠品并不是很在意，这位女士满心怨怼。等到她姐姐来后，她便回国了，把行李箱一打开，她才发现，金质章竟然在自己的行李箱中，她根本不知道这是怎么回事。她马上写信告诉姐夫，说自己会在第二天把她误带回来的宝物寄给他。可是到了第二天，徽章突然找不到了，导致不能如期寄还。于是她才发现自己的大意是有目的的，就是要自己拥有这个艺术品。

我已经跟你们说过一个包括遗忘和过失的实例。你们应该还有印象，某人把一个约会给忘记了，次日，他打定主意要记得这个约会，可是他却不是在开会的时间抵达的。有一个朋友不仅喜欢文艺，也喜欢科学。他根据自己的经验，给我讲述了一个类似的例子。他说："几年前，某文学会选我做评议员，因为我想有可能以这个会为平台，让我的剧本可以在F戏院里公演。此后，我便多次不记得到会。在我看到你有关这个问题的著作以后,我不停地自责。我觉得这些人不再对我有帮助,于是我就不再到会了,我觉得自己太可耻了。所以,我打定主意不管怎样,下个星期五我一定要准时参会,我多次提醒自己,后来也确实这样做了。可是让我备感意外的是,等我到了会场门外,却发现门没有开,而且人都已经走了。原来我记错日期了,那天是星期六!"

我原本想把这样的例子多搜集一些,可是现在要接着进行下一步的探讨了,让你们目睹一下将来还要证实的那些解释的例子。

就像我们所想象的那样,这些实例的关键之处在于,当时还不了解,或者还不能测定其心理情境。因此那时我们的解释只是一种假设,力量不够大。可是后来发生了另外的事,可以用来对之前的解释进行验证。有一次,我去拜访一对新婚夫妇,那年轻的妻子笑容满面地给我讲述她最近的经历,说她在蜜月旅行回来以后的第一天,请她的姐姐和她一道去买东西,她的丈夫已经上班去了。突然,她看到对面街上的一个男人,她提醒她姐姐说:"看吧,那是K先生。"原来她已经不记得这人就是才和她结婚不久的丈夫。听到这个故事以后,我觉得很忐忑,可是不敢妄加揣测。几年以后,这桩婚姻走向了破裂,我不禁又想到了这个小故事。

梅特跟我讲述了这样一个故事,说某女士在结婚的前一天,竟然忘记了把新婚礼服试穿一下,导致缝衣匠急坏了,后来等她想起来时已经很晚了。结婚后没多长时间,她的丈夫就离开了她。梅特觉得,忘记试衣和这件事没有关联。我也知道一个已经离婚的女人。在经济上,她一直用的是她未出嫁前的姓名签字。就这样过了很多年以后,她果然又被叫作小姐。我还知道其他几个女人,她们在蜜月中把结婚戒指弄丢了,而且我还知道她们结婚的经过是怎么样的,以及为什么会丢失戒指。现在举一个结局尚好的奇怪例子。德国有一个知名化学家,他结婚时竟然把婚礼给忘了,没有去教堂,反倒去了实验室。后来,他便和婚姻绝缘了。

可能你们觉得这些实例中的过失和古人所说的预兆有点像。事实上,预兆确实就是过失,比如说失足或摔跤。虽然其他的预兆属于客观事件,而不是出于主观意愿。可是你们可能无法相信,要对某一特殊的例子究竟属于哪一种进行判断,有时也很有难度。因为主动的行动性通常会披上一件被动的经验的外衣。

假如我们回忆之前的生活经验,肯定会说假如我们有能力把一些小过失看作预兆,并在它们初现端倪时就把它们当作倾向的迹象,我们肯定可以远离很多烦恼和失望。事实上,我们通常不具备这个能力,以免会被嘲笑迷信。更何况预兆也不一定都会变成现实,我们的学说将会让你明白,它们未必会变成现实。

第四讲 过失心理学(续完)

在我们的实际研究中,已经尽力验证了过失的意义,它能够作为我们深入的研究底蕴。可是我必须再强调一下:我们一定不要坚持认为——为了我们的目标,也不需要认为——任何过失都有各自的意义,尽管我相信这不是没有可能的。我们只需要证明过失基本上都有这种意义就行了。对于这一点,各种过失的方式也不尽相同。有些舌误、笔误等单纯只是生理变化造成的,尽管那些以遗忘(如遗忘专名或"决心"和失物等)为基础的过失不是这样的。在一些实例中,比如丢失了自己的东西时,会让人感觉不是故意的。总而言之,我们的解释可能只局限于对平常生活中的一小部分过失进行解释。那么我们做个假设,过失是因为两种"意向"相互制约而产生的心理活动,上面的这个限制你们也一定不能忘记。

这就是我们的精神分析的第一种结论。之前的心理学对这样的情况不明了，更无法知晓此种制约会造成这些过失。我们正在大肆延伸心理现象的范畴，而让心理学有从来没有认可的现象了。

我们先从"过失是心理的行动"这句来展开分析。"过失是心理的行动"相比"过失是有意义的"而言，前者更有深意吗？我觉得不一定。反之，前者比后者更加笼统，更会造成误解。只要在心理生活中可以洞悉的一切，都能被当作是心理现象。但也要观察一下，它是不是下面这种非同一般的心理现象：它直接由身体器官或物质的变化而来，所以它不在心理学研究的范畴之内，或者是其他的情况，它的根源是他种心理历程，而在这些过程之后，在某一点上产生的一连串的机体的变换。后者就是我们所说的心理过程。因此我们说"过失是有意义的"会更加简洁方便。那么意义可以解释为关键性、倾向等一连串心理过程的一种。

尽管过失可能与另一种现象的联系很紧密，可是把它叫作过失不太合适。我们可以把它当作"突发的"和症候性的行为。这些行为好像是不必要的，它毫无动机、毫无意义，更没有用途。它们一方面不同于过失，因为不存在可以制约或对抗的第二个意向。另一方面，它又和我们看作情绪的姿态和动作几乎一样。只要是属于这种突发的行为，还有明显没有动机的动作，像戏动衣服或身体的一些部位，或触手可碰的一些物件等。这些行为也有应该做却没做的，和自娱自乐等。我说这些动作都是具备价值的，其解释可以和过失一样，都可以被看作是真正的心理动作，而变成其他更重要的心理过程的表现。可是我不想再过多对这些现象进行探讨了，现在要转回来谈过失，因为讨论过失可以让很多对精神分析进行研究的重要问题更明朗化。

下面几条应该是分析过失时尚未理清却又很有意思的问题，我们讨论过，过失是两种不同倾向相互制约的效果，一种可叫作被制约的倾向，另一种可叫作制约的倾向。被制约的倾向不会造成别的问题，那么制约的倾向，我们首先要清楚哪些倾向会牵制他种意向。其次被制约的倾向和牵制的倾向两者有何关联。

我们依然把舌误当成实例，先解答第二个疑问，再解答第一个疑问。

从意义上来说，舌误中的牵制倾向也许和被牵制的意向有联系。在此种实例中，前者是和后者相反的，前者是对后者的修正或弥补。可是在其他含混不清却更有意思的实例中，在意义上两者也许没有什么关联。

在曾经探究过的实例中，第一种的联系很容易得到证实。只要是反向表达的舌误，被牵制的倾向和牵制的倾向基本上是相互排斥的，所以，它是两种对立的冲动相互排斥导致的失误。那个议长舌误的意思是："我虽然已经宣布了是开会，却又甘愿散会。"有人说一份政治性的报刊迂腐、势利，它就发文反驳，想用下面这句话结尾："读者朋友们，长期以来本报一直以最无私（disinterested）的立场为大家服务。"可是为其发文的编辑却把"最无私的立场"错写为"最不无私的立场"（in the most interested manner）。他的意思是："我必须要写这篇报道，至于真相是怎样的，我是非常了解的。"还有一个代表建议某件事必须直接告诉皇帝，但是他缺乏勇气，于是因为舌误把直告错写成了婉告。

上面的实例给人的感觉是浓缩的和精简的，还有修正和延伸的意义，两种意向密不可分。例如"事情已经发生了，倒不如直接说它们是很恶心的，那么——事情就真的发龌（refilled）了。""真正明白这个问题的人少之又少，其实不然，只有我一个人明白，所以很好,——就算寥寥无几吧。"还有"我的丈夫有他想吃的东西,可是我是不让他随便吃喜欢的东西的,因此——就让他吃我中意的东西吧。"按这些实例来推断,它的过失都源于被制约的倾向的含义,或者是跟这种倾向有直接的关联。

相互制约的意向,若说没有关联就有点奇怪了。要是牵制的意向和被牵制的意向之间没有关联,那为什么会产生倾向的制约呢?又为什么刚好在那个时间显现出来呢?想解答这个疑问,则必须走观察这条路,从调查的结论来看,是这个人之前的一个想法(a train of thought)被显示出来,而这个想法的结尾引起了牵制的意向。那么这个想法是不是已经用语言表示出来了,那是无足轻重的。因此它可作为是某种"语音延续",可是未必只是言语的"延续"。被牵制的意向和牵制的意向两者只能勉强关联到一起,没有什么实质性的关系。

我经过仔细查看,举了一个普通的实例。我曾经见过两个维也纳女人,是在美丽的多洛米特山遇见的。我和她们一同走路的时候,描述了旅行的酸甜苦辣。其中一个觉得这样的生活不太好。"长期被太阳暴晒,全身都被湿透,那种感觉是很难受的。"从上面这句话可以看出,在某些方面她已经开始退缩了。那个女人接下来说道:"假若现在有 nach House 可以换……"House 是裤子的意思。要是没有舌误存在,我们很容易明白她想说要是在家的话就能换下湿透的衣服什么的。为了和礼仪相符,因此不方便用别的词;可是后面这句的说法是很独立的,那还未说出来的字因声音类似就变成 Hause 的近似音了。

此时我们来讲讲前面那个一直没有解决的关键问题,即到底是些什么倾向在用这种奇特的方式制约他种意向呢?它们的品种繁杂,可是我们只想弄清它们的相似部分。假如我们心怀这个希望,对很多实例进行分析,就可以弄清楚它们可以被分成三组。第一种是说话的人明白他的制约的倾向,而且在错误前也对这种倾向有所感觉。就像"发龊"这个舌误,说话的人不仅承认这件事是很恶心的,而且也承认自己有倾向要发表此意,只不过后来被遏制了。第二种就是说话的人承认自身有牵制的倾向,却不清楚这种倾向在说错之前已经活动了很久。所以,尽管他接受了我们的理由,但会觉得奇怪。这样的实例更容易在他种过失中找到。在第三组中,说话的人否决了对于牵制意向的理解。他不仅反复强调在他说错之前,这个倾向没有活动,而且说自己根本不知道这个倾向。就像那"打嗝"的例子,说话的人会极力批判我说出的他牵制的倾向。你们知道,在看待这些例子时,我和你们之间有很大的差距。我会始终坚持我之前的解释,不会相信他的否定,可是你们却被他的真诚所感动,觉得我是不是要放弃我的看法,来接纳精神分析产生以前的看法,把这些失误当成是单纯的生理行为。我能够料到你们为何会这么想。我的回答中有这样的假设:即说话的人不明白的意向能够由他表现出来,我能够根据多种信号推断其属性。这我都清楚,而且我也不得不承认你们是正确的。可是有件事必须弄清楚:这个被这么多实例证明的过失说,若要让它延伸出符合逻辑的结果,你们必须进行勇敢的假设,不然你们又要让辛辛苦苦取得的成绩前功尽弃。

现在让我们休息一会儿,先对这三组舌误的三种机制的共同要素进行考虑吧。幸运的是,这个共同要素极易被发现。从前两组来说,其受制的倾向是受到说话者认可的,而且在第一组里,说话者还没有说错,就已经意识到倾向的动态。可是不管是哪一组,其受制的倾向都会被镇压。说话者打定主意不将观念表而为语言,所以他便把话说错了。也就是说,那被镇压下去的倾向就和说话者的观点唱反调,或者更改他所许可的意向的表示,或者与它相混合,或者准备取代它,而使自己得到发表。舌误的机制就是这样的。

我觉得,第三组的过失也能够和对这个进行描述的机制相协调,我只需要假设这三组的不同之处在于摒弃一个意向的有效程度互相不一样。从第一组来说,其存在意向,而且在说话之前就已经被察觉到了,只有在说出口时才被排斥,正是因为被排斥,所以在错误中得到了填补。从第二组来说,被排斥得更早。在说出口以前,意向早已不会再有这样的感觉,却依然是舌误的原因。可是这样一来,第三组的解释得到了简化。即便一种意向被长久地遏制,得不到表示,说话者所以强力反对,可是,我可以大胆地说这种意向依然能够被感觉到。假如把第三组问题撇开,从其他两组,你们也必须得出这样的结论:舌误必不可少的条件就是镇压说话的原来倾向。

现在我们可以说,在解释过失时,我们没有止步不前。我们不仅知道过失这种心理现象是有目的的、有价值的,也知道它们来源于两种不同意向的彼此羁绊,还知道这些意向中但凡有一个想要通过对另一个的牵制而发表自己,那么其本身就会先受阻而无法活动。简而言之,一个倾向只有自己先受到制约,才能去制约其他倾向,这当然不能完美解释过失的现象。我们马上又可以提出一个新问题,大致意思是,我们知道的东西越多,就越有可能遇到新问题。比如说,我们可能会提出这样一个质疑:为什么事情不能简单化进行呢?如果内心出现一种想要阻止另一倾向实现的意向,这个倾向就完全无法表现。如果阻止没有成功,那么被阻止的倾向就可以完全表现出来。可是过失却是一种调和的办法,在过失里,那两种矛盾的意向成功了一部分,也失败了一部分。除了少数例子以外，被强迫的意向既然没有被全然阻止，那么就不能朝最初的目的奔过去。根据我们的想象，只有具备某些特殊的条件时，才会出现这种制约（或调和），只是我们无法推断出这些条件到底是什么。我也并不觉得我们更深入地研究过失，就可以把这些未知的条件找出来。我们先要对心理生活的他种不清楚的境界进行充分分析，只有经由这些研究得到类比，我们才敢针对相关过失的深入说明，给出相应的前提。可是你们还要注意一点，像我们在这方面惯用的做法一样，用一些小迹象指导研究也不是没有风险的。有一种叫作联合妄想狂（combinatory paranoia）的心理错乱，就是过度利用了这种小迹象。我当然不认为因此得到的结论就是对的。假如我们要规避这种风险，就必须把观察的范围扩大，必须从不同方式的心理生活中累积很多相似的现象。

所以，现在我们暂且不对过失进行分析了。可是你们还要注意一件事：你们必须把我们用来对过失进行研究的方法铭记于心，并当作一种楷模。通过这些例子，你们会明白，我们的心理学到底要达到什么目的。我们不仅要对心理现象进行描写，而且要分门别类，还要将这些现象视为心力相互抗衡的结果，是代表着朝某个目标前进的意向。这些意向有的彼此相融合，有的彼此冲突。我们要动的解释（a dynamic conception）心理现象，以这个解释为依据，只是从推论中得到的现象，要远远重于我们看到的现象。

所以，我们将不再对过失进行分析了，却依然要纵观一下整个问题。在观察时，我们会遇到一些或熟悉、或陌生的事实。而分类则要以前面所列举出的三种为依据：（一）舌误、笔误、听误、读误等；（二）忘却（像忘却专名、忘却外文字、忘却决心和忘却印象等）；（三）误放、误取和丢失物件等。总的来说，我们所研究的过失，有一半错误属于遗忘，一半属于动作。

前面，我们已经仔细探讨过舌误，可是现在还要加一点材料进去。有些有情感因素的小错误关系到舌误，也很有意思。人们总不想承认自己说错过话，通常不在意自己说错了话，可是一旦别人说错了，却要揪住不放。舌误是会影响到别人的，自己在说到舌误时可能就会被带到错误的境地。对于极细小的错误，我们也很容易发现它隐藏的动机，只是不能通过这个把隐藏的心理过程的性质看出来而已。比如说一个人因为受某一字的影响，把长音说成了短音，那么不管其拥有什么样的动机，结果肯定是把后一个字的短音用长音发出来，用一个新错对他前面的错误进行弥补。又比如把双元音 ew 或 oy 等错误地读成 i 时也会产生一样的结果，之后的 i 音肯定会用 ew 或 oy 进行弥补。这种行为背后好像有一种动机：听的人不允许相信是说话者忽视了本国习惯。第二个弥补的错误确实要让听的人关注到第一个错误，并表明自己也已经清楚。将语音浓缩或提前发出，是最普通、最简单而最无关紧要的舌误。比如说长句说错，肯定是因为最后一个想要说的字给前一个字的发音造成了影响。这让人觉得说话者已经不想用这个句子。自此以后，我们就到了边界线，精神分析的过失论和一般生理学的过失论就一样了。根据我们的假设，在这些例子中，牵制的倾向会排斥其想要说的话，可是我们只能通过这个知道存在牵制倾向，而不能知道它有什么目的。它所带来的干扰，也许是因为语音的关系，也许是因为联想的关系，都可以视为注意离开所要说的话的结果。可是这种舌误的关键之处却在于存在对原来意向进行制约的他种意向，而不在于注意的不集中，也不在于其所带来的联想的倾向。而性质怎么样，因为这种例子不同于其他更明显的舌误，不可能从它的结果中推断出来。

现在总算要说到笔误了。笔误的机制和舌误一样，因此我们没有对笔误的新看法,只要多了解一些有关过失的知识就可以了。那些司空见惯的小错,比如提前书写了后面一个字,特别是最后一个字,便会彰显出写字者没有耐心或讨厌写字,而更突出的笔误便可以把牵制的意向和性质彰显出来。通常情况下,如果我们在信内发现笔误,就会看出写信者当时内心里并不平静,而原因却未必清楚。笔误和舌误一样,自己都难以发现。下面这个观察是吸引人眼球的,有些人在发信前经常会再读一遍。有些人则不会,如果这些人有一天心血来潮,把他们所写的信来读一遍,便会发现明显的笔误而加以修正。这应该怎么解释呢?乍一看去,好像他们知道自己写信把字写错了。我们可以确定是这样吗?

事实上,有关笔误的意义,还有一个很有意思的问题。可能你们对杀人犯 H 的事还有印象。他充作细菌专家,从科学研究院里拿来极具危险性的病菌,来谋杀他想要杀的人。有一次,他向某一学院的职员申诉他们寄来的培养菌没什么作用,却写错了字,原本应该说,"在我对老鼠和豚鼠(Mäusen und Meerschweinchen)展开实验时",竟然误写成了"在我对人类(Menschen)展开实验时"。你们觉得会怎么样呢?如果那些医生们把这个笔误确定为一个口供而对其展开详细的调查,及时戳穿杀人犯的企图,那不是很好吗?从这个例子来讲,对我们的过失论不了解,就带来了严重的后果。我知道这种笔误会让我质疑,可是把它当作口供也错得太离谱了。因为事情比这复杂得多。当然,笔误是一种迹象,可是如果只单单有笔误,作为侦察的理由也不充分。从笔误来看,可以发现这人想害人,可是却无从得知这到底是一个怎样的计划,或者只是一种和现实无关的假想。有这个笔误的人甚至还可能用突出的主观缘由,不承认这种假想,反驳这种观念的荒诞。等后面对心理的现实和物质的现实的不同点进行讨论时,你们要了解这多种可能就更加容易了。可是这个例子再次验证了过失的意义毋庸置疑。

显而易见,读误的心理情境和舌误、笔误都不同。在读误时,两个相矛盾的倾向之一,会由感觉性的刺激所取代,因此可能比较不能坚持。一个人所读的材料不是来源于其心理,是和他所要写的东西不一样的。因此从大部分例子来看,读误都是用这个字代替其他的字,而这个字和其他字之间不需要有什么关系,只需要字形一样就行了。利希滕贝格的"Agamemnon"代"Angenommen"的例子可以称得上是读误的一个绝佳的例子。要想把造成错误的牵制倾向找出来,你们完全可以把全文抛开,而从下面的两个问题的研究着手:(一)自由畅想错误的结果(也就是取代进去的字)时,其所带来的第一个看法是什么?(二)读误会发生在什么情况下?有时,对后一问题的了解,已经足够用来解释读误,比如说某人在一个不熟悉的城市旅游,突然想上厕所,于是在一个两层房子上看到一块招牌,上面写着"Closethaus"(便所)。他正觉得疑惑,为什么这个牌子要挂那么高,这时才发现这个字原来是"Corsethaus"。拿其他例子来说,假如从内容上来说,原文和错误没有关联,就必须进行充分的研究,可是这却要求信任精神分析的技术,并经过训练,才有可能成功。可是解释读误却并不困难。就 Agamemnon 而言,通过它代进的字极易推断出扰乱所带来的思考方式。又比如说在这次大战时,市镇和将军的姓名,还有军事术语不绝于耳,因此一看到相似的字样,便通常会误读成某城市或某大将的名字或军事术语。那些还没有产生兴趣的事物被心里所想的事物取代了。思想的影子把新的知觉掩盖起来了。

有时文章本身也会带来一种扰乱的倾向,而产生误读,改写了原文的字样。如果你要某人读他根本不感兴趣的文件,那么分析研究会证实他只要出现错误,都是源于他不喜欢该读物。

从前面所讲述的比较多见的读误来说,过失机制的两个构成要素好像不太显著。这两个要素是什么呢?就是:(一)倾向和倾向的矛盾,(二)有一些倾向被逐而带来过失,以期得到弥补。所有这类矛盾都发展成误读也不尽然,可是,说实话,关系到错误的思路的缠绕要显著于他之前所承受的抑制。而因为忘却而带来错误的种种情境,那么就很容易观察到这两个要素。

很明显,"决心"的遗忘只有一种价值,甚至一般人也是认可它的解释的,上文都已经说过。牵制"决心"的倾向往往是一种反抗的倾向、一种不乐意的情感。既然不用再怀疑这个反抗倾向的存在性,那么我们只需要对它为何不通过另一种不太隐藏的方式表现出来进行分析。有时,这种倾向之所以必须要隐藏起来的企图,我们也可以推断出。他很清楚如果公开宣告,一定会遭到他人的诟病,假如灵活地采用过失这个方式,则更容易达到目的。假如在决心之后和实施以前,心理情境已经发生了很大的转折,导致不需要再实行决心时,尽管已经把决心忘记了,却不归属于过失。因为既然记忆派不上用场,忘记也就很正常了,它就被长久地或短暂地抛到一边了。只有决心没有被撤销时,忘记实行才能称为一种过失。

忘记实行决心的例子往往都是一样的,浅显易懂的,不会让人有研究的欲望。可是对这种过失进行研究,有两点可以增长我们的见识。我们前面说过,必须先有一种反抗的倾向,才能有遗忘决心的实践。这点没错,可是根据我们自行研究的结论,这"相反之意"(counter-will)有两种:直接的和间接的。最好用一两个例子来对间接的含义进行说明。比如说施恩者不在第三方面前举荐求恩者,可能是因为他不太喜欢这个求恩者,因此不想做这个引荐人。这当然可以理解为施恩者不想栽培求恩者。可是事情也许要复杂一些。施恩者不想做引荐人可能有其他的原因。这也许和求恩者一点关系都没有,而是由于他不喜欢他所要拜托的第三方。由此,你们便会知道我们的说明事实上要小心点用。尽管求恩者已对那个过失进行了合理的解释,可是他依然有可能因为心存疑惑而让施恩者蒙冤。又比如说一个人把一个约会忘记了的决心,最常见的原因就是,他不想见这个人。可是通过分析,我们知道,那牵制的倾向也许也和这个人没有关联,而只是和相见的地方有关。因为这个地方会让他觉得难过,所以他有意回避。又比如说忘记了把信发出去,其相反的倾向也许关系到信的内容,可是也许信的本身并没有大碍,其之所以没有被寄出去,只是由此联想到过去的另一封信,而这封以前的信让他心里升腾起一股厌恶之意。所以,我们就可以说因为以前一封招人忌恨的信使得现在本没有关系的一封信也让人讨厌了。因此使用有理有据的解释时,也必须小心谨慎,要对心理学上对等的条件了如指掌,事实上可以有多种意义。

如果事情真是这样,你们好像会觉得讶异了。可能你们觉得间接的"相反之意"可以用来验证其行为是不正常的。可是我可以跟你们说,在健康和普通的范围内也会出现这种行为。还有一层,你们千万不要错误地以为我在这里承认分析解释是不靠谱的。我曾经说过,忘记开展一个计划会有不同含义,可是这句话的前提是,没有经过分析而只是依据普通原则进行解释。如果研究相关的人,就可以测定出其厌恶到底是直接的还是有其他原因。

以下是第二点:如果大多数的例子已验证"决心"的遗忘一定来源于牵制"相反之意",那么即便被分析者不承认我们所测定的"相反之意"的存在,我们也敢认定自己的解释不动摇。举一个最常见的遗忘的例子吧,像忘记还书、忘记还钱等。我敢说,忘记还书或钱的人,肯定背后有不愿意还的原因。尽管他不承认,可是他不能给出另外的解释。所以，我们可以跟他说他有这个意图，可是自己不会察觉，而是通过遗忘的结果，把自己暴露出来就行了。那时他可能强力申辩自己只是忘了而已。你们知道我们以前是遇到过这种情况的。相当多的实例已经证明了我们对过失的解释，假如现在要在逻辑上进行延展，则必须假设人们有多种自己没有察觉到的倾向可以产生严重的结果。可是因此，我们便不可避免地和普通心理学和一般人的认知相矛盾了。

把专名、人名和外文字忘记等情况，也一样是因为和这些名词直接的或间接的不太协调的倾向。我已经举了几个例子，来对这种直接的讨厌进行说明。可是间接的原因这里却极其普遍，要想对它进行解释，就必须加以仔细研究。比如说在"一战"期间，我们必须把之前很多娱乐都放弃，于是我们对于专名的记忆力都因为一些不相干的关系而受到了很大的影响。最近几年来，我曾经把比森茨（Bisenz）镇忘记了。分析结果显示，我并没有直接讨厌这个镇，只是因为我过去在奥维多的比森支大厦（the Palazzo Bisenzi）有过很多快乐的时光，而比森茨和比森支在发音上很相似，因此被一起忘记了。在遗忘这个名称的企图上，我们首次遇到了一个原则，后来这个原则在神经病症候的产生上有举足轻重的地位。简而言之就是，关系到痛苦情感的事物，回忆就会带来痛苦，因此记忆方面便会对这种事物的回忆加以排斥。这个避免痛苦的倾向，事实上就是把名词和其他多种过失、遗失和错误的最终目的都忘记了。

可是遗忘名词或许非常符合心理生理层面的理解，因此很多时候它的产生不需要有一种规避痛苦的企图。通过观察，假如一个人有遗忘名词的倾向，就可以发现其之所以会遗忘，不单单只是因为他讨厌这些名词，也不只是因为这些名词让他想到什么不太好的经历,或许还因为这一特殊的名词还有什么其他的臆想。这个名词被禁锢在这里,不想和另外的事件有关联,但是想要记得这些名词就把它们撮合在一起,那么这样刻意的结合反而加剧了遗忘。你们要是对记忆系统的组织还有印象,就会觉得很诧异。人们的专名可以作为最典型的例子,因为他们面向不一样的人时,意义是不一样的。例如提奥多(Theodore)这个名字对不认识他的人来说是没有任何意义的,但是如果你是他的母亲、兄弟、姐妹或朋友,那就不同了。通过以往的实践,你们中后一部分人好像会认为拥有这个名字的人是我最亲的亲人,可前一部分人虽然觉得他和我没什么关系,但肯定不会淡忘以此为名的客人。那么假如这个设想造成阻碍、痛苦的效果,与间接的机制相符,你们便很容易明白是因为很多繁杂的问题导致了对名词的忘却。可是若是我们充分研究事实,那么这些繁杂的缘由也是能够被披露的。

相比对名词的忘却,对体验和印象的淡忘更突显出了一种防止不快的倾向。当然,并不是这一类所有的忘却都归于过失的领域,只能依照平常的经验,那些被看作是与众不同的、不合乎逻辑的忘记,比如忘记刚发生或很关键的记忆,或记不起某一件记忆很深刻的事情里的一小部分,那才属于过失的范围。我们为何会有遗忘的力量,特别是为什么会记不起一些曾经记忆很深刻的事情,那又是一个课题。对这种遗忘来说,虽然不想回忆苦痛也是一种缘由,但不足以对一切进行说明。毋庸置疑的是,那些痛苦的记忆是很容易被遗忘的。很多心理学者都发现了这一点:达尔文也明白这个道理,因此只要是与他的学说相背离的事实,他都很谨慎地记录,因为他担心遗漏了这些事实。

第一次听到用遗忘来消除苦痛记忆的原则的人都会反驳,觉得以他们的经历,正好很难忘却的是那些不快乐的回忆,因为悲惨的记忆常常不被意志所掌控——比如难过和耻辱的记忆。这是毋庸置疑的事实,可是这个反驳是很难站得住脚的。要明白心灵就是两种截然相反的思想互相辩驳的地方,或者是两种对立的意向的显现,来源于相反的倾向组织。一种独特倾向的产生,必然与它相对立的倾向共存。最主要的疑问就产生了:这些相对立的倾向之间到底有什么关系呢?

不管怎么说,遗失和放错物件不仅可以有很多意义,也可以有很多意向必须通过这些失误显现出来,因此探讨起来挺有意思的。这些实例的相同点是失物的意愿,不同之处在于这个意愿的缘由和目标。一个人丢失物品,也许是不喜欢了、坏掉了,或者是对送这个物品的人有了看法,也许他不想再想起得到这个物品时的场景。丢失物件或毁坏物件都能表达一样的倾向。听说在社会生活中,不被承认的私生子远比正常出生的孩子赢弱。这并不代表幼儿园的教育者用了不合适的方法,照顾孩子时有某种不认真的行为。物品的存放与否也正与此一样。

很多时候一件物品尽管还有它的用途,却被遗失了,或许有一种放弃了它就能避免其他更多牺牲的缘由。根据观察,这种消除苦难的方法依然很流行,因此我们是心甘情愿地放弃这些东西的。丢失物品也可用以惩罚自己或宣泄戾气。不管怎么说,失物之后深藏有很多意义。

就和别的过失一样,取错东西,或做错事情,也被拿来满足一种应该禁止的意愿,其倾向于以突发的时刻为借口。就像我的一个朋友曾经做过的,他实在不想坐火车去乡下的朋友家,之后中途转车的时候,误上了回家的火车。还有人在出门旅游时想在中途休息一下,可是因为他已经有了别的约定而无法做到,于是他把时间弄错或推迟了,导致他必须停下来休息。或者像我的一个病人,我不允许他给他爱人打电话。他原本是要给我打电话的，可是拨错了号，又打给他的爱人了。以下是一个工程师的描述，其足够表明毁坏物品及动作失误的意义。

"我曾经在一个中学的实验室里和几个同事一起做与弹力有关的实验，这是我们毛遂自荐的工作，可是它所花费的时间高出了我们的预想。一天，在实验室里，一个朋友说他家里有事，不想在这里待得太久。我对他表示理解，然后开了一句玩笑说：'我祈祷这个机器又会坏掉，那样我们就可以早点回去了。'在安排工作的时候，那个朋友的工作是执掌压力机的开关，也就是说，他要谨慎地启动开关，好让储藏器内的压力缓缓地进到水压机的汽缸内。指导实验的人在水压计的旁边，等压力合适的时候大喊'停下'，朋友听到口令，就把开关拼尽全力向左旋转。（只要是开关都必须向右转，这是常识。）然后储藏器内的所有压力顿时进入压力机，使得连接管道炸开——这是谁都没有预料到的，于是我们只有停工回家了。过了一段时间，我们一起谈论这件事，那个朋友已不记得我曾说过的话，我却记忆犹新，这就很能说明问题。"

记得这一点，你也许会开始质疑人们无意打碎家里的器皿是不是出于巧合了。甚至一个人自残或让自己处于危险的境地，到底是不是巧合，都会产生疑问了——要是有机会可以考证一下。

对于过失，可以说的不光是这些，还有很多疑问有待探究和分析。如果你们听了我的看法，能改变一点点曾经的想法，然后准备吸收一些新的认知，我就很开心了。其他未解开的疑惑就姑且不提了。因为只单凭对过失的探讨不可能证明所有原则。为我们的目标，过失是有意义的，就在于它们是最平常的表象，可以很容易洞察到，又与病态无关。在完结之前，我来回答一个还没回答的疑问："如果依照这些实例来看，大家已经理解和清楚了过失的意义，为何还会这样频繁地认为过失是巧合、没有意义的行为,并这样激烈地抵制精神分析的解释呢?"

所以很有必要对这个疑问进行说明。可是我不能马上给你们讲明,我想让大家渐渐地体会这些联系,然后通过自己的认知理解得出结论。

第二编 梦

第五讲 初步探讨和困难

有一天,我们意识到某些神经病的症状也不是没有价值的。[①]精神分析治疗法就是在这个基础上产生的。病人在接受这种治疗时,说到症状,有时还会提到梦。所以,我们开始想,梦是不是也有价值了。

可是我们的演讲并不想按照时间的先后顺序来,却要反其道而行之,先对梦的意义进行说明。因为研究梦不仅可以给神经病的研究打下基础,而且梦本身也是一种神经病的症状。再加上健康人也会出现这种现象,所以给我们的研究创造了更有利的条件。实事求是地说,假如人们都健康而且做梦,那么我们从他们的梦里几乎就可以了解到所有有关神经病研究的知识了。

---

① Joseph Breuer 于 1880 年至 1882 年发明,见我 1909 年在美国进行的关于精神分析的演讲。

所以，精神分析就把梦当作一种研究对象。梦和过失一样，虽然健康人都有，可是大家却都对其视而不见，觉得它没什么现实意义。可是研究梦更会让人嘲笑。一般人和科学只是对过失视不见，可是对其进行研究，也不会失了体面。有人说，除了过失以外，还有些重要性超过它的事实，那当然没错，可是对过失进行研究也不是全然没有收获的。而对梦进行研究，不仅毫无意义，还会被觉得非常卑鄙。不仅和科学不相符，而且还会被质疑神秘主义。而且在神经病理学和精神病学内，有很多核心问题——像心理的肿瘤症、出血慢性炎症等——难道医生可以在梦的研究中投入精力吗？梦实在是太没有意义、太琐碎，无法拿来研究。

梦还有一个不适合当作研究对象的因素。对梦进行研究时，其对象难以确定。比如说妄想，它还具有比较清晰的轮廓，病人非常清楚地宣称："我是中国的皇帝。"可是梦呢，却基本上难以描述出来。一个人说梦，能保证自己说的就一点问题都没有吗？没有修改过吗？或者没有因为记忆不清晰，而不得以进行增删吗？大部分梦，除了些细枝末节以外，是很难想得起来的。一个科学的心理学或治疗的方法选这种材料作为依据合适吗？

批判而有失公平，便可能带来质疑。梦不能拿来进行科学研究，其论点明显太走极端了。我们在对过失进行探讨时，也有人觉得它太过于琐碎，我们却以小中见大加以辩解。如果你说梦不清晰，这也是梦的一大特点——某物自身的特点，是我们所无法掌控的，而且还有清晰的梦呢。从精神病学的研究来说，有些其他的对象也和梦一样，都存在不清晰的问题。比如说很多有名望的精神病学家都曾致力于很多强迫观念的症状的研究。我还记得我曾经治疗过的一个实例，那是一位妇人，她是这样描述自己的病的："我有一种感觉，我好像过去伤害过，或者想把一个生物，可能是一个小孩，也不是，可能是一条狗给杀害，似乎我曾经从桥上把它给推下去——或与这类似的事。"而说梦难以有准确的印象，那是可以弥补的。你只需要把说梦者说出来的一切都当作是其梦的内容就可以了，而不用管他在回忆中所增删的或遗忘的内容。更进一步来说，一个人不应该妄下结论，说梦这个事实是不重要的。我们从自己的经验中得知，梦所留下来的情绪可以整日如此，而且医生经过观察发现，精神错乱和妄想的起源可以是梦，而且历史上的人物也有过因为梦而引发干一番大事业的冲动。难道科学家们没有发现梦到底有什么真正的原因吗？我觉得，那是反对古代对梦过于关注。大家都知道，对古代的情形描绘并不是一件轻而易举的事，可是我们可以推定(请原谅我开一句玩笑)三千多年以前，我们的祖先便像如今的我们一样做梦了。据我们了解，古人都觉得梦的意义非同小可，而且具有现实意义。他们通过梦预示将来。古代希腊人和其他东方民族出去打仗时必定会带一详梦者，如同今日作战一定会把侦察员带在身边一样。亚历山大大帝出门打仗时，营里有最知名的详梦者。那时，泰尔城还在岛上，防御工作做得很好，导致大帝都准备放弃攻城了。有一天晚上，他梦到一个半人半羊的神兴高采烈地舞蹈，他把这个梦跟详梦者说了，详梦者觉得这代表着会胜利攻下那座城。大帝因此吹响了战争的号角，通过武力的方式把泰尔城拿了下来。尽管伊特拉斯坎人和古罗马人也通过其他方法预知未来，可是在希腊、罗马时期，最风靡的还是详梦术，也得到世人的尊崇。达尔狄斯的阿耳特弥多鲁斯，据说生于哈德里安帝的时代，曾经写了一本详梦书并流传了下来。至于后来详梦术是怎么衰败的，世人又是怎么不再重视梦了，我是不知道的。详梦术的衰败必然不是因为学术上的进步，因为在中世纪最暗无天日的时期，即便是比详梦术更荒诞的事物，都被小心翼翼地保存着。实际上是：人们只是没有对梦过于关注，而降级到迷信的地步，梦只被那些没什么文化的人所信仰。直至今日，详梦术越来越没有市场，沦落到只想从梦中得到彩券中奖的数字了。可是从另一方面来说，如今精准的科学却又时常对梦进行研究，可是它只有一个目的，就是对生理学的理论进行阐述。在医生眼里，梦当然不是一种心路历程，而是心理上接受了物理刺激所引发的反应。1876年，宾兹说梦是"一种毫无意义的、病态的物理历程，这个历程和灵魂不朽等概念完全没有关系"。莫里说梦是一种舞蹈狂的随意舞蹈，完全不同于正常人的协调运动。古人是这样比喻梦的，觉得如果"有一个对音乐一无所知的人让他的十个手指头在钢琴的键盘上随意拨动"，那么他所产生的声音就和梦的内容有些相似。

所谓"解释"就是把其潜藏的意义揭露出来，而古人对梦进行解释，却从来不会解读其背后的意义。请看冯特、乔德耳和其他近代哲学家的著作，他们只限于把梦的生活和醒时思想的区别列举出来，以对梦的价值进行贬损，他们对联想的缺乏联系、批判能力的中止作用、所有知识的消灭，还有其他机能削弱的特点等颇为重视。精神科学只从一个方面作用于我们对于梦的了解，那就是有关睡眠时所有物理刺激对梦的内容带来的影响。一个刚去世不久的挪威作家伏耳德著了两大卷书，对梦的实验的研究（1910年和1912年被翻译成德文）进行探讨。可是他所写的几乎都是和手足位置改变相关的结果。这些研究，可以称得上是我们对于梦的实验的榜样。你们可以想象吗？如果正统的科学知道我们想研究梦的价值，将会怎样指手画脚？我们已经领教过批判，可是我们不会因此而后退。如果过失可以有隐藏的意义，那么梦也可以拥有这种意义。在很多情况下，正统的科学已经来不及对过失的意义进行研究了。因此，让我们吸取古人和一般民众的观点，然后追随古代详梦者的脚步吧。

首先,我们要把自己这一事业的发展方向确定下来,概括梦的范围。梦到底是什么?确实很难用一句话概括出来。可是大家都很熟悉梦,所以不需要在定义上费脑筋。只是依然有必要把梦的要点指出来。要如何去发现这些特点呢?既然梦的范围很大,不同的梦之间又有很大的差异,那么我们如果可以把所有梦的共同成分都指出来,也许就是梦的要点了。

那么好了,所有梦的第一个共同特点就是睡眠。很明显,梦是睡眠中的心理生活,尽管这个生活和醒的生活有些相似,可又有很大的不同。那就是亚里士多德给梦所下的定义了。梦和睡眠可能息息相关。我们会在梦中惊醒,我们自然醒过来,或勉强醒过来,都经常伴随着梦。梦好像存在于睡眠和苏醒之间。所以,我们可以把关注的目光投在睡眠上面,那么睡眠又是什么呢?

那是一个生理学或生物学的问题,现在依然争论不休。我们还能得出一个清晰的答案,可是我觉得我们可以把睡眠的一个心理特点指出来。睡眠的状态是:我不想与外界发生关联,也不想对界有兴趣。我去睡眠,这样就可以把外界摆脱掉,把那些外界的刺激摆脱掉。一样的道理,如果我厌烦了外界,我也可以去睡眠。我快要睡时,可以对外界说:"让我清静下来吧,我要睡了。"小孩子的话则完全反了过来:"我还不想睡,因为我还不累,我还想到处看看。"因此睡眠的生物学目的就像蛰伏,而其心理学的目的好像是不再对外界有兴致。我们原本不想进入人世,所以只好阻隔和人世的关系才能够忍受。所以,我们按时回到未入世以前或在妈妈子宫里的生活,想再次带来和这个生活相似的特点,像温暖、黑暗和刺激的退隐。我们当中有些人还像一个球一样蜷缩着,类似于在子宫内的位置。因此我们成人好像属于现世的只有三分之二,还有三分之一没有出生。每天早晨醒来时，就宛如新生。事实上我们说到醒悟，也经常会说"我们好像是新生了"——在这一点上，我们或许完全理解错了对于新生儿的一般感觉，也许婴儿的感觉是很不好的。我们会说出生时是"初见天日"。

如果这就是睡眠的特点，那么梦肯定不属于睡眠，反倒像是睡眠不待见的补充物。事实上我们相信，如果睡眠中不出现梦，才称得上优质睡眠。睡眠的时候，必须要把心理的活动消灭。如果依然存在这种活动，那么就无法实现睡前安静的状态。我们依然残留有一丝心理活动，那么梦的活动就代表了这些遗留。所以，梦好像就不需要有意义了。而过失则不一样，因为过失这种活动最起码是出现在醒的时候，可是如果我睡了，除了一些我们无法控制的遗留以外，心理活动已彻底停止，因此梦不需要有意义。事实上，既然心灵的其他部分已经进入睡眠状态，那么即便梦有意义，我也不能加以利用。所以，梦只是不规则的反应的产物或物理刺激所带来的心理现象。一定是醒时心理活动的残余产生了梦，让睡眠受到了影响。原本这个问题不会起到带动精神分析的目的，也许我们可以从此痛下决心抛弃它。

尽管梦是没有意义的，可毋庸置疑，它们存在着，我们不妨解释一下它们的存在。为什么不完全停止心理活动呢？也许是因为有些意念不想让心灵平静，有些刺激仍然对心灵有用，对于这些刺激，心灵依然要给出反应。因此梦就是一种反映睡眠中的刺激的方式。从这个角度出发，我们可能对梦进行解释。我们可以在不同的梦里研究它们到底有什么样的刺激，会对睡眠造成干扰，从而形成梦的反应。这样一来，我们也许就可以求得所有不同的梦的第一种共同特点。

还有其他的共同特点吗？是的，还有一种毋庸置疑的特点，可是很难描绘,并难以掌控。睡眠时心理历程的性质和醒时的心理历程截然不同。在梦里,我们要经历的事情相当多,我们梦中都笃定,事实上我们所经历的也许只是一个滋扰的刺激。梦中的经历基本上都是视象,尽管也夹杂着感情、思想和其他感觉,可是主要成分都是视象。对梦进行描述之所以难,一半的原因是要将这些意象翻译成语言。做梦的人经常告诉我们:"我可以把它画出来,可是我不知道应该如何说。"梦的生活和醒的生活的不同之处不在于精神能力的下降,类似于低能儿和天才的区别,事实上不同之处只在于一种质,可是不同之处到底在哪里,却难以明确指出来。费希纳曾经说过梦(在心内)表演的舞台不同于醒时的生活理念。我们并不知道这句话说的是什么意思,可是却可以表明很多梦都带给我们神奇的场景。将梦的动作和对音乐一无所知的表演技巧进行比拟,也难以成立。因为钢琴在对乐键上的乱动进行反映时,总是用相同的音调,只是不能形成曲调而已。虽然这个有关梦的第二个共同特点没有充分了解,可是也得用心铭记。

还有没有其他的共同特点呢?不管从哪个方面着手,我都想不出来了,却只能看到其他各种方面的区别——像梦的久暂、明晰的水平、感情的因素、记忆的时限等。我们不可能在一种无意义的乱动中渴望得到这所有的一切。从梦的久暂方面来看,有些很短,只包括一个或极少的意象,一个独立的思想,可能只有一个字;有些内容非常丰富,故事有始有终,好像历经了很久。有些梦条理清晰,就像现实中的经历一样,导致醒来以后,还以为是现实。有些则非常不清晰,难以追忆。也就是说就同一个梦来说,可能有些部分清楚得很,而混杂着一些不太清晰而马上就消失的部分。有些梦前后一致不相矛盾,甚至奇特,有些则愚蠢、荒诞。有些梦让我们和平常一样冷静,有些梦可以引发各种情感——或难受或悲伤,或害怕得让人惊醒,或高兴或恐惧,难以完整表述出来。大部分梦醒后就忘了,有些记忆很深刻,之后慢慢变得不清晰。有些梦的印象太生动了(像儿童时的梦),导致过了三十后都还记忆犹新,似乎是刚刚发生的事情。梦和人们一样,可能一生只见这一次面;可能会反复出现,有时些微有所改变,有时甚至形式都一样。总的来说,夜间心理活动的片段可以掌控的有很多材料,可以把白天所经历的事情——创造出来——只是完全不一样而已。

为了对梦中这些差异进行解释,也许我们可以假设它们和醒睡之间的过渡状态或浅睡时的不同水平相适应。可是如果这个解释能够成立,那么当心灵越和醒觉状态靠近时,不但梦的意义、内容和明确的程度会慢慢升高,而且做梦的人也会更加清楚这是在做梦,不会在梦里既出现一个明确合理的成分,又出现一个不明确不合理的成分,然后又会在梦里出现其他事情。心灵不可能这么快地对睡眠的深浅程度进行转变。因此这个解释是没有益处的,事实上,我们不可能找到捷径对这个问题进行解释。

现在我们先暂时把"梦"的意见抛到一边,而尝试着从梦的共同元素着手,以期更深入地了解梦的性质。我们曾经通过梦和睡眠的关系,确定对扰乱睡眠的刺激的反应。对于这一点,我们已经知道我们可以借助于精密的实验心理学,因为它证明睡眠时受到的刺激也会出现在梦中。关于这方面的实验有很多,我们在上文提到的伏耳德的实验就是其中之一。实际上,这种研究的结果是我们每个人都可能从观察中进行证明的。现在,我要和你们说一些较早期的实验。莫里曾经在自己身上做过这种实验。他闻着科隆香水入梦,梦见自己来到了开罗的法琳娜的店里,并经历了一系列荒唐的冒险活动。又有一个人轻轻地拧一下他的脖子,他就梦见脖子上敷着药,还梦见了曾经给儿时的自己诊断的一个医生。

有一个人在他的额头上滴一滴水,他就梦见自己身处意大利,大汗淋漓地喝着奥维托的白酒。

在一组所谓的由刺激产生的梦中,也许我们能够更好地理解这些因为实验而产生的梦有什么特点。以下三个梦都是由希尔布朗特——一个敏锐的观察者记载的,内容都是对闹钟声音的反应:

"春天的一个早晨,我正在散步,穿过绿色的稻田,一直走到了邻村。我看到村民们穿着整洁的衣服,手持赞美诗走向教堂。这一天是礼拜日,即将进行晨祷。我也决定参加,可是我热得要晕厥了,就走到了教堂的空地上,准备凉快一下。我正在读墓碑上的碑文,突然看到击钟人走向高高的阁楼,楼内有一口很小的钟,钟声就是开始祈祷的信号。一开始,钟并没有动,直到过了一会儿,才开始摆动,发出明亮刺耳的钟声,我也从睡梦中醒来了,发现原来是闹钟发出了响声。"

另一个例子是这样的:"一个晴朗的冬天,路上有深深的积雪。我和别人约好了要去乘雪车探险,可是要等很长时间,马车才能停在门口。我开始为上车做准备,先是打开皮毡,取出暖脚包,然后到车上坐下。但是马要等到发出信号之后才会出发,所以又耽搁了一会儿。之后,我拉了缰绳,小钟开始剧烈地动摇,发出熟悉的叮当声。由于声音太响,我被从梦中惊醒,发现是闹钟发出的响声。"

现在是第三个例子:"我看见厨房的一个女仆把几打盘子摞得高高的,捧着走向餐室。那像金字塔一样的盘子看起来非常危险,随时会失去平衡。我警告她:'小心,你的盘子也许会全部摔碎在地。'她却回复我:她们早就习惯这么拿盘碗了;但是我还是跟在她身后,显得有些着急。我的想法是,她进门的时候撞到门槛上,盘子全都落到地上摔碎了。但是我马上就知道,这些声音并不是盘子掉到地上发出的,而是一种有规律的铃声。我醒来之后才知道,那是闹钟发出的声音。"

这些梦都非常巧妙,而且很容易理解,不像普通的梦那样不连贯。在这方面,我们并无疑惑。这些梦有一个共同特点,就是所有的梦境都是由一种声音唤醒,等到梦者从梦中醒来,才知道这是闹钟发出的声音。我们在此看出梦从何而来,但是我们了解的并不止这些。在做梦的时候,并没有认出是闹钟的声音,而且也没有梦到闹钟,却出现了另一种代替闹钟的声音。在不同的例子中,侵扰梦的刺激也是不同的,到底是为什么呢?这个问题现在还无法回答,答案似乎是任意的。可是想要了解这个梦,就要知道为什么是选择了这种而非另一种声音来代替闹钟发出的刺激。因此,我们可以反对莫里的实验,因为虽然梦里出现了侵扰睡眠的刺激,可是无法解释它为什么会以这种方式呈现,这似乎不是烦扰睡眠的刺激的性质能够说明的。而且,莫里的试验中有很多梦境也直接依附于刺激引起的结果,比如那个科隆香水的梦里的荒唐冒险,我们根本解释不了。

也许你们会觉得,把梦者从梦里唤醒,就会便于我们了解外界干扰的刺激有什么影响。可是,在别的例子中,这是很有难度的。我们并不是每次做梦都会醒来,就算是在早晨回忆起昨晚所做的梦,也不知道是受到了哪一个刺激的影响。我曾经在某次梦后成功地识别了某种声音的刺激,但是这自然是因为受到了某种特殊的暗示。在蒂洛勒西山,一天早晨,我从梦中醒来,发现自己梦到教皇去世了。对于我为什么会做这样的一个梦,我并不知道原因,后来我的妻子问我:"天快亮的时候,你有没有听到从各教堂传来的可怕钟声?"当时我睡得很熟,什么都没有听见,但是幸亏她告诉我,我才知道我做这个梦的原因。有时候,梦者会因为受到某种刺激而做梦,可是后来就不知道这种刺激是什么了,这样的情形多吗?可能很多,也可能不多,如果没有人告诉我们这种刺激到底是什么,我们就不会相信它的存在。此外,我们也不会顾及外界侵扰睡眠的刺激,因为我们知道它们能解释的只有部分梦,并不能解释整个梦的反应。

不过,我们不必因此完全放弃这一学说。到底是什么刺激侵扰了睡眠,让人做梦,这并不重要。如果它不是来自外界的感官刺激,就可能是来自体内的器官的刺激,也就是所谓的躯体刺激。这个解说与一般的关于梦的起源的见解相似,甚至可以说一致。因为人们常说:"梦起源于胃。"不幸的是,很多在夜里干扰睡眠的躯体刺激在醒后就不会出现了,所以无法证明。不过,有很多经验都可以证明,梦起源于躯体刺激,这一点我们不能忽视。总之,我们可以确定的是,体内的器官是能对梦境产生影响的。还有一点是人尽皆知的:有很多梦的内容与膀胱的膨胀和生殖器的兴奋有关。除了这些比较明显的例子,还有很多别的例子,我们可以由这些梦推断出必定有些类似的躯体刺激起过作用,因为我们可以从梦的内容中看出这些刺激的类化、代表或替身。施尔纳是研究梦的专家,他曾经在1861年主张梦起源于躯体刺激,并举出了几个例子进行说明。比如,他曾经梦见"两排俊俏的孩子,头发秀美,皮肤光洁,怒目相视而斗,一开始,两排互相攻击,然后放开手,然后又攻击"。他将这两排小孩解释为牙齿也许是很合理的。梦醒后,他"从床上拔掉一颗大牙",似乎增加了这一说法的可信度。再比如,把"狭长而弯曲的通道"解释为来自小肠的刺激,似乎也非常恰当,这也验证了施尔纳的主张——梦总是用类似的物体来代替其刺激所由引起的器官。

所以,我们必须承认体内刺激和体外刺激在梦里所起的作用是相同的。遗憾的是，对于它们的作用的评估也有类似的缺点。在大多数例子中，我们无法证实梦能否归于躯体的刺激。只有一小部分梦，才能让我们怀疑其起源与体内刺激有关，而大部分梦不是这样的。最后，体内刺激和体外的感官刺激一样，唯一能说明的就是梦对它的直接反应。所以，我们根本无法弄清楚梦中大部分内容来自何处。

但是，在研究这些刺激的作用时，还可以注意的梦的生活有另外一个特点。梦不但可以重现刺激，还能详尽地阐释刺激，义外生义，使它适合于某个梦境，还能找到他物替代它。这是梦的工作的另一方面，自然会引起我们的兴趣，也许我们可以与梦的本质更近一步。一个人做的梦并不限于近因。英王统一三岛的时候，莎士比亚写下了《麦克佩斯》作为庆祝，可是这个历史事实就是这部剧的全部内容吗？它可以解释全剧的伟大和奥秘吗？同样，虽然是睡者的内部刺激和外部刺激引起了梦，但是它们不能解释梦的真实性质。

梦的第二个共同因素，即其心理特征，一方面非常难以把握，另一方面又无法作为我们进一步研究的线索。我们在梦中经历的大部分时期都属于视象，它们是否可以用刺激解释？我们所经历的真的就是那些刺激吗？就算真的是刺激，那么，视象引起梦的情况很少，为什么梦的经历大多都是视象呢？再比如，在梦中进行演说，是不是真的会有会话或者类似会话的声音在我们睡觉的时候传入我们的耳朵里？我可以毫不迟疑地说，没有这种可能。

如果我们对于梦的共同因素的研究无法让我们对梦有更加深入的了解，那我们就看看讨论它们的差异会不会有所帮助。一般的梦都是无意义的、混乱的、荒谬的，可是也有一些有意义、易于理解的梦。接下来，我就要告诉你们我最近听到的一个年轻人的合情合理的梦:"我沿着康特纳斯劳斯散步,遇见了某先生,和他一起走了一会儿。之后,我走进了一家餐馆。这时候,进来了两位女士和一位绅士,他们一起坐在了我的桌旁。一开始,我感觉非常厌烦,连看她们一眼都不情愿,后来我看了她们一眼,觉得她们很美丽。"梦者说,自己在前一天晚上确实去了康特纳斯劳斯散步,他经常去那里,而且也确实遇到了某先生。不过梦的其他部分并不是直接的回忆,只是与之前的某次经历类似。再比如一位女士的梦,也是非常容易理解的。"她的丈夫问:'难道你不觉得我们的钢琴应该调音了吗?'她说:'怕是不值得吧,琴槌要配新皮。'"这个梦里的话,和白天的时候她与丈夫的对话是一样的。从这两个容易理解的梦中,我们会有什么收获呢?我们可以理解这样一个事实:日常生活和其他相关的事情都可能在梦中出现。如果梦都是这样,没有例外,那这一点也是有价值的。不过,这是不可能的,因为只有少数的梦才有这个特点。大部分的梦与前一天发生的事情毫无关联,所以我们不能由此来理解那些没有意义的或者非常荒唐的梦。换言之,我们又面临着一个新的问题。我们不但要知道梦是什么,而且,就算梦的内容就像刚才举的例子中那样清晰,我们也想了解最近的经历在梦中重复出现的原因和目的。

如果我继续探究梦的解释,只怕不光我会厌倦,你们也会厌倦。可见,我们对于一个问题,如果无法找到解决的办法,就算对它有无比深厚的兴趣也是毫无助益的。目前,我们还没有找到这个解决办法。实验心理学只给我们提供了一些有关刺激引起的梦的信息(虽然可以说比较有价值)。而哲学只会讥讽我们对于梦的研究是低智商的表现,此外就没有任何贡献了。而我们又不愿意去领教玄妙的科学。虽然历史和一般人的见解都认为梦具有意义——可以预示未来,可是这一点是人们无法接受的,而且也没法证实。所以，我们的初步努力根本毫无成效。

　　不过，我们从一个以前一直忽略的方面，无意中得到了一个研究线索。那就是俗语。当然，俗语的应用并不是偶然的事情，而是古代知识的沉淀物，所以我们不能太过重视。奇怪的是，在俗语中有"白日梦"。白日梦就是幻想，是非常普通的现象，不管是健康人还是病人，都会有白日梦，做白日梦的人自己也可以对它进行研究。引人注目的是，这些幻想并没有梦的两个共同特征，居然也会被称为"白日梦"。白日梦和睡眠没有关系，而就梦的第二个特征来说，我们在做梦的时候并没有经历或者幻觉，只是有一些想象。做白日梦的人知道自己是在幻想，目无所见，却心有所思。这些白日梦出现在青春期之前，通常是从儿童期末期开始，一直持续到成年。此后，也许不再有白日梦，也许会一直持续到老年。很明显，这些幻想的内容受制于动机。白日梦中的情景和事件被白日梦者用来满足自己的野心、权位欲或者性欲。青年男子多做野心的幻想，而青年女子的野心主要是恋爱的胜利，因此主要是情欲的幻想。不过，通常男子的幻想背后也有情欲的需要。他们之所以想获得胜利，都是为了获得女子的赞美和爱慕。此外，这些白日梦种类繁多，而且变化多端。有些白日梦存续的时间很短，很快就会被新的幻想取代，有些白日梦则编成了长篇故事，并随着白日梦者的情形而改变。很多文学作品都是以白日梦为题材。文学家会把自己的白日梦进行改造或者化装、删节，变成小说和戏剧中的情节。但是，白日梦的主角通常是做梦人自己，或者直接出现，或者把他人作为自己的写照。

　　之所以说白日梦也是梦，可能是因为它与现实的关系和梦类似，而且它的内容也和梦一样是不真实的。然而，之所以白日梦也叫作梦，可能是因为其心理特征与梦相同；我们对这个特征还不清楚,还处于研究阶段。与之相反,也许我们所认为的名同则实同,根本是错误的。到底是怎么样,只能日后再给出答案。

第六讲　释梦的初步假设与技术

所以,为了取得梦的研究的成绩,我们就必须采用全新的方法。需要说明的是:我们必须承认以下假说,并将之作为继续研究的依据:——梦并非躯体现象,而是心理现象。这个假设的含义不难理解,但它的原因是什么呢?没有原因,但从另一方面来说,也没有反对这条假设的原因。我们认为:如果梦是躯体现象的话,那就和我们没有关系;如果要让我们感兴趣的话,它就必须被假定为心理现象。所以,我们宁可承认这个假说,再看会产生什么样的结果。结果出现之后,就可以判定这一假说是否正确,是否被确认为稳妥的结论。现在需要确定的是此研究的目的为何,或者说要向着哪个方向展开研究?我们的目的和所有科学研究的目的一样——亦即,了解这些现象,确立它们之间的关系,最后试图控制。

所以,我们仍然把"梦是一种心理现象"这一假说作为基础。而且对于做梦的人来说梦是一种行为和语言,只不过我们无法理解而已。如果说我们在表达,而你们不能理解,你们会做什么?你们是否会让我做出解释?这样来说的话,我们为什么不能问做梦的人梦是什么意思呢?

我们在研究过失的意义时也采用了这种方法。当时我们讨论的是舌误的例子。有人说:"然后某件事又发龌了。"我们就会问——不对,我说错了,幸亏不是我们问,而是与精神分析无关的其他人——他们就问,这句不明所以的话是什么意思。那个人马上解释自己本来想说的是"那件事很龌龊",但他改变了主意,换了比较温和的说法："那边又发生了某件事。"当时我说过这个问答过程就是精神分析研究的模型。现在你们应该可以明白,精神分析方法就是想在可能的情况下,让那些被分析的对象回答自己的问题。所以做梦的人也应该对自己的梦做出解释。

然而,我们知道,梦的过程并没有这么简单。拿过失来说,(一)这个方法能够应用于许多实例中;(二)很多情况下,被问的人不想回答,而且如果别人替他回答,他就会很生气地进行驳斥。对于梦来说,第一种情况绝无仅有;做梦的人总是说自己一点都不清楚。我们无法替他解释,他也不会进行驳斥。那么我们就放弃对此进行解释吗?既然他们不了解,我们也不了解,那么第三个人当然也不会了解。所以这个问题根本得不到解决。如果你们对此满意,那就算了吧。但如果你们不这么认为,那就跟着我继续下去。我可以告诉你们,做梦的人其实清楚自己梦的意义;只不过他不知道自己清楚,而以为自己什么都不知道。

关于这一点,你们可能会提醒我:我刚才的那几句话中,已经有两个假设,所以也许这个方法并不可靠。比如梦是一种心理现象,还说本来自己明白,但不知道自己明白——类似的假设!只要你们记住这两个假设不能同时存在,就不会关心由此推导出的结论。

没错,我是来讲演的,而非欺骗你们的。我曾说要讲述"精神分析引论",但我不想像传达神旨一样,告诉你们一些很容易串联起来的事实,而对困难有所隐瞒,让你们很容易就觉得自己学到了新知识。并非如此,正是因为你们才刚入门,我才急于让你们知道这一科学的原本样貌,包括它复杂和不成熟的地方,以及它的要求和可能引起的批评。我清楚对于任何科学的初学者来说都必须这样。我也清楚别的科学在讲授的时候,最开始总是对学生极力隐瞒这一科学的困难和缺点。但精神分析不能这样。因此我提出了两个相互关联的假说。如果有人认为这太牵强、太不确定了,或者偏爱更可靠的事实和更严谨的演绎,那么就不用再继续跟随我了。不过我要劝这些人不要再涉及心理学问题了,因为在心理学领域内,恐怕很少有他们想要寻找的那种可靠之路。更何况一门科学想要对于人类知识做出一定的贡献,也不一定要强迫他人信服。是否相信是要看做出的成果,它可以耐心地通过自己的研究成果来获得人们的关注。

不过,对于那些不会因此打退堂鼓的人,我也要提出警告,那就是这两个假说的重要性并不一样。第一个"梦是一种心理现象"的假说可以通过我们的研究得到证实。而第二个假说则已经在其他地方得到了证据,只是被我借用在这里而已。

我们到底是从哪里以及有什么原因可以假定做梦的人拥有他自己不知道的知识呢?这个事实的确令人感到惊讶,它改变了我们对精神生活的认识,也不需要加以隐瞒。顺便说明这一点,这个事实虽然很容易引人误解,但却是十分真实的——总之是矛盾的。但做梦的人绝对没有想加以隐瞒。关于这个事实,我们既不能怪人们无知或没有兴趣,也不能怪我们自己,因为有决定性的观察和实验总是忽略这些心理学问题。

那么,第二个假说的证据到底是从何处得来的?来源于催眠现象的研究。1889年,我在南锡看到李厄保和伯恩海姆做了一个实验。他们让一个人进入睡眠状态,让他产生幻觉。这个人醒来之后,却对自己被催眠时的经历完全没有印象。伯恩海姆不断鼓励他,说他肯定记得一些,肯定记得一些。那个人犹犹豫豫地开始回忆,先是模模糊糊地记起催眠者暗示的事情,后来又记起了其他事,他的记忆越来越清晰、越来越完整,最后竟然全部记起来了。

当时并没有人提醒他，都是他自己想起来的，可见这些记忆最初就在他的脑海中，只是无法提取罢了；他不清楚自己知道，而相信自己不知道。我们猜测做梦者的情况就和这个人完全类似。

如果这一事实成立的话，你们肯定会惊讶地问："你讨论过失的时候，说过错误的话背后都隐藏着某些含义，只不过说话人自己不知道，所以才否认或驳斥，当时你怎么不拿出这个证据呢？如果一个人拥有某种记忆，而且坚信自己毫不知情，这样一来他也完全可能拥有某种自己一无所知的心理过程。"没错，当时我也想拿出这个证据的，不过我决定把这个证据留到更需要的时候再拿出来。有一些过失本身就容易解释，而另一些过失，则必须假设存在一些本人也不知道的心理过程。对于梦来说，我们则必须从其他地方寻求解释，而且如果在这里提出催眠方面的证据，你们会更容易接受。过失和催眠不同，过失是常态发生的。梦主要依赖于睡眠，睡眠和催眠之间关系较为密切。可以把催眠看作非自然的睡眠；我们对被催眠的人说"睡吧"，可以用这个暗示和自然睡眠时的梦进行比较。这两种情况下的心理情景也十分相似。我们在自然睡眠时，完全停止了和外界的交流；催眠的时候也是这样，只是在和施展催眠术的人互相感通（in rapport）罢了。可以把保姆的睡眠看作一般情况下的催眠，保姆虽然睡着了，但仍然和孩子之间存在感通，只会被孩子叫醒。这样一来，如果把催眠和睡眠相互比拟就比较容易被人接受了。而"做梦的人本来知道梦，只是无法提取这个知识，所以认为自己不知道"这一假定也就不算荒谬了。我们对梦进行的研究，已经从干扰睡眠的刺激以及白日梦入手，如今出现了第三个方向，那就是催眠时由于暗示产生的梦。

现在再回过头来讨论梦，也许会更有把握一些。我们知道做梦的人确实知道自己的梦；那么剩下的问题就是怎样让他把自己的认识提取出来告诉我们。我们并不指望他能马上说出梦的意义,但我们认为他能够推导出梦的来源,以及梦是由怎样的思想和情感所引发的。拿过失来说,有人错说了"发龃",你问他怎么会产生这个错误,他说出的第一个联想就给了我们解释。解释梦的技术并不难,可以用这个例子作为范式。我们可以问做梦的人为什么会做这个梦,他的回答也算是对梦的解释。至于他本人认为自己对此了解还是不了解,并不重要,对于我们来说都是一样的。

这个技术的原理很容易,但我担心你们会更加反对。你们会说:"又出现第三个假设了!更加不确定了!你问做梦的人对梦有什么想法,你怎么确定他说出的第一个联想就是真正的解释呢?也许他根本没什么联想,或者只有上帝才知道他在想什么。你的这个判断的依据我们并不了解。实际上,你太依赖于偶然了,但这里所需要的却是更多的判断力。更何况梦不像一个舌误那么简单,而是包含着许多元素。到底哪个联想才是可靠的呢?"

在所有次要方面,你们都说得很对。你们认为梦和舌误不一样,包含着很多元素,这很对。我们的技术肯定要考虑到这一点。我们把梦拆解为一个个的元素,然后逐个分析;那么梦和舌误便可以相互比拟了。你们还说,如果我们问做梦的人梦中各个独立元素是什么意思,他也许会说没什么联想,这也没错。对于一些例子来说,这种答案是可以接受的,将来我会告诉你们是什么样的例子;奇怪的是,我们对于这些例子都有着明确的见解。但一般情况下,如果做梦的人说自己没什么想法,我们就会极力让他做出回答,告诉他肯定有一些想法——结果说明我们是对的。他会产生一个联想,而到底是什么样的联想,就与我们无关了。以前的经验很容易想起来。他会说"那是昨天发生的"(比如前文所举的两个较易理解的梦),或者"这让我想到最近发生的一件事",从此可以看出梦很容易与前一天的印象联系起来，而不是我们最初料到的。而且他从梦出发，逐渐想起最近的事，最后竟然可以想起很久之前的往事。

但在主要方面，你们却说错了。我假设做梦者产生的第一个联想就是我们所需要的，或至少可以为我们提供线索，你们认为这个假设并不可靠，还认为联想是随意的，不一定和我们想寻找的事相关联，更认为如果我期待其他的事，其他的可能，就是盲目依赖偶然的机会——这些都大错特错。我之前已经指出，你们固执地相信精神的自由和选择，而且我也指出，这种信仰并不科学，应该转为相信支配心理生活的决定论。做梦者回答问题时正好产生了这一联想，而非另一联想——我需要你们尊重这个事实。我并不是用一种信仰来反驳另一种信仰。做出的联想并不是出于选择，也不是随意的，更不是与我们寻求的毫无关系，所有这些都可以得到证明。我最近了解到，在实验心理学领域中也可以得到类似证据。

这一点很重要，需要你们特别注意。如果我问一个人对梦中的某一元素有什么想法，就是让他保持原来的观念，任意去想，这就叫自由联想。自由联想需要一种特殊的注意，而不是反省，反省是需要避免的。这种联想对很多人来说很容易，而对有些人来说则很难。如果我们不使用任何特殊的刺激字词，也不对联想的种类进行限制，比如让某个人想起一个专有名词或一个数字，那么这种联想的自由程度就比较高。你们认为这种联想相比于精神分析使用的联想选择余地更大。但对于每个实例来说，联想都处在重要心绪的严格控制之下，这种心绪在起作用时并没有被我们意识到，这恰恰与引起过失和所谓"偶然"动作的情况相同。

我自己和其他许多跟随我的人，对那些没有缘由的名字和数字进行过多次实验,且一些实验已经发表了。实验的方法为:用一个专有名词引起一串联想,这些联想之间相互关联,并非完全自由。这正和梦中各个元素引起的联想相同。这一串联想不断向前后延伸,直到因这一冲动产生的思想再也想不出新的东西来为止。但到那个时候,也许已经可以对一个专有名词的自由联想的动机和意义加以解释了。此类实验屡试不爽;所以得到了非常丰富的材料,让我们可以继续研究其中的细节。通过数目引发的联想更有说服力。这些联想相互之间的衔接速度非常快,而且非常确定地指向某个隐含目的,着实让我们感到惊讶。我会介绍一个人名的分析实例,因为这一分析涉及的材料不太多。

我在给一个青年人提供治疗时,偶然谈起这个问题,说在这些方面我们似乎有选择的自由,但实际上联想到的专有名词,全部是由当时的情况和被试者的特性和地位决定的。当时这个青年人并不相信,我就请他当场进行实验。我知道他有很多亲密关系程度不同的女友,因此我跟他说,如果让他任意想出一个女人的名字,他可以有许多选择。他同意了。但结果不但让我吃惊,也让他感到惊讶不已,因为他并没有随口说出一连串女人的名字,而是先思考了一会儿,然后承认自己只想到了 Albine(意思为"白")。"这很奇怪!"我说道,"这个名字和你有什么关系?你认识几个 Albines 呢?"更令人诧异的是,他根本不认识叫 Albine 的人,这个名字也无法使他产生联想。也许你们会认为这个分析失败了,实际上恰恰相反,这一分析根本不需要其他联想就很完整。原来,这个青年人的肤色很白;我和他在进行分析对话时,经常开玩笑叫他 Albino(意思为"天老儿");而且当时我们正对他性格中的女性因素进行探讨。因此可以看出,当时他最关注的女人或说女"天老儿"其实就是他自己。

一个人偶然想起的曲调也可能是由某个意念引起的,只不过他本人对这种意念并不知晓。而曲调为什么会被引起,则(一)可以由于曲中的歌词,(二)可以由于曲调的来源,这些都能够被证明。(这一点必须有一个限制:音乐家忽然想到的曲调,可以是由于其音乐价值。我缺少对音乐家的分析经验,因此以上结论并不包括他们。)第一种原因比较常见。我知道有位年轻人在某段时间非常迷恋"特洛伊的海伦"(Helen of Troy)中巴黎歌的调子(这个调子的确很动听),之后进行分析的时候,他才发现自己同时爱上了两位少女,一位名叫伊达(Ida),一位名叫海伦(Helen)。

如果这些原本自由产生的联想都会受到限制,那么在某种确定背景之下,由某个单独的刺激观念引起的联想,肯定也受到严格的制约。实验证明,制约这些联想的不但有我们提供的刺激观念,而且还包括潜意识活动,也就是当时并未意识到的具有强烈情感价值的思想和兴趣(亦即我们所说的情结)。

以前,这种联想对于实验来说是很有价值的,而在精神分析史上这些实验也有着重要地位。冯特学派发明了一种"联想实验",接受实验的人必须根据某个特定"刺激字"说出尽可能多的自己联想到的"反应字"。进行实验时必须注意以下几点:刺激字和反应字之间的时间差,反应字的性质,重复实验时可能产生的错误等。以布洛伊勒和荣格为代表的苏黎世学派,有时候要求被实验者解释为什么会产生奇异的联想,有时候通过连续的实验来对联想实验的反应进行解释,结果慢慢发现这些非常态的反应都是由被实验者的情结决定的。布洛伊勒和荣格的这一发现架起了实验心理学和精神分析之间的第一座桥梁。

对于这些,你们可能会说:"我们承认自由联想是被制约的,并不像我们当初认为的那样可以自由选择;我们承认对梦的成分进行的联想也一样。但我们并不是对这些提出质疑。你认为对梦中所有元素进行的联想都受到其心理背景的制约,而关于这个背景却一无所知,我们没有找到支持这一点的证据。就算梦的元素的联想确实是由做梦者的情结决定的,对我们来说又有什么意义呢?这并不能帮助我们了解梦的意义;最多只能像联想实验一样,得到一些关于情结的认识;但梦和情结之间有什么关系呢?"

你们说的都没错,但忽略了很重要的一点,正因为这一点我才不在最开始就讨论联想实验。在联想实验中,对反应起决定性作用的刺激字是随意选取的,而刺激字和被实验者的情结共同影响着其反应。而对于梦来说,做梦者的心理成分就相当于刺激字,而做梦者并不清楚它的来源为何,所以,这种心理成分就可以看作情结的衍生物。因此,如果我们假定梦的各种成分的联想是被产生这些成分的情结决定的,那么就应该能够通过这些成分反过来发现这个情结。

接下来再举另一个例子来说明。专有名词的遗忘确实可以用来说明梦的分析,但不同的是,前者只和一个人有关,而分析梦则涉及两个人。如果我暂时想不起一个专有名词,但认为自己仍然记得,而把伯恩海姆的实验稍微转换一下,就可以对做梦者得出同样的判断。现在,这个虽然记得但想不起来的专有名词,开始让我无法捉摸。通过经验我知道,再怎么努力想也没有用。但我通常能想到一个或几个别的专有名词。如果我自然而然地想到某个代替名词,那么这种情况就非常类似于梦的分析了。梦的元素也并不是我真正想要的,而只是用来代替那件我真正想要的事,这件事我并不知道,只能通过梦的分析来发现。两者的不同之处在于:如果我忘了一个专有名词,我十分清楚那个代替名词并不是原来的名词,而对于梦的元素来说,需要通过努力研究才能够发现这一点。我忘了专有名词之后，可以从代替名词出发，去寻找那个被意识遗忘的原名词。如果代替名词可以使我产生一连串的联想，那么或早或晚都能够找到那个被忘掉的原名词，所以，我自然而然想到的那些代替名词，不但和我忘掉的名词之间明确相关，而且受到它的限制。

我想通过下文的例子来进行说明：有一次，我记不起一个小国家的名字，这个国家首都是蒙特卡洛，坐落在里维埃拉河上。我把自己知道的关于这个国家的一切都想了一遍；想到了鲁锡南王室的艾伯特王子，还想到了他的婚礼、他对深海探险的热爱——反正想到了所有的一切，但都没有任何作用。所以，我干脆不再想了；而让各种代替名词自然涌现。它们快速地出现：一开始是蒙特卡洛，然后是 Piedmont、Albania、Montevideo、Colico。第一个使我注意的是阿尔巴尼亚（Albania）；然后是蒙特尼哥罗（Montenegro），也许是黑白对比的原因。（Albania 是白的意思，而 Montenegro 是黑的意思。）再然后，我发现那些代替名词中有四个都有"Mon"这个音节，然后立刻想起来我忘掉的国家名字是摩纳哥（Monaco），可以看出代替名词确实来源于已经忘掉的原名词；四个代替名词来自于原名词的第一个音节，而最后一个代替名词则按照原名词各个音节的顺序，甚至包括词尾的音节，补全了原名词的所有音节。而我之所以暂时想不起这个专有名词的原因，也较容易发现。意大利人称慕尼黑为摩纳哥，与慕尼黑有关的思想就压抑了我对摩纳哥的记忆。

这个例子很好，但有些过于简单。在其他情况下，可能要进行更长的代替名词联想，那就和梦的分析更相似了。我也有过这种经验。一次，有人请我一起喝意大利酒。他对一种酒有着愉快的回忆，想在饭店里点这种酒，可他忘了酒的名字。他想到了很多代替名词，从中我推断出一位叫作赫德维（Hedwig）的女人让他忘掉了酒的名字。事实确实如此，他不仅说当时尝到这种酒的时候遇到了赫德维，而且通过我的推测，想起了酒名。当时他已经幸福地结婚了，而赫德维对他来说是不愿想起的过去。

如果专有名词的遗忘确实如上所述，那么对梦进行解释也就是可能的。以代替物为起点，通过一系列的联想，最后总能找到最初的原物；而且按照专有名词的遗忘情况来推论，我们可以假设梦的元素的联想不但由那个元素决定，而且还受到意识之外的原本念头的制约。如果这个假设成立的话，那么解释梦的技术就有了一定的根据。

第七讲　梦的显意和隐意

我们关于过失的研究还是有一定意义的。因为按照过失研究的方向，从已知的假说进行推导，已经得出了两个成果：（一）关于梦的元素的认识。（二）释梦的技术。梦的元素自身并非主要内容，也不是原本思想，而是做梦者意识不到的某件事物的代替品，就像过失背后隐藏的意向，做梦者虽然知道某件事或某样东西，但却记不起来。梦是由许多这种元素构成的，如果说梦的某一个元素是这样，那么整个梦应该也是这样。我们释梦的方法就是通过对这些元素进行自由联想，使其他代替观念进入意识中，然后通过这些代替物推导出隐藏在背后的原本观念。

现在我要修订一些名词来使它们符合科学研究的要求。所有"隐藏的""不可及的"或者"原来的"全都应该改成"做梦者意识不可及的"或"潜意识的"，这样在叙述上会更加精准。潜意识的含义与被遗忘的名词和过失背后的意向的含义一样；也就是当时属于潜意识的(unconscious at the moment)。与之相反,梦的元素自身以及通过联想得到的代替观念,则可称为意识的(conscious),这些名词并没有什么理论成见;我认为"潜意识的"这个词非常好用而且容易被理解。

接下来,我们将这一观点从单独的元素扩展到整个梦,那么梦也是被潜意识中的某样事物代替,对梦的解析就是为了发现这一潜意识的思想。所以,在对梦进行解析时,必须遵守以下三个重要规律:

(一)不管梦的表面意义合理还是荒谬,清晰或者含糊,我们都不用理会;这并不是我们需要寻求的潜意识思想。(后面会提到这个规律有一个特殊例外。)

(二)我们的任务只是随时唤起代替观念,不必思考这些观念是否合适;也不必考虑它们是否和梦的元素差得太多。

(三)必须耐心等待我们所寻求的隐藏的潜意识观念自然出现,就像上述实验中被忘掉的摩纳哥一词一样。

从此可以看出,关于梦我们到底记得多少,记得是否准确,全都并不重要。我们所记得的梦并不是真实的,而是一个经过伪装的代替物,这一代替物是引出其他代替观念的线索,让我们可以找到原本的思想,从而将隐藏在梦中的潜意识思想带回到意识中。就算我们的记忆有错误,也只是对代替物的再次伪装,而且这种伪装也是有其动机的。

我们既可以解释自己的梦,也可以对他人的梦进行解释;但从自己的梦中得出的内容比较多,更容易使自己信服。但进行这方面的实验也有一定的困难。虽然联想是源源不断的,但我们并不一定会全盘接受它们,而是在进行批判和选择。这个联想不合适、是无关的,那个联想太不合理,另一个联想又跑题了;结果就是,在联想还没有清晰之前，就被这些反对声音压制住了，从而慢慢消失。一方面，我们对原本的观念，也就是梦的元素过于执着；另一方面，又通过批判选择破坏了自由联想的结果。如果自己不对这些联想进行解释，而让别人进行解释，那么我们又会因为其他的动机进行批判选择，就算努力克制也没有效果。有时候我们会因为觉得某个联想让人不悦，所以不想让别人知道。

这些反对意见肯定对研究造成了妨碍。我们在对自己的梦进行解释时，必须下定决心不受这些反对意见的干扰；如果请别人来解释梦，那么就必须制定严格的规则，让他在遇到过于琐碎、荒谬、无关或不愉快的情况之下，也不制止我们进行联想。他虽然答应遵守这个规则，但后来总是忍不住违反，让我们烦恼。最开始我们认为，虽然我们一再解释，但他仍然不相信自由联想的作用；然后，我们以为让他多读些书，或者听些演讲，就能让他相信我们的观点。但这些麻烦事其实都没有必要，因为就算我们对这个观点深信不疑，也还是忍不住对某些联想进行反对，必须要经过思想斗争才能制止自己。

做梦者也许有些固执，但我们无须因此烦恼，反而可以通过这种现象去寻求一些新的事实。这些事实越出乎意料，就越重要。我们了解到，对梦的解释受到了一种抗力的阻挠，这个抗力的表现就是批判的反对。这种抗力与做梦者信奉什么理论没有关系。而且通过经验我们还可以知道，这种批判的反对其实并无根据。人们想要抑制的联想实际上都是可用来发掘潜意识思想的最重要的线索。因此，当我们发现某个联想引起了这种反对时，就需要特别加以注意。

这个抗力是从我们的假说推演出来的一个新事实。这一需要我们对付的新现象使我们感到诧异和不悦，研究也有可能因此受到阻碍，早知道这样还不如干脆算了。何必为了研究一个无关紧要的问题，引出这么多麻烦还妨碍到技术的应用呢？但是从另一方面来看，这些困难也有益处，我们也许可以发现研究这些麻烦也有价值。如果要通过梦的元素或代替物来探寻隐藏的潜意识思想，就肯定会受到抗力的阻挠。那么，我们可以假定代替物的背后一定隐藏着某个重要观念，不然的话探索过程怎么会这么困难？如果一个小孩不愿意伸手让别人看到手里的东西，那么我们就能假定那个东西一定不属于他。

如果要对抗力进行一种动力方面的解释，就必须知道的是抗力有量上的变化。有的时候抗力比较大，有的时候则比较小，我们在研究时经常能发现这种差异。在这里顺便说一下释梦时的另一种经验。那就是，有些情况下仅有的几个联想——或许只有一个——就足够让我们通过梦的元素寻找到它背后的潜意识思想，有些情况下则必须做很长很长的联想，克服很多批判反对的抗力。我们可能会认为联想的数目与抗力的大小之间相关联，这个推测也有道理。如果抗力比较小，就说明代替物肯定和潜意识思想离得比较近了；与之相反，抗力较强就会使潜意识思想产生较大改变，如果想要通过代替物抵达潜意识思想就必须兜一个大圈子。

现在可以选择一个梦来试试我们的新技术，看我们的推断是否可靠。不过我们选什么梦比较好呢？你们不了解选择梦作为例子的困难，我也很难跟你们解释。一些梦整体而言伪装很少，一些人会认为最好从这些梦开始分析。但到底什么样的梦是所谓伪装较少的呢？指的是像前文中提到的意义明白、条理清晰的梦吗？如果我们这样认为就大错特错了，因为从研究结果来看，往往这样的梦是经过了很多伪装的。如果我们不事先规定某些条件，随便选取一个梦，你们可能又会失望。如果要对一个梦的元素的联想进行观察和记载,可能会非常复杂,无法清晰地说明整个研究。如果把梦本身和由梦引起的所有联想都写出来,比较之下就会发现联想的篇幅长度是梦本身的数倍。因此最实际的办法是选一些比较短的梦进行分析,每个梦最起码要表达一个观点或证实我们的某个推论。我决定采取这个方法,除非经验告诉我必须采用伪装较少的梦。

不过还有一个方法可以化繁为简,而且很容易达到。那就是我们先不用对整个梦进行解释,而是从单独的梦的元素入手,下面举几个例子,看怎样通过我们的技术进行解释。

(一)一位女士说自己童年时经常梦到上帝头上戴着一顶尖尖的纸帽子。如果没有做梦者的帮助,你要怎么解释这个梦呢?从表面来说,这句话在童年没有任何意义;不过这位女士说自己小的时候,经常在吃饭的时候戴这种帽子,因为她想偷看兄弟姐妹盘子里的食物是不是比自己的多,于是关于梦的意义的线索便逐渐显现了。很明显,帽子有一种遮盖的作用;这段往事较容易探索。做梦者的另一个联想让这个元素和整个梦更容易解释了。她说:"我听说上帝是全知全能的,这个梦的意思应该是虽然他们想瞒着我,但我就和上帝一样,什么都知道,什么都能看见。"也许这个例子有些太简单了。

(二)一个疑心很重的病人曾经做过一个长梦,梦中有人给她介绍我的《论诙谐》一书,而且大力赞赏。还有关于水道(canal)的事,"水道"这个词以及与之有关的其他词可能出现在另外一本书里……她不清楚……都很模糊。

你们肯定认为梦中出现的水道太过模糊,所以比较难解释。确实如你们所想很困难,但并不是因为模糊;与此相反,难以解释的原因和使这个元素模糊的原因是一样的。做梦者对"水道"这个词没有别的联想,所以我肯定不知道该说些什么。不久之后,更准确地说是一天之后,她告诉我可能有一个与此有关的联想。她记得有人说过一个笑话:在多佛尔和加来之间的渡船上,一个英国人在讨论问题时说:"高尚和滑稽之间只隔着一条沟"(Du sublime ou ridicule, il n'y a qu'un pas)。一位著名作家回答他:"没错,那就是le Pas-de-Calais 了。"意思是说法兰西为高尚的,而英格兰则是滑稽的。Pas-de-Calais 就是一条水道,即英吉利海峡。你们肯定会问,这个联想和梦有什么关系?要我说的话当然有关:这个令人疑惑的梦的元素的真正意义就在于此。也许你们不相信这个笑话是在做梦之前就发生的,是"水道"元素背后的潜意识思想;你们可能认为它可能是之后捏造的。通过联想可以看出,她的怀疑被大力赞赏掩饰了,而缓慢的联想和模糊的梦的元素都是因为存在抗力。需要注意的是,在这个例子中所有梦的元素及其背后的潜意识思想之间的关系:各个元素就像是思想的片段,采用别的事物进行比喻;由于和潜意识离得太远,所以各个元素变得很难理解。

(三)有位病人做了一个很长的梦,他梦到了这样的情景:家中的几个人围坐在一张特殊形状的桌子周围……这张桌子使他想起来在某家看到过的同一张桌子,于是他接着联想:这个家庭中的父子关系不太一般,做梦者接着说自己和父亲的关系也一样。因此,这张桌子之所以会进入梦中就是为了指出这种相似之处。

这位做梦者很早就了解了释梦的要求;不然的话不太可能研究桌子的形状这种琐事。梦里出现的所有事物的确都是有来源的,如果我们想要从中得出结论,就必须研究这种看上去并无动机的琐碎细节。你们可能还是会感到奇怪,梦的机制为何会选择桌子来代表"我们的关系和他们一样"这个观念。不过如果你知道那一家姓"Tischler"的话,你就能够明白了(Tisch 意为桌子)。做梦者梦到亲人们围坐在这张桌子旁,也就是指他们都是"Tischler"。还要注意到另一件事:这种对梦的解释可能会有些太草率了。对梦的选择有很多困难,这也是困难之一。我还可以举另外一个例子来说明,不过虽然能够避免草率的弊端,但存在着另外一种缺陷。

有两个新名词本来早就可以使用,不过最好现在解释一下。梦的显意指的是说出来的梦,而梦的隐意指的则是背后隐藏的,通过联想才能得到的意义。接下来我们必须讨论一下上面各个例子中的显意和隐意。这种关系有很多种类。在例(一)和例(二)中,梦的显意就是隐意的一部分,但只是一些片段。梦的潜意识思想的一小部分进入了梦中,成为带有隐喻的片段,就像电报码的缩写一样。梦的解析必须将这种片段或隐喻还原为完整的原意,比如例(二)就很完满。因此,梦的化装的第一个作用就是用一个片段或隐喻来代替其他事物,在例(三)中显意和隐意之间存在另外一种关系,下文中的例子可以让我们更好地理解这种关系:

(一)做梦者把他认识的某位女士从沟渠中拉出来。做梦者通过第一联想就搞清楚了梦的含义:他"选择了她",也就是看上了她。

(二)有人梦到他的兄弟手里拿着竹节。他最开始联想到了中秋节,接着才联想到梦的隐意。那就是他的兄弟在节省开支。

(三)梦到登高望远。这个梦看上去好像很正常,似乎不用进行解释,只要看看做梦者有什么相关的回忆,这个梦是由什么引起的就可以了。但这种做法并不正确;这个梦和缺乏逻辑的梦一样需要解释。因为做梦者想不起来关于登山的回忆;反而想起来某个朋友正在刊发一种Rundschau(意为评论),讨论的是人类和地球上最远部分的关系:因此梦的隐意实际上是做梦者认为自己是一个评论者"reviewer"（reviewer 还有"测量者"的意义）。

从中你们可以看出梦的显意和隐意之间的一种新关系。与其说显意是隐意的伪装，不如说是它的代表——通过字音引发的可塑的具体意象。但从结果上来看，也可以看作是一种伪装，因为我们根本不记得这个字是由哪个具体意象引发的；因此，当这个字被意象替代之后，我们就识别不出了。如果你们知道梦的显意大部分都是图像，只有少数思想和文字，就可以明白显意和隐意之间的关系在梦的构成方面有着重要意义；由此可以进一步了解到，一长串抽象思想会在显梦中转变为代替意象，从而将原意隐藏起来。这种方法就好像绘制谜画一样。这种意象和诙谐心理学之间的关系则属于另外的问题，在此不加以讨论。

我们现在先不讨论显意和隐意之间的第四种关系，待将来需要时再解释。不过我可能并不会把所有可能的关系都列出来，只要能满足我们的需要就可以了。

现在你们有没有勇气试着解释一个完整的梦呢？我们先来看看准备是否充分。我当然不会选一个最难解释的梦，但必须选一个具有梦的特点的梦。

一个已结婚多年的年轻女子有一天做了这样一个梦：她和丈夫在剧院里，大厅里前排座位有一边是空的。她的丈夫和她说爱丽丝和她的未婚夫也要来看演出，但是花一个半弗罗林（钱币名）只能买到三个不好的位置；他们肯定不要。她说，自己认为他们并不会损失什么。

做梦者讲述的第一件事就是引起梦的事件在显意中已有所体现：她的丈夫确实跟她说过，和她年龄相仿的朋友爱丽丝已经订婚，这个梦就是由这个消息引起的。我们已经知道，很多情况下，梦中出现的之前发生过的事件很容易被发现，做梦者也很容易对它进行解释。对于这个梦来说，其他显意元素也被做梦者说出来了。"座位有一边是空的"这个细节的含义是什么呢？这是因为她上个星期去看戏的时候买票买得太早了，所以不得不多付了些票款。入场的时候她发现自己之前确实操之过急，因为有一边座位都是空的。就算当天来买票，也能买到票，所以她丈夫讽刺她太着急了。然后，一个半弗罗林又是什么意思呢？这和看戏的事情没什么关系，而是指她前一天听到的一个消息。她的嫂子从丈夫那里得到了一百五十个弗罗林之后就急匆匆地到珠宝店，像傻子一样用全部的钱买了一件珠宝。可为什么会出现三这个数目呢？她并不清楚，除非这个想法可以算作一种联想：她结婚十年了，而已经订婚的爱丽丝的年龄只比她小三个月。两个人为什么会买三张票呢？她没什么可说的，而且不愿意进行联想。

但这些数量不多的联想提供的材料，已经足以让我们发掘出梦的隐意了。最奇怪的是，她多次谈到时间，这就是整个梦的共同基础。她买票买得太早、太匆忙了，所以不得不多付钱；她的嫂子急匆匆地拿着钱到珠宝店买珠宝，好像去晚了就买不到了一样。如果把这些重点，比如"太早""太匆忙"等和引发梦的事件（亦即比她小三个月的朋友订婚）以及她批评嫂子匆匆忙忙太傻结合起来分析，就会发现显梦是一个经过巧妙伪装的代替品，而梦的隐意如下所述。

"我急着结婚可能太傻了，从爱丽丝的例子看来，就算晚一些我也还是能和人订婚。"（她着急买票，嫂子着急买珠宝都代表了这个意思。看戏则代表结婚。）这就是梦的隐意；我们也许可以继续分析，但就会不太明确，因为分析结论必须要和做梦者的话一致：比如，"我用这些钱可以得到上百倍的利益"。（一个半弗罗林的一百倍正好是一百五十个弗罗林。）如果这些钱指的是嫁妆，那么就是说用嫁妆可以换来丈夫；也就是说珠宝和不好的位置是丈夫的代替物。如果能在"三张票"和一个丈夫之间建立联系，解释起来就更容易了；但我们现有的信息还做不到。我们只能知道这个梦表示的意思是做梦者轻视丈夫，对自己过早结婚非常后悔。

我认为，我们释梦的第一次尝试不但不能让我们满意，反而让我们觉得奇怪。梦中的观念很多，无法逐一解释。我们只是知道，对这个梦的解释还没有结束。下面我把已经弄明白的各个点列在下面：

第一，这个梦的隐意重点放在"匆忙"上；而显梦中"匆忙"这一含义并没有显现出来。如果不经过分析，就肯定不会发现这个隐意。因此，潜意识思想中的中心点好像不会表现在显梦中。这一事实肯定会改变我们对梦的整体印象。第二，梦中观念的结合是无意义的（比如一个半弗罗林买三张票）；我们可以从梦中得到以下隐意："（过早结婚）可能太傻了。"这一隐意实际上是通过梦中无意义的成分表达出来的。第三，通过比较可以得出，显意和隐意之间并非简单相关，一个显意元素并不一定总是对应一个隐藏思想。它们之间的关系是两大类元素相互交叉的关系，因此一个显意元素可能代表数个隐藏思想；而一个隐藏思想也可能由数个显意元素所代替。

通过梦的意义和做梦者对梦的意义的态度，我们可以了解到更多让人惊讶的事实。虽然那位女士承认了我们的解释，但还是会感到诧异；她并不知道自己是这样看不起丈夫，也不知道看不起的原因何在。因此这个梦还有很多细节我们未能了解，我认为我们还没有做好充分的释梦准备，因此需要接受进一步的训练。

第八讲 孩提时的梦

我认为我们的速度太快了，因此让我们再往回退一些吧。我们在使用分析方法对梦的化装进行解释之前,已经提到最好先限制一个范围,只关注那些没有伪装或者伪装比较少的梦,从而避免遇到太大的困难。实际上,按照这个方法进行是违反了精神分析的发展过程的;因为只有一以贯之地使用我们的释梦方法,对经过伪装的梦进行彻底分析,才能够发现存在没有经过伪装的梦。

儿童的梦中就有这样的梦:儿童的梦比较简短、清晰、容易了解,虽然意义并不模糊,但仍然是梦。但并非所有儿童的梦都属于这一类。伪装的梦出现在儿童阶段的初期,根据记载,五岁和八岁之间的儿童的梦已经拥有了所有成人的梦的特点。但是,如果把范围限制在刚具有精神活动或四五岁这一时期的话,就会发现很多所谓幼稚的梦,这种梦会一直持续到儿童阶段的后期;在某些情况下,成人的梦也会像婴儿的梦一样幼稚。

通过这些儿童的梦,可以更加透彻地了解梦的主要属性。

(一)不用进行分析,也不用使用任何技术就能够了解这些梦,也不用询问那些讲述梦境的儿童。但我们必须了解一些他的生活情况;每个梦都能用前一天的经验进行解释。因为梦就是前一天的经验在睡眠时的内心反映。

下面举几个例子作为得出进一步结论的根据。

1. 一个一岁零十个月的小孩要送给另一个小孩一筐樱桃作为生日礼物。虽然他自己也能得到一些樱桃,但他并不情愿送人;第二天早晨,他说自己梦到赫尔曼把樱桃都吃光了。

2. 一个三岁零三个月的小女孩第一次到湖上游玩。回去的时候她大哭着不愿意上岸;她觉得在湖上玩的时间太短了。第二天早晨,她说自己又梦到在湖上玩了。我们可以推测梦里她在湖上玩的时间肯定比前一天要长。

3. 一个五岁零三个月的男孩和别人一起在哈尔斯塔特附近的

厄斯彻恩塔尔玩。他之前听说哈尔斯塔特在德克斯坦山脚下,这座山使他很感兴趣。在奥西地方的屋子里可以看到这座山,用望远镜还能看到山顶上的西蒙尼小屋。这个男孩常常用望远镜看山顶上的小屋,不过他到底看没看到就无从知晓了。这次旅行一开始他就带着愉快的期望。每次远处出现新的山,他就问那是不是德克斯坦山。但每次得到的答案都是否定的,于是他慢慢没了兴致,不再说话,也不想和别人一起走过去看瀑布。大家以为他累了,但第二天早上他高兴地说:"昨晚我梦到自己在西蒙尼小屋里了。"实际上,他参加这次游玩的时候就抱着这样的期待。他只是重复以前听说的关于路程的话:"想要到达山顶必须爬六个小时的山。"

通过这三个梦已经能够看出一个大概。

(二)儿童期的梦并非没有意义;它们是完全能够被理解的心理活动。前文中已经讲过医学上关于梦的观点,还说过有人把梦比喻为不懂音乐的人乱弹钢琴。上文中所举的儿童的梦的例子便反驳了这种观点。最神奇的是,儿童在睡眠状态下可以有完全的心理活动,而成人则只有间断的反应。而且还有各种证据可以证明,儿童的睡眠要比成人的睡眠更深更沉。

(三)既然这些梦并没有经过伪装,所以不需要解释:它的显意和隐意是一样的。我们由此可以断定伪装并非梦的主要属性。我想你们肯定会赞同这句话。但通过进一步的研究,就会发现这些梦实际上也有所伪装,虽然程度很轻,但梦的显意和隐意之间多少存在一些差异。

(四)如果儿童对前一天的经历感到遗憾,有着未能实现的愿望或某种期望,就会通过做梦表现出来。儿童用做梦来满足自己的愿望,非常直接,没有任何掩饰。现在还可以来探讨一下体内或体外的刺激是如何扰乱睡眠和产生幻梦的。关于这点，我们已经了解了一些确定的事实，但只有很少的梦能用这些事实解释。这种身体刺激的影响很难在儿童的梦中看出来；因为儿童的梦非常容易理解。当然，我们也没必要因此就否定刺激会产生梦的观点。我们需要问的是，为什么最初就忘了除了身体刺激之外还有心理刺激可以扰乱睡眠呢？扰乱成人睡眠的大部分是心理刺激；因为这些刺激通常使人们的心理状态达不到睡眠的要求——那就是和外界脱离关系。他们不愿意中断自己的生活，宁可继续手头的工作，因此他们无法进入睡眠状态。所以说，未能满足的愿望就是扰乱儿童睡眠的心理刺激，梦是他对此做出的反应。

（五）通过这条捷径我们了解到了梦的功能。如果说梦是对心理刺激的反应，那么梦的意义就是发泄内心的兴奋，从而消除刺激，维持睡眠状态。这种发泄为什么会通过梦来实现，我们还不知道，但我们已经知道的是，梦并不会扰乱睡眠（很多人这样指责梦），而是保护睡眠不受干扰。我们本来以为没有梦的睡眠较为深沉，但这个观点却并不正确；如果没有梦的协助，睡眠则不可能，我们正是因为做梦才能睡得好。当然梦也会干扰到我们，但这种干扰就好比巡警在驱赶扰乱治安的人时发出的枪声一样。

（六）梦是由愿望引发的，梦的内容就是在表达这个愿望，这是梦的一个主要特征。梦还有另一个不变的特征，那就是梦不但是思想的表达，而且还通过幻觉来使愿望得到满足。"我想在湖上游玩"就是引发梦的愿望；而梦的内容就是："我正在湖上游玩。"因此，就算对简单的儿童的梦来说，梦的隐意和显意之间仍然存在少许差异，隐意通过伪装把愿望转化为了经验。对梦进行解释的时候，必须先把这种伪装加以还原。如果说这是梦的最普遍的特征之一，那么我们就能用这种方法对前文中的各个梦加以解释："我看到兄弟手里拿着竹节"的意思并非"我的兄弟正在节省开支",而是"我希望兄弟要节省开支",这两个普遍特征相较而言,大家更容易接受第二个。只有通过大量研究,我们才相信引发梦的往往是一个愿望,而不是某种成见、目的或指责;但其他特征并不会改变,亦即梦不但重复引起这个刺激,而且因为把它转化为了经验,从而消除了这个刺激。

(七)我们可以通过梦的这些特征来将之与过失进行比较。在过失中,通常存在牵制和被牵制这两种倾向,而过失就对这两者进行了调解。梦也属于这一类型;睡眠倾向是被牵制的,而心理刺激则是牵制倾向,我们将它称为(力求满足的)愿望,我们目前还没有找到其他牵制睡眠的心理刺激。梦也是一种调解的结果;我们虽然入睡了,但愿望的满足仍在继续;我们的愿望得到了满足,同时仍处在睡眠状态。可以说,这两种倾向都各有成败。

(八)你们应该还记得,我曾打算用"白日梦"来说明梦的问题。我们认为"白日梦"是为了使愿望、野心或情欲得到满足,所使用的是思想或想象的方法,虽然很生动,但却与幻觉不同。所以,"白日梦"中梦的两个特征虽然有些不明确,但的确具有,然而那种睡眠时特有而醒的时候不可能具有的特征则是它所缺乏的。在语言中,我们也能发现梦的主要特征之一就是满足愿望。如果说梦中的经历是一种想象的重现方式,而且只在睡眠的特殊情况下这种方式才可能存在——可以称之为"夜晚的白日梦"("a nocturnal daydream")——那么我们就能得知梦是如何消除刺激从而使愿望得到满足的;因为白日梦也是使愿望得到满足的心理活动,这也正是人们会做白日梦的原因。

除此之外,一些俗语也表达了同样的意义。例如:"猪梦见橡实,鹅梦见玉米。""小鸡梦见什么?梦见谷粒。"这些俗语涉及的对象已经从儿童扩展到了动物,但同样认为梦的内容就是使愿望得到满足。还有很多成语也是同样的意思,例如"美妙如梦""这件事是梦想都达不到的""连做梦都想不到这样荒唐的事"。从此可以看出俗语的含义也与我们的观点相符。当然也有所谓"焦虑的梦"(anxiety dreams),痛苦的梦,或者无所谓的梦,但并没有表现这些梦的成语。虽然有"噩梦"这个词,但一般用法中,"梦"通常表达了满足愿望的意义。不管是哪类谚语也没有说猪或鹅梦见自己被宰杀的。

一般谈论梦的人竟然忽略了梦满足愿望的这一特征,十分令人不解。实际上,他们经常能发现这一点;但从没有人将之认作可以当线索来释梦的梦的特征。只要猜测一下就能知道他们到底为什么会这样,不过这个问题我们留到之后再说。

接下来我们来看一下通过研究儿童的梦,轻轻松松地得到了多少知识吧!我们了解到:1. 梦的作用在于维持睡眠;2. 梦是由两种相抵触的倾向引发的,一种是睡眠的需要,另一种是满足某种心理刺激的需要;3. 梦是具有意义的心理活动;4. 梦的两个主要特征是满足愿望和幻觉体验。但现在我们似乎已经忘了我们是在进行精神分析的研究。除了前文中所说的梦和过失之间的关系以外,没有别的什么东西能够体现我们研究的特殊性。随便哪个根本不了解精神分析假说的心理学家,都能对儿童的梦做出一样的解释。但是,为什么并没有人做出这种解释呢?

如果说所有的梦都这么幼稚,那么对梦的研究早就完成了,我们也不需要对做梦者进行询问,也不需要说什么潜意识或使用自由联想方法了。但这些仍然是我们需要努力的方向。事实已一再证明,一些被认为是普遍有效的特征,实际上只适用于少数特定类型的梦。因此,现在我们的问题是儿童的梦表现出的属性是不是稳定的,换句话说,意识不明显而不容易看出其愿望的梦也有这种属性吗?我们认为后一种梦由于经过多重伪装所以无法马上得出结论。我们还认为必须通过精神分析的方法来解开这种伪装,而对于儿童的梦则不需要这么做。

至少还有一种和儿童的梦相似,没有经过伪装因而容易看出愿望的梦。这就是由迫切的生理需要——如饿、渴、性欲等——引发的梦,对这些体内刺激的反应就是满足愿望的表现。例如我曾记录的一位一岁零七个月的小女孩,梦到菜单上写着她的名字(F.安娜,……),还有草莓,覆盆子,鸡蛋,奶油面包。原来她因为吃水果导致了积食,所以挨了一天的饿,这个梦就是对这一情况的反应。而她六十八岁零五个月的祖母,由于患了游走肾(floating kidney)必须一天不进食,她当晚梦到有人请她吃饭,面前摆满了美味佳肴。此外,还有饥饿的囚犯和缺少食物的探险家也经常在梦中得以饱食。例如诺顿斯柯尔德在他描写南极的书(1904年)里,讲述了他和探险队冬天的生活(见卷一,336页):"我们做的梦显然体现了我们当时的思想。我们从来没有做过那么多的梦,那么鲜明的梦。就算平时很少做梦的人,当我们早上交流梦境的时候,也能讲出长长的梦。我们所有的梦都与遥远的故乡有关,但有时候也会梦到当时的情景,——主要的内容就是饮食。有个朋友经常梦到大吃大喝,早晨告诉我们自己因为吃了三道菜而非常高兴。还有一个朋友梦到山上种满了烟叶;另一位则梦到有船驶来,最后终于看不到冰块了。另一个梦也值得一提:邮递员带着信来了,不停地解释他为什么迟到;他说先是把信送错了,然后大费周折才把信又取了回来。虽然梦经常是离奇的,但最令人惊讶的是,不论是我自己还是听别人讲述的梦都没什么想象力。如果我把这些梦记录下来,肯定会使心理学家大感兴趣。既然梦能够让大家的心愿得到满足,那么你们就可以想见我们是有多么沉迷梦乡了。"我还想再引用一段杜普里尔的话:"派克在非洲旅行时,当他差点渴死的时候,经常梦到家乡水源充沛的山谷。特伦克在马格德波格的城堡中饿肚子时,梦到自己周围都是美食;乔治·巴克参加富兰克林的第一次探险,由于缺乏食物快要饿死的时候,经常梦到大吃一顿。"

任何人如果晚饭吃多了,晚上就会口渴,因此很容易梦到喝水。饥饿和口渴并不会因为做梦而得到缓解,所以由于口渴醒来之后就要真的喝水。这种情况下,梦并没有起到实际作用,但仍然可以看出之所以会引发梦是为了保护睡眠,不使做梦者因为刺激而惊醒。如果愿望不太强烈,那么"满足愿望的梦"通常能够达成它的目的。

此外,性欲的刺激也可以由梦得到满足,但我们要注意这种满足有自身特点。由于性欲冲动并不像饥渴那样依赖于外在事物,因此梦遗也可以使这种冲动得到真实的满足;但与外在事物的关系也很重要(后面再来谈这一点),因此这种真实的满足仍与梦的对象有关,只不过伪装并不明显而已。正如兰克所说,梦遗很适合用来研究梦的化装。对于成人来说,梦除了满足愿望之外,还具有其他完全发自内心的事物,我们必须对这种梦进行解释才能真正弄懂它。

但成人的这种幼稚的满足愿望的梦,并不仅仅由迫切的生理需要引起。我们还知道一些由强烈的情境引起的较为简洁明了的梦,这显然也是心理刺激导致的。比如,一些"焦急"的梦("impatience"dream),做梦者可能准备去旅行、去看演出、去演讲,或者去拜访朋友,都会先在梦中实现这些事,在前一天晚上梦到已经抵达目的地,已经在剧院中,或已经和朋友互诉衷肠。还有所谓"偷懒"

的梦（"comfort" dreams），做梦者为了继续睡觉，梦到自己已经起床、洗脸或者到了学校，实际上还在梦乡，这种梦表达的是做梦者想用在梦里起床来代替真的起床。前文中我们已经说过，睡眠的愿望在梦的构成中占据一定的地位，对这类梦来说，这个愿望表现得很明显，因此是引发梦的原因。所以，梦的需要和生理需要同样重要。

现在我想请你们看一下慕尼黑沙克画廊里施温德绘画的复制品，可以看出画家清楚地认识到强烈的情境可以引发梦境。这幅画叫作《囚犯的梦》，主题自然是囚徒想要越狱。囚犯想从窗口逃走，阳光从窗口照进牢房，把他从睡梦中叫醒。并排站立的妖神显然代表他爬到窗口时所站的位置；如果我的理解没有出错，那么上方靠近窗口的妖神（也就是囚犯想要到达的位置）的相貌应该和做梦的囚犯一样。

前文中提到，除了儿童的梦和幼稚型的梦以外，其他的梦通常都经过多次伪装，不容易解释。虽然我们推测这些梦也是对愿望的满足，但目前并不敢确定，也无法从梦的显意推导出引发这些梦的心理刺激是什么，或者证明它们也和其他梦一样是为了解除或减轻这些刺激。但仍然需要对这些梦进行解释或翻译；要对梦的化装过程追本溯源，把显意一步步还原为隐意，之后才能判断从研究儿童的梦得到的结论是否适用于所有梦的解释。

第九讲　梦的检查作用

通过研究儿童的梦，我们知道了梦的起因、主要特征和作用。梦是一种通过幻觉的满足来消除干扰睡眠的心理刺激的方法。成人的梦中我们能够解释的只有一种，那就是幼稚型的梦。而其他类型的梦,我们并不了解,无法讨论。但我们已经得到的结果非常重要。如果一个梦能够被完全地理解,那么它一定是满足愿望的梦;这并非巧合,所以必定十分重要。

我认为其他类型的梦是对某未知内容进行伪装后的代替物,因此必须探究这未知内容到底是什么;我们做出假定的原因还有梦和过失之间十分相似。所以,我们必须对梦的化装作用进行研究。

梦之所以奇异而难以理解,就是由梦的化装作用导致的。我们已经知道:(1)伪装的原因(动因),(2)伪装的功能,(3)伪装的方法。我们还知道伪装是由"梦的工作"(dream-work)产生的。下面我们来描述一下梦的工作原理。

先来讲述一个梦境,这个梦是精神分析界中一位著名的夫人[1]记录的。她说做梦的人是一位受教育程度较高、德高望重的年长女性。这个梦并没有被分析,记录梦的人认为从精神分析学家的角度来看,这个梦再明白不过了,不需要解释。做梦者也没有进行解释,只是对自己大肆批判,好像十分了解自己梦的隐意,她说:"一个五十多岁每天只想着孩子的老妇人,竟然做这么荒唐的梦!"

下面我来叙述一下梦境,这个梦的内容与大战时的"爱役"有关。"她来到第一军区医院,和警卫说要和院长谈一谈,想到医院里服务。她说话的时候特别强调'服务'这个词,所以警卫马上意识到她说的是'爱役'。由于她年纪比较大,所以警卫犹豫了一下才让她进医院,但她没有去见院长,而是走到一间暗室中,里面有很多军官、军医,有的站着、有的坐着,中间有一张大餐桌。她告诉一位军医自己的来意,他也马上明白了她的意思。她好像在梦中

---

[1] 指胡格·赫尔穆斯医生的夫人。

说:'我和维也纳的许多妇女准备为士兵、军官和其他人服务……'接下来是喃喃之声。不过她看到军官们有些困惑也有些不怀好意的表情,就知道他们已经明白了她的意思。她继续说道:'我知道我的做法有些奇怪,但我们满怀热情。没有任何人问战场上的士兵是否愿意战死沙场。'接下来是一阵难堪的沉默;军医两手抱住她的腰,说道:'太太,如果真是这样,那么……(又是喃喃之声)。'她脱身出来,心想:'可能他们都一样,'然后回答道:'天啊,我是位老妇人,也许不至于这样吧。起码要遵守一个条件:必须注意年龄,老妇人和小孩也许不……(喃喃之声)这太可怕了。'军医说,'我明白';但其他几位军官和一个曾向她表达爱意的少年,都大笑起来,于是老妇人请求和院长见面,要把事情搞清楚;她认识那位院长。但使她惊讶的是,她竟然不知道院长的姓名。军医对她表示极大的尊敬,告诉她到三楼,通过一条狭窄的旋转铁梯,通过这个暗室上楼。上楼梯时,她听到一位军官说:'无论她多大年纪,这种做法确实令人吃惊;向她致敬!'她觉得不过在尽义务罢了,沿着一个仿佛没有尽头的铁梯走去。"

　　这个梦在几星期内连续出现,虽然每次都稍有不同,但按照这位太太的说法,改变的地方都是无关紧要的。

　　这个梦的过程很像白日梦,比较连贯,少数不连贯的地方只要询问一下就能搞清楚;但你们知道却没人这样做。最令人惊讶、最引人注意的是很多地方语气突然断掉了:有三处内容是模糊不清的,语气断掉之后便用喃喃之声替代。因为我们没有对这个梦进行分析,所以严格来讲我们没有权利对它的意义妄加揣测。但也有一些线索,比如"爱役"一词可以当作分析的材料;而喃喃之声出现之前断断续续的话,也可以通过意义来补充完整。补充完整之后,就会形成一个梦幻,表达的意思是做梦者随时准备奉献自己来满足军中各种人员的性需要。这的确是一种令人感到羞耻和害怕的性幻想,但是——梦中却完全没有谈到这一点,每当根据上下文应该有所显现的时候,显梦中便出现了模糊的喃喃之声;而隐藏的意义就被压制或消灭了。

这些细节之所以会受到压制,原因在于事实本身过于让人惊骇,你们肯定很容易推想到这一点。最近发生了许多类似的事。随便拿一份有政治内容的报纸,你们就会发现到处都是被删减的地方,因此报纸上有很多空白。这些空白之处原来肯定有不被新闻检查员认可的内容,所以便被彻底删掉了。你们可能会认为这很遗憾,因为被删掉的新闻肯定是最有意思的部分。

有时被检查的并不是整句话;写作者猜想到某段文字可能会引起检查员的不满,因此写的时候就把这些句子化硬为软,或者稍微修改,或者暗语影射。结果就是新闻中没有空白了,但通过那些转了个弯表达并不明确的语句,便可推想作者在写作的时候自己内心已经先进行过检查了。

通过这个例子,我们可以认为梦中删去的或替代为喃喃之声的话肯定也是检查作用的结果。我们使用梦的检查作用这个词,它是梦的化装作用的原因之一。每当梦中出现了断续之处,就说明是检查作用的结果;更进一步说,只要在比较明确的成分中出现了记忆模糊、不明确、可疑的成分,就可以将之认定为检查作用的证据。但不管怎么样,检查作用很少像在"爱役"这个梦中表现得那么直接;检查作用比较常用的是上文提到的第二种方法:那就是用修饰、暗示或影射来替代真实含义。

梦的检查作用还有第三种工作方法,这是新闻检查无法达到的;我引用前文分析过的一个梦来说明这种特殊方法。你们还记得"用一个半弗罗林买三个不好的位置"的梦吧。在这个梦隐藏的含义中,"太匆忙、太早了"非常重要;其含义为"结婚太早很傻,买票太早也很傻,嫂子太匆忙买珠宝也很傻"。在显梦中这个中心思想并没有表现出来,显梦的重点在买票看戏。由于梦的元素进行了重心转移和重组,所以梦的显意与隐意之间出现了很大差别,从而不再使人怀疑隐意的存在。这种重心转移就是梦的化装的一种主要方法;这也是梦看上去很奇怪,让做梦的人不想承认梦来源于自己内心的原因。

材料的省略、修改和重组——这就是梦的检查活动和伪装的方法。我们要研究的是化装作用,而检查作用是伪装的主要原因,或说是主要原因之一。移置("displacement")这个词通常包括了排列的变更。

梦的检查作用大概如上所述,接下来我们可以来集中精力研究一下这种检查作用的动力学。希望你们不要用拟人的手法看待"检查作用",而把检查想象为一个住在大脑小房间内的小鬼,严肃地履行职责;也不要硬性规定它的位置,认为是由"脑中枢"驱动的,如果脑中枢受到损伤,这种驱动力就立刻消失。让我们只把它当作表示一种作用关系的有用名词。不过也不要因此就不再探寻这个作用的发出者和接受者各自是哪种倾向;而且就算我们发现自己面对检查作用熟视无睹,也不用惊讶。

但事实确实如此。我们在使用自由联想方法的时候,就发现了一种奇怪的现象:当我们试图通过梦的元素努力探寻隐藏在其后的潜意识思想时,就难免会受到反抗。这种抗力时大时小。如果抗力比较小,只需要几个联想就能完成释梦的工作;如果抗力较大,就需要进行一连串长长的联想,让我们离最初的观念越来越远,过程中还必须抵制联想引起的各种批判。解释梦的过程中遇到的这种反抗就是"梦的工作"中的检查作用;只不过反抗是检查作用的客观化；因此可以说明，检查的力量并不会由于促进了梦的化装而消失，而是一个长效机制，用来维持已经形成的伪装。而且与释梦时抗力的大小根据元素的不同而变化一样，检查作用引起的伪装程度的强弱也根据元素的不同而改变。通过对比研究显梦和隐梦发现，有的隐藏元素完全消失了，而有的则只是稍微有所改变，有的则仍然存在于显梦中，甚至更加强烈。

不过我们的目标是找到施加检查的和接受检查的分别是哪种倾向。这个问题对于了解梦和人类生活都非常重要，如果我们把之前解释过的梦概览一遍，就很容易回答了。施加检查的倾向就是做梦者清醒的时候所赞同的倾向。如果你否认对自己梦的正确解释，那这就是引发检查从而造成伪装的动机，因此就有了对梦进行解释的必要。我们再返回去看一下那位五十多岁妇人的梦：我们虽然没有对这个梦进行解释，但她自己也感到震惊。如果冯·胡格-赫尔穆斯医生把这个梦确切的意义诚实地告诉她，那她恐怕要更加气愤。梦里那些污言秽语之所以被喃喃之声替代，正是因为这种驳斥态度的存在。

此外，这种内心批判的观点还说明，梦的检查作用的反抗倾向是十分令人不快的。它们通常违背伦理、审美或社会观点，日常生活中我们想都不敢想，而且对它们十分厌恶。这些在梦里被检查而进行了伪装的愿望，实际上是无限制的自我主义的体现；因为做梦者的自我体现在所有梦中，而且地位十分重要，尽管它深知如何在显梦中自我隐藏。这种梦的自我神圣主义（sacro egoismo）确实与睡眠所必需的心理状态——也就是中断与整个外界的交涉——有一定关系。

冲破所有伦理束缚的自我会受到美育的排斥，而且受到为道德所制约的性欲的支配。所谓的"里比多"，即对快乐的追求——

会无所顾忌地选择被社会禁止的事物作为自己的对象：不仅有别人的妻子，甚至还包括一般人认为神圣不可侵犯的——例如母亲、父亲或兄弟姐妹。（前文所述的五十多岁妇人的梦也是乱伦的梦，她的"里比多"的对象显然是儿子。）此外，那些被认为不符合人性的欲望也能够引发梦。极度的憎恨；杀人、复仇的愿望也并不少见，甚至还将至亲——做梦者的父母、兄弟姐妹、配偶和子女等——作为对象。这些禁忌的愿望似乎受到了恶魔的诱惑；如果我们知道它们的含义，就会觉得清醒时应该对这些想法进行最严酷的惩罚。但对于这些邪恶的内容，梦自身并不需要负责；你们应该记得梦的作用是保护睡眠不受干扰。梦并非性本恶，而且有些梦满足的是正当的愿望和身体的迫切需要。这些梦没有伪装，也无须伪装，因为它们在工作时并不会触犯自我的伦理和审美倾向。伪装程度的高低与以下两点相关：（1）被检查的愿望越可怕，伪装的程度越高；（2）检查越严格，伪装就越复杂。因此，一个受到严格管束的少女的梦，通常会在严格的检查作用之下稍微伪装其兴奋，医生会认为这种兴奋是恰当而无害的"里比多"欲望，在十年后做梦者自己也会得到一样的答案。

现在，我们仍然没有胆量自己反驳自己对释梦的研究结果。我们对释梦的工作了解得还不充分，但我们有义务来抵御一些可能遭受的攻击。本研究的缺陷是比较明显的。我们进行研究的基础是之前得出的假设，例如：梦具有一定意义；通过催眠得出的潜意识观念可以用来解释常态的睡眠；所有联想都受到束缚等。如果从这些假设进行推导可以使释梦得出可靠的结果，那么我们也许能够确定这些假设的正确性。但如果从中只能得出我所描述的那一种结果怎么办呢？肯定有人会说："这些结果根本就是荒谬的，至少并不可靠，所以那些假设肯定有什么错误。也许梦并不是一种心理现象,也许在常态心理中并没有潜意识,也许我们的技术存在缺陷。比起由之前的假设推导出的可恶结论,这些观点难道不是更加简单而完满吗?"

没错,这些观点虽然既简单又完满,但并不意味着一定正确。我们不能立刻下定论,而需要继续等待。第一,我们的推论正好可以引起一种更激烈的抗议。我们的结论可能会引起一般人的不悦和厌恶,但对我们造不成太大的影响;我们了解到梦的背后存在某些愿望倾向,这引起了做梦者本人的反驳,这种抗议才是有力的。有一位做梦者说:"你说什么?从我的梦里可以说明我不想花钱给妹妹置办嫁妆,不愿意给弟弟付学费?这根本就不可能,我每天辛苦工作就是为了他们,对我来说最重要的就是担负起我做兄长的责任,因为我是家里的老大,我已经对去世的母亲保证过。"还有一位妇人说:"你说我希望我的丈夫死?真是无稽之谈!你可能不相信,但我的婚姻生活很愉快,而且如果我丈夫死了,我就什么都没有了。"还有一个人说:"你认为我对妹妹有性欲?这简直太可笑了;我根本不关心她;我们兄妹俩一直不和,好几年连话都没说过。"如果这些做梦者对这些原属他们的倾向不置可否的话,我们也许还无须注意,还可以认为这些事物是他们没有意识到而已。但如果他们在内心发现了和我们的解释正相反的愿望,而且还用他们平日的行为来证明这个相反的愿望占上风,那么我们就得知难而退了。在这种情况下难道还不能说明释梦的研究会导致谬误吗?难道还不应该放弃吗?

不,还不能。在详加考察之后,这个看上去很有利的反驳也无法立足。如果精神生活中真的存在潜意识,那么在意识生活中就算相反倾向占上风也无所谓。我们的内心有足够的空间可以容纳两种相反或互相矛盾的倾向;可能由于某一倾向占上风而导致另一个倾向落入潜意识中。因此，前文中的第一种抗议是在说释梦的结果不够简略，而且令人不悦。对第一点我们可以这样解释，就算你们很喜欢简略的东西，但绝不可能以此解决梦的任何问题；你必须从头就下定决心面对梦的各种复杂关系。而关于第二点，如果把好恶当作判断科学真伪的标准，那就大错特错了。如果释梦的结果会使人不悦，甚至勃然大怒，又怎么样呢？Çan'empêche pas d'exister.（这不会损害存在）——我年轻时行医的时候，我的老师沙可说过这样的话。如果我们想要确实对这个宇宙有所了解，就不得不谦逊地低下头，抛弃自己的好恶。要是一位物理学家得出地球上的有机生命即将灭绝的结论，你肯定不敢反驳他："不可能！这种预测让我感到不悦。"我觉得，如果没有另一个物理学家出来指出第一位物理学家的前提或推论有误，你肯定一句话也不会说。如果你只按照自己的好恶去做，那么你实际上就是在模仿梦的构成机制，而并非想去了解梦。

也许你现在不再介意被检查的梦的欲望是否令人生厌了，但又抗议说人性不可能有这么多的恶。但你能用个人经验证明这一判断吗？暂且不看你认为自己是什么样的人，但你曾见过比你强或和你差不多的人满怀好意，你的仇人很讲义气，或者你的朋友绝不嫉妒，然后才得出人性非恶的结论吗？你难道不知道普通人在性生活方面是很难控制和信任的吗？你难道不知道我们晚上做的梦中所有过激和异常的行为都是清醒时所犯罪恶的反映吗？在这里精神分析也只是印证了柏拉图的名言："恶人会亲自作恶，将恶控制在梦中的便是善人。"

现在先不谈这些，请看一下现在正在欧洲肆虐的大战吧：想象一下这种残暴的行径正在各个文明国家内横行。如果没有几百万助纣为虐的追随者，单凭几个烧杀抢掠的野心家就能使这种隐藏的人性之恶彻底暴露吗？面对这种情况，谁还敢辩驳说人性非恶？

也许你会驳斥我对大战有偏见，并告诉我：大战中还表现出了英雄主义、自我牺牲精神和公众服务等崇高的人性之善。这没错，但精神分析肯定了这一方面，并不意味着它否定其他方面，如果你这么认为确实是冤枉我们了。正相反，我不但说明了被检查的罪恶念头，而且还说明有压制这种念头的检查作用，使它得以隐藏。我之所以要对人性之恶加以强调，只不过因为其他人否认这一点，这么做对改善人们的精神生活不但没有帮助，反而会使精神生活更难了解。如果我们放弃这种狭隘的道德观，那么肯定能够发现更正确的关于人性善恶的公式。

这个问题就到此为止了。就算释梦的结果有些奇特，我们也不需要因此放弃这项工作。将来也许会出现另一种解释这些结果的方法；但当下必须坚守这一观点，即：梦的化装是自我认可的倾向对夜梦中出现的恶念进行检查导致的。至于这些恶念为什么发生在夜晚，或者是怎么发生的，那么还有许多需要研究和解答的问题。

如果我们忽略了这些研究的另一个结果，就很容易犯错误。我们原本不知道那些干扰睡眠的梦的愿望；我们只是因为释梦才发现了它们；所以我们将这种愿望称作"当时属于潜意识的"，上文中已经解释了它的含义。但实际上它们不仅仅在当时属于潜意识的；因为我们已经说过很多次，虽然做梦者因为释梦了解到它们的存在，但却仍然坚持一种否认态度。这种情况就像前文中"打嗝"的舌误一样，那顿饭之后演说家生气地声明不论是当时还是任何时候，自己都没有对领袖有丝毫不敬。那时候他说的话已经不再令人信服，我们认为演说者永远都不会知道自己内心存有这种想法。当对经过复杂伪装的梦进行解释时，也会发生类似的情况，所以使我们的学说增添了一层新的意义。现在可以说精神生活中的一些过程和倾向是我们并不了解的；也许过去不了解，很长时间之内不了解，甚至永远不能了解。这就使潜意识这个词又增添了一个含义："当时"或"暂时"已经不是这一词汇的重要属性了，潜意识不仅仅是"当时隐藏的"，甚至可以说是永远隐藏的了。关于这一点后文中会进行进一步的阐述。

第十讲 梦的象征作用

我们已经搞清梦的化装是其很难被理解的根由，而梦的化装又源于对存在于潜意识中的不道德的欲望的检查。诚然，我们没有勇气断言化装作用的根由只有检查作用一个，如果我们对梦的研究更深入一层，便能发现其他引发化装作用的原因；换言之，即便检查作用不存在，我们依旧无法理解梦，且显梦与梦的隐念也无法保持一致。

另一个促成伪装的原因，是在精神分析的某一缺陷被我们发现时显露的。我曾坦承梦境中存在的某些单一元素并不能引发被分析者的联想。诚然，此类情形并没有他们所谈及的那样多。以大部分的例子来说，如果分析者始终坚持，还是能引发联想的；然而以某些个例来看，确实无法引发联想，即使最终联想出现，也不是我们需要的。如果精神分析治疗过程中出现这样的情境，便有可以追溯的意义，在此我们暂且不做描述；但在对自己或常人的梦进行诠释时，这类情形还是有可能出现的。在此类情境中，不管怎样劝说督促，都确实无法起到任何作用，最终我们还是意识到了，当某些与众不同的元素出现在梦境中，这种令人厌恶的障碍便常会发生；我们原以为这不过是技术领域某种不成功的个例，现在才明白某种全新的原则对它造成了影响。

所以,我们尝试着以自己的方式来对这些无法引发联想的元素进行翻译与诠释。令人诧异的是,只要我们有勇气去翻译,得到的结果常是完满的,相反,只要下定决心不用这种方法,梦就会变得不连贯且没有任何意义。此类实验刚出现时,原本不敢相信,然而伴随着日益增多的同类例证,它便也慢慢变得可信任了。

现在,为了演讲,我要做一个在允许范围内的概述,虽然它很简略,但却不会被误会。

就如我们在普通的释梦书籍中所见的那种对梦境中的各种事物所做的翻译一般,我们会以一种固定的方式来对一组梦的元素进行翻译。但你们不能忘记在我们采用自由联想法时,这种固定的梦元素的替代物还没有出现。

你们立马会认为相比自由联想法,这种释梦的方法更可疑更能被指摘。可我得对你们说:根据亲身经验,我们搜集到的可以为这种固定的翻译做证明的例子有很多,我们也终于意识到不依靠梦者的联想,仅依靠我们自身的学识,同样可以对梦进行诠释。至于这种知识的来源,在本章的下半部分,我们会做叙述。

梦元素与对梦的诠释之间的不变关系,被我们称为象征关系,而梦的元素,象征的原本就是梦的隐意,你们应该不会忘记我们在对梦的隐意与梦的元素的关系进行研究时所列举的三种关联:(1)用局部替代整体;(2)暗喻;(3)意象。我还提及存在第四种关系,但当时并未明确指出。我们方才谈及的象征,便是这第四种关系;在我们还没有对根据观察而得的特殊之处做列举之前,请先关注一下那些能够被讨论的、与这一问题相关的、富有趣味性的观点。或许在我们关于梦的理论中,最受人瞩目的便是关于象征作用的部分。

首先,既然被象征的意象与象征意象之间的关联是稳固不变的,且后者又以前者为解释,那么虽然从释梦的角度来讲,我们的技术与古人或普通人截然不同,但从一定程度上来说,象征意义却与古人的释梦之意及普通人对梦的解释暗暗契合。因为象征作用的存在,我们常能在不对梦者做询问的前提下于某种情境中对一场梦进行解释,而事实上不管怎样梦者也不会告诉我们这些象征的意义。如果我们对常出现于梦中的象征,梦者的生活境况、人格及梦前印象有所了解,往往便可以马上对梦进行解释;仿佛刚一相见就能翻译。这样的成就不仅能令梦者赞叹,也能令释梦者知足;因此相比烦琐的询问法便更胜一筹。但是你们千万不要因此而误解:我们并不习惯耍花样,而以象征作用为基础的释梦法也永远无法与自由联想法相比,抑或取而代之。联想法以象征法为补充,象征法的结果也唯有与联想法的结果相合才有效果。至于为我们所知的与梦者情绪相关的知识,你们要明白我们诠释的梦不仅仅是熟人的;通常,我们对作为梦的源头的、前一日的事实,几乎一无所知,所以关于心理情绪的知识全都源于接受分析的人的联想。

尤其需要关注的是,存在于潜意识与梦境之间的象征作用引发的争议是非常激烈的,特别是后文中要予以讨论的数个方面。哪怕善于判断者在其他所有方面都对精神分析怀抱着深刻的同情,在这一方面也抗议激烈。如果我们还没有忘记下述两件事,则这样的行为就更让人讶异了:(1)不是只有梦境中才存在象征作用,象征作用也不是梦境独有的属性;(2)虽然精神分析中的许多见解都有独到之处,但象征作用却并非源于精神分析。如果我们要对近代的先辈进行列举,那第一个肯定要数施尔纳(1861年),精神分析不过是对他学说的证明,但也对其中一些关键点做了修订。

或许你们更希望以举例的方式对梦的象征作用的属性进行说

明。我愿意把我知晓的全都说给你们听,不过在我看来,我的知识还不够丰富,起码还不符合你们的期待。

其实,从本质上来说,象征就是比拟的一种,却又与所有的比拟都不同。在我们看来,有一些特殊的条件制约着这种象征,可是这些条件是什么,我们还不清楚。能以事物来比拟的东西在梦境中并不一定会以象征的形式来呈现,反之,梦也不会以任何象征的方式来指代任何事物,它象征的不过是潜意识在梦境中所展现的一种精神元素;所以两者之间都存在着自己的界限。我们不得不承认,至今为止象征的界限尚不明确,因为象征总与暗喻类似,又极易与表象或替代物相混淆。象征的比拟基础,有一部分很容易看出,有一部分则必须仔细地对其共性或公比进行探求。有时候,要知道其隐意必须经过认真的思考,有时候,细思考之后仍不解其意。并且即使象征真的是比拟的一种,在自由联想法下,这种比拟也不会显露;对此,梦者一无所觉,所以也不是故意要用象征法;要借此引其关注,他也的确拒绝承认。由此可见,象征就是比拟中与众不同的一种,它的属性到底为何,我们了解得还不够充分。或许对这种未知量,日后我们会有更进一步的发现。

在梦境中以象征的方式出现的事物其实很少,如父母、子女、兄弟姊妹、裸体、人体、生死——另外还有一物,现在先不提。房屋常是人体的总象征,施尔纳也清楚这些,只不过他将这一象征的重要性夸大了。在梦境中,人在屋前攀缘而下,时而开怀,时而惊恐。如果墙体平滑,则房屋象征的是男性;如果屋中有阳台有壁架,则房屋象征着女性。在梦境中,父母常以帝皇皇后、国王王后等尊贵的形象出现;从这一点来看,梦所抱持的仍是恭谨的态度。子女、兄弟姊妹的待遇则较冷漠,常以害虫或小动物的形象出现。水常是出生的象征,如梦到落入水中、从水中爬出、把人从水中救出或者被人从水中拯救等,这些都是母子关系的象征。坐车去旅行则常象征着垂死,死亡的象征则常比较隐晦,属于暗喻;衣服、制服常象征着裸体。由此可知,暗喻与象征之间的界限是较模糊的。

象征着这部分事物的意象是如此的少,则诸如生殖器、性交等与性生活相关的事物象征之丰富便难免令人讶异了。在梦境中,绝大部分的象征,象征的都是性。与性相关的事物非常鲜见,但其象征意象则多不胜数,两相比较,非常不协调,因此所有事物的同义象征物是很多的。所以,普通人对这样的诠释进行抨击,因为梦境千奇百怪,释梦却如此单调。这固然会令大家不愉快,可事实就是事实,有什么办法呢?

因为这是首次在讲演中提及性生活,所以在讨论开始前我必须先明确自己的态度。所有的事情在精神分析领域都无须避讳,对这种重要的问题进行探讨也着实没有必要羞愧;我更认为不管是什么事情都要先为其正名,才能避免不必要的争执。虽然在这里听众有男性也有女性,可我也不会区别对待。演讲中不必有任何避讳,也不可能只与女性的需求相契合;在座的各位女士既然来了,就已表示能接受与男性同样的待遇。

在梦境中,象征着男性生殖器的事物各有不同,大体上而言,这些比拟间的共性并不难弄懂。第一,男性生殖器以圣洁的数字三为象征。在两性之间被关注最多且至关重要的——阳具——既可以如竹竿、手杖、树干、伞等长形直竖的事物为象征,也可以匕首、军刀、枪、矛、小刀及包括手枪、左轮手枪、枪炮在内的各种火器等具有穿刺性与伤害性的事物为象征,后者因为形状更近似,因此是象征物中非常契合的。焦虑的少女常梦到自己被携带刀具或来复枪的人追逐。这种梦最是常见,这样的象征,你自己想要解释也很容易。有时候水的流溢物也会被视为男性生殖器的象征,如泉水、水壶、水龙头；有时候，它会以包括装有滑轮的牵拉灯、伸缩自如的笔在内的能够被拉长的事物为象征。其他象征着男性生殖器的事物还有指甲锉刀、铅笔、铁锤及各种器具、笔杆等，其意义也很容易弄清。

阳具的属性有悖于地心引力，它能高举，能直竖，因此也可以飞机、气球为象征，最近它的象征是齐柏林飞船。可是还存在另一种与勃起有关的更有强力的，涵盖于高举之梦中的象征；它让人的主体变成了生殖器，于是梦者飞了起来。与高飞相关的梦我们都不陌生，有时候它还十分梦幻，如果我们现在以性兴奋或阳具来解释这样的梦，听闻之后，你们可千万别惊讶。这一解释的可靠性已经被精神分析学家费德恩所证明；沃尔德也曾以不自然的臂和腿的姿态来实验，他一向精明，他的理论与精神分析也截然不同（或许他还不清楚有精神分析这回事），可他得出的却是同样的研究结论。你们以女性也有高飞之梦来驳斥我的说法是不现实的；要清楚梦就是对欲望的一种满足；而不知不觉间，女性也会生出变身男性的欲望。并且如果你们对解剖学并不陌生，就一定会知道男性有的感受女性也有，这一欲望也是她要实现的，因为在女性的生殖器中有一个名为阴核的小结构，它与阳具作用相同，在性行为发生之前，或者在幼年，它占据的地位和阳具是一样的。

部分象征男性的事物，如鱼类、爬虫，如名声最盛的蛇，要理解便很难，而以帽子与外套来做象征，要理解就更难了，不过其象征意义却不存在问题。至于说男性的生殖器能不能以手脚来象征，实在是不无可疑。但就其与手套、鞋子、袜子的关系而言，它又的确是一种象征。

象征女性生殖器的事物常具有一定的空间性与容纳性，譬如坑洞、穴、罐子、瓶子、各种各样的箱子盒子、口袋、橱柜、保险箱等。

船艇亦包含其中。还有部分专指子宫，而非其他生殖器的象征：譬如火炉，譬如碗柜，特别是房间。从象征的角度来看，房间与房屋是彼此关联的，而阴户则多以门户来指代。象征着女性的还有木头及其如书桌一般的制成品，纸张及其包括书在内的制成品。从动物的角度来说，象征着女性的一定是蚌与蜗牛；从身体结构上来说，象征着阴户的是嘴；从建筑的角度来说，象征女性的是教堂或小礼堂。你们要清楚这些象征事物，有的很难理解，有的理解起来却很容易。

性器官也包括乳房，象征着女性臀部与乳房的是桃子、苹果和普通的水果。森林、丛生的竹子在梦境中指代的是男性与女性的阴毛。有岩泉、有林木的风景则常是女性繁杂的性器官的指代；而象征着男性性器官的则是无法言说、结构错综的机器。

象征女性生殖器的意象还有一个非常值得关注，即珠宝盒，在梦境中，珍珠、宝贝常象征着爱人，性快感则以糖果为象征。类似弹钢琴一般的消遣通常比喻的是由自身生殖器得到的满足感。手淫的典型比喻是折枝、溜动及滑动。特别值得关注的是，象征着手淫的意象是拔掉牙齿或牙齿掉落，个中要义为以宫刑对手淫进行惩戒。象征着性交的特殊意象，比我们想象的要少很多，但在此也能列举，譬如有节奏的活动、跳舞、登山、骑马等，如遭遇暴力，被马蹄践踏、被兵戈胁迫等。

你们千万别以为解释这些象征很简单，也别以为这些象征的用途很简单；事实上，无论从哪个方面来讲，它都常出人意表。例如，令人匪夷所思的是，两性的象征物常能彼此互换。存在不少男女能通用的象征物，如小男孩、小女孩、小婴儿。有些时候女性的生殖器能以男性的象征来指代，男性的生殖器也能以女性的象征来指代。只有在了解了人类性概念的发展历程后，我们才能对这一点有所认知。从某些例证来看，这种象征好像非常模糊，怎么都可以，事实并非如此；最显而易见的是，武器、橱柜、口袋等永远都不能通用于两性，而只能用于单性。

为了对性象征的源头做出说明，对意义较模糊的象征物简要地做一下说明，现在，请从象征而非其象征物开始讲起。呢帽或者所有的帽子都能成为此类象征的例证；虽然帽子偶尔也会带有女性色彩，但多数时候却指代男性。同理，虽然外套有些时候会用来专门指代生殖器，但它仍象征着男性。这到底是什么原因，你们自然能随意问。女性不佩戴领结，且领结会下垂，象征的很明显就是男性；而象征女性的则常是内衣或衬衫。上文曾提及过，裸体以制服与衣服来象征；女性生殖器则以鞋或拖鞋来指代。即便女性以桌子与木材为象征很难理解，但却毋庸置疑。象征性交的自然是登山、上楼、爬梯等动作。其兴致的增长、节奏的加快——如登高者向上攀登时的气喘吁吁——两者毫无二致，仔细想想便能弄明白。

我们已经弄清楚，女性生殖器会以风景来暗喻，男性生殖器以巨石高山为象征；女性生殖器以庭园为象征，水果指代的不是孩童，而是乳房。野兽喻指情欲勃发且感官处于兴奋状态的人，女性生殖器则用花卉来指代，尤其是处女的生殖器。对此，你们要记住，植物原就以花为其生殖器。

我们很清楚房间象征着什么。这个象征还能够被扩展，于是房间的出入口，即门窗，成了阴户的象征；以此类推，开门关门的意义就很明了了；而房门钥匙象征的自然是男性。

这是对梦的象征作用进行研究的少许素材；自然很不完备，能够深入，也能扩充。但在我看来已经足够；或许你们会很不高兴，认为："我真的在性的象征中生活吗？我身边的所有事物，我的衣帽鞋袜,我接触的一切,莫非都不过是性的象征?"这些疑问确实很有道理:既然梦者从不提及梦的象征意义,我们又是怎么知道的呢?

我给出的回复是:我们的知识来源极为丰富:有笑谈戏语,有民间传说,有神仙故事,有与各民族的风俗习惯、格言歌曲相关的传闻,有惯用的俗语,也有诗歌。相同的象征在其中比比皆是,许多意象的指谓自然不言自明、一目了然。如果我们分别对这些源泉进行考察,便能发现梦的象征作用与它的诸多共性,以至于我们必须要相信自身解释的正确性。

我们曾谈及,施尔纳认为,在梦境中人常以房屋为象征;如果对其意义进行扩展,则体腔的出入口便能以门、窗等为象征,房屋内也能有壁架、阳台,墙体也能是平滑的。相同的象征在俗语中也存在,譬如头发,譬如毡帽。从解剖学的角度来看,只要是身体的出入口,就必然会以"门"或"户"来称呼,如幽门,如阴户。

父母在梦境中化身为帝后,乍一听起来总令人惊奇,但在神话传说中,却真的存在与之类似的事实。许多神话传说都以"古时候,有一位国王和王后"来开场,莫非我们不清楚它的意思仅仅是"古时候,有一位父亲与母亲"吗?从家庭的角度来讲,男孩常被称为公子,第一个男孩则被称为太子。国王是"庶民的父亲"。部分时候,还会用小动物来作为孩子的戏称,譬如英格兰西南部康瓦尔郡的居民常称呼孩子为"小蛙",德国人称呼孩子为"小虫",认为孩子很可爱,就说他们是"可爱的小虫"。

现在话题回归到房屋的象征上来。在梦境中,房屋凸出的部分常被用以登攀,这恰与德国的一句名言暗合,在谈及胸部极发达的女性时,德国人总会说:"她有能够被我们攀登的地方。"另外,还有一句俗语与之类似,"她的屋前有很多木材",我们曾谈及,女性或母亲会以木材为象征,在此便能被证明。

与木材相关的论述还有很多。女性或母亲为什么要以木材来指代,这很令人费解,但在此我们可以借各国语言来作对比。德语Holz(木材)与希腊语 ὑλη(原料)语根相同。ὑλη 化广义为狭义,从原料的通称变成某一特殊材料的指谓,这很常见。大西洋上有一座马德拉岛 Madeira。发现它并为它命名的是葡萄牙人,之所以以葡文中的 Madeira(木材)来命名,是因为岛屿被发现时森林广布。但你们总该清楚,Madeira 其实是由拉丁文中的 materia(原料)一词演变而来,而 materia 又以 mater(母亲)为源,所有的物品都应以其原材料为生身之母。所以我们也只能以木材的古意来解释其象征意义,女性或者母亲。

关于水的事物常是分娩的表示:譬如入水、出水代表的是分娩或降生。我们必须铭记这一象征实际上是双重进化的指代。所有的陆生生物,包括人类在内,全都进化自水生生物——这种事实与之关系较疏远——不仅如此,所有的人,所有的哺乳动物,生命的第一阶段都在水中进行——亦即,在母亲的子宫羊水中,以胚胎的形式存活——因此分娩的时候都从水中出。当然,我并不认为做梦的人对此有所认知,并且我也觉得他没有必要知道这些。或许他幼年时曾听人提及过,但在我看来,这与象征的结构其实并不关联。幼儿园的孩子曾听闻,鹳鸟带来了婴儿,可婴儿又是鹳鸟从何处得来的呢?池塘里?抑或水井中?——那也是从水中出来。我接诊过的一位患者,幼年时(当时他是伯爵继承人)听说了这件事,之后一下午不知所踪,被找到时,他正趴在宅邸的大湖边,凝视着水面,希望能将水底的婴儿看清。

兰克在研究时曾对神话中英雄的降生做过对比——最早的是生于公元前 2800 年左右的阿卡得的萨贡王——将孩子抛进水里

及将孩子从水中救出两者之中必有其一是非常重要的。兰克很清楚这象征的是分娩,其象征方式同样适用于梦境。任何一个人如果梦见救过一个落水的人,他就会认为此人是他母亲或者其他人的母亲;而在神话传说中,将落水的孩子救出的也总是这孩子的生身之母。曾有一则笑谈,某人询问一个伶俐的犹太孩子,摩西的生身之母是什么人,孩子的答案是公主。那人说:"错了,公主只是将水中的孩子取了出来。"孩子回答:"她要说的就是这个啊!"由此可见,在对神话进行诠释方面,他做得很好。

在梦境中,出去旅行象征的是垂死;同样地,在幼儿园中,如果孩子问及某位逝者的行踪,保姆们总会对他说,那人去了"很远的地方"。同样的象征也曾被诗人应用,他说死亡是"旅行家的乌有之乡,一去便再也不复返"。日常交流中,也常以"最后的旅途"来比喻死亡,不管是谁,只要深知古礼,就肯定知道丧礼都是十分隆重的,譬如古埃及的木乃伊常会被赠以作为最后旅途之指南的《亡灵书》。因为生者的居所与死者的坟茔之间肯定会有一定的距离,因此以最后的旅途对死者而言竟真成了事实。

与性相关的象征也不只会出现在梦中。你们总该清楚对女性进行侮辱时常会戏谑地以"铺盖"称之,但却无人知晓这象征的是一种生殖器。《新约全书》有言:"女性为器皿,相对来说很脆弱。"被犹太人视为神圣的书籍,体裁与诗歌类似,性象征也非常多,但却很少有人知道其象征意义,因此在注释时,譬如对"所罗门之歌"进行注释时,常会被误解。之后的希伯来文学体系,也常用房屋喻指女性,门户喻指生殖器的出入口;例如如果男性察觉到妻子并非处女,会说:"我察觉到,门被打开过了。"希伯来文学中,也常以桌子来指代妇人;例如在谈及丈夫时,一位妇人说:"我将桌子摆在他面前,他却推翻了它。"据说"桌子被推翻"正是孩子跛脚的原因。

我所说的这些皆援引自《圣经和犹太人法典中性的象征》，作者是来自布吕恩的列维。

在语源学家们看来，在梦境中，船也是女性的象征，他们说在德文中，Schiff（船）原指用泥铸造的器皿，且 Schiff 与 Schaff（木桶、木质器皿）原是同一个词。根据希腊柯林斯人婆利安德尔和他的妻子梅丽莎的传说，可以证明女性的子宫或母亲的子宫确能以火炉来指代。希罗多德译本中提及，这位暴君原本深爱着自己的妻子，但因为嫉妒，他杀死了她。妻子去世后，他常能看到她的影子，他让影子说一些和她本人相关的事情，于是为了证明自己的身份，已逝的妇人说，婆利安德尔"在冷火炉中放置了一个包子，那是他自己的"。这句隐语，第三者不能明其意。另外，要对不同民族的性生活进行研究，《不同民族的性生活》一书是必读的，它是克劳斯撰写的。书中说在为女性接生时，有的德国人会说："她的火炉已碎裂。"生火、令火燃烧都有性方面的象征意味，男性生殖器以火焰来指代，女性的子宫则以火炉或火灶来指代。

如果女性生殖器在梦境中常被以山林风景来指代让你们十分震惊，那你们从神话中便能了解到在古时的宗教典礼中，"地为人母"这句话所占据的重要地位，而这种象征，还支配着与农业相关的所有观念。而梦境中，女性以房间为指代的源头则可从德国的俚语中追溯：Frau（妇人）能被 Frauenzimmer（妇人之房间）指代，亦即，人居住的房子能成为她本人的指代。另外，土耳其宫廷（the Porte）常被认为是苏丹和土耳其政府的象征，而大宫廷则是古埃及法老与国王的象征。（如古希腊的罗马广场一般，古时东方双重城门之间的宫廷常被用以集会。）可这样溯源未免失之浅显，我认为，女性之所以能以房间来指代，是因为房间有"人居其中"的属性。我们很清楚房屋有此含义；就神话及诗歌而言，女性还可以堡垒、城镇、炮台、城堡等为象征。现在，如果对不说或不懂德语的梦者的梦进行研究，便能证明这一点。最近几年，到我这里来治疗的患者多是外国人，我记得，在他们的梦境里，女性也以房间来指代，即便与 Frauenzimmer 类似的词在他们的语言中从未出现过。还有，语言并不能将象征局限，1862 年，研究梦的专家舒伯特便提出过这一观点。但最后能对这个问题下判断的还得是那些对只懂本国语言、不通德文的外国患者做分析的学者，因为我接诊的所有异国患者都略通德语。

所有与男性生殖器相关的象征，皆见于笑谈、俗语或诗歌，特别是古希腊的诗歌和拉丁文的诗歌。可是这些象征不仅能在梦境中看到，还能从五花八门的工具，特别是锄犁中看到。与男性生殖器相关的象征，涉及的范围越广，争议就越多，出于节省时间的目的，我们暂且将其保留，不做讨论。我只想大略说一下数字三。暂且不论这个数字是不是因其象征意义而被视为神圣，但如苜蓿草一般，由三部分构成的自然物被应用于盾形纹章或徽章上，却的确是因为其象征意义。另外，法国的三瓣百合徽记，西西里岛与人岛通用的 trisceles（三脚着地，以一个中心点向外辐射的跪像）徽章也是伪装之后的男性生殖器，因为在古代，生殖器的影像常被认为是趋避灾祸的最强力道具；所有的现代护符也能被视为性之象征。这些护符多为银质，不大，造型有四叶苜蓿草、猪、香蕈、马蹄铁、长梯、扫烟突等。四叶苜蓿草是三叶苜蓿草的替代品，从象征的角度来看，自然是三叶最妥帖；猪在古代象征的是丰饶富足；香蕈象征的是阳具，有一种名为 Phallus impudicus 的香蕈形状与阳具非常像；女性阴户的形状酷似马蹄铁；长梯与扫烟突象征的则是性行为，因为普通人常以扫烟突来喻指性行为。（参见《不同民族的性生活》）我们很清楚梦境中的长梯象征的是性：就成语而言，升登

(Steigen)一词实际上也带有性意味，譬如 Den Frauen nachsteigen（窥伺女性）及 ein alter steiger（老浪子）。在法文中，la marche 有进行之意，而 un vieux marcheur 则亦有老浪子之意。这一联想的根据或许是下述事实，即许多大型动物交媾时，雄性总会攀上雌性的背部。

折枝象征的是手淫，不但因为手淫的动作与折枝相似，还因为在神话传说中，两者也有许多相像之处。但是需注意的是拔牙、掉牙象征着手淫或者惩戒手淫即阉割的象征；梦者不知道的是，与此类似的情境在民族故事中也常出现。在我看来，盛行于很多民族的割包皮仪式代替的便是阉割礼。不久前我知道了澳大利亚数个原始部族的男性在成年时都会以割包皮的方式来庆祝，而毗邻的一些部落则以拔牙礼来替代。

举例便到此为止了。这些仅仅是例子。若这些例子的搜记者不是如我们一般一知半解的人，而是真正的神学专家、语言学专家、人类学专家或民族学专家，那么被搜集的例子必然会更广泛、更有趣，而我们也定能对这一问题做更多的了解。然而我们必须做出的论断，虽然也存在挂一漏万的弊端，但为我们的考量提供素材却足够了。

首先，虽然梦者能表现出某种象征，但他对它却没有丝毫的认知，苏醒后，他甚至不认识它。这样的事实委实是匪夷所思，就仿佛你突然听闻你的女佣知悉梵文而大为震动一样，即便你很清楚在波希米亚乡下长大的她从未学习过梵文。诚然，要将这一事实与我们的心理学理论彼此调和十分困难。我们便只能说梦者所有与象征相关的知识都源于潜意识，都是潜意识之心理活动的附属；可哪怕是做了这样的假设，对我们而言，也没有多大助益。过去我们仅设想存在着永远不会为我们所知抑或短时间内不可能为我们所知的潜意识倾向；现在，问题涉及的范围更广了，事实上我们必须相信存在于潜意识中的知识、各种事物的对比及思维关联，由此以一个概念将另一概念替代。这些素材不是每一次都要换新，而是随时能够被应用的、已经存在的。何以见得？因为相同的比较被应用于不同的民族之中，即便他们的语言完全不同。

这方面的象征知识到底源自哪里？语言习惯只是其源流中很小的一支，其他与之相当的情况，梦者多一无所知；所以我们第一个要整理便是这些素材。

其次，这些象征关系不单存在于梦境中，还存在于神话传说、仙佛故事、俗语、诗歌、散文和民歌中，这些我们很清楚。象征涵盖的范围极广，梦境只是其中极小的部分；因此我们在对整个象征问题进行研究时并不方便仅从梦的角度入手。在其他领域常见的许多象征在梦境中并不存在，或者即使存在也极少；反之，存在于梦境中的许多象征在其他领域出现的次数也很少，我们对此很清楚。所以我们深深地感觉到作为表现形式之一的象征的古用今废，而存在于各个领域中的象征的断片也不过是形式的一种改易罢了。于是，我情不自禁地想到了一位神经症患者的饶有趣味的幻想；在他看来，必然有一种本初的语言曾存于世间，象征就是这种本初语言的遗物。

再次，在你们看来，在其他领域，象征肯定不会被性局限，可在梦境中，象征为什么就以性为对象，指代的为什么就是性关系呢？要对其进行诠释很难。我们能不能假定出现于其他领域的象征其实都隶属于性象征，抑或假定性领域的象征降格为其他方式？仅以梦的象征为依据，显然无法回答这些问题；我们能坚称的不过是性与真正的象征之间必然存在着某种与众不同的亲密联系。

对此，我们倒不妨向来自乌普萨拉的语言学家斯珀伯（精神分析学对其研究未造成任何影响）求教，在斯珀伯看来，在语言的源起及发展过程中,性需求起到了非常重要的作用。他宣称,在进化史上最早的声音不过是动物对异性伴侣进行召唤的工具,之后,语言逐渐成为原始人劳作时的伴生物。这种声音极富节奏,它既然与劳作形成了联想,联想也便有了性趣味。因此对原始人来说,劳作原就是性活动的替代品,性给劳作带来了愉悦,而劳作时发出的声音也有了两层意思:一是关于性动作的;一是关于性动作的替代物或者劳作的。长此以往,性意义及最原始的用法渐渐在字音中消失。数代之后,具有性含义的新字也是这样,由此,这个字也被应用于新的劳作范畴。很多新的基础字由此产生,一开始,这些基础字都隶属于性,后来却丧失了性意义。如果这种说法是正确的,那么最起码我们便可以在对梦进行解释时应用它。这些最原始的情境在梦境里还有一部分被保留,因此我们便也能懂得梦境中的性象征为什么会这么多,男性为什么会以器具及武器为象征,女性为什么会以材料或事物为指代。于是,象征的关系也可以被当作与古字相同的遗意;例如在古代曾经与生殖器共用一个名字的事物,现在,在梦境中能象征生殖器。

更深入地说,所有与梦的象征相平行的事实都能让我们明白为什么引发人类普遍兴趣的是精神分析学,而非精神病学或心理学,包括神话学、民俗学、宗教学、语言学、民族心理学在内的诸多学科与精神分析学的研究都密切相关,其研究结果赋予这些学科的理论也极有价值。若你们听说某本以对这些关系进行促进为唯一目的的书籍是一位精神分析学家撰写的,你们应该不会觉得惊讶。我所说的是,兰克与萨克斯共同编撰的,1912年初次出版的《恋爱对象》。精神分析学与其他学科的关系,多是赠予,而非接受。虽然许多精神分析领域令人讶异的结果都因被其他学科所证实而大受裨益,可就总体而言,其他学科中饶有实效的许多观点与研究方法也全都源于精神分析学。精神分析学领域中,对个体人类精神生活研究的结果,对许多存在于人类生活中的谜团的解决都大有裨益,或者最起码也给解决这些问题带去了希望。

我还没有谈及它对存在于设想中的"本初语言"及以此为主要表象的精神病学的了解到底有多么深刻。你们唯有了解了这一点,才能对整个问题进行领悟。神经症患者的症候或其他表现形式都能成为神经症的素材,而精神分析学要诠释与治疗的也正是这些现象。

第四种观点让我们重提旧话并回归原点。我们曾经谈到,即便没有被梦检查,梦者要诠释梦也很难,因为当时我们需要以生活语言来对梦的象征进行翻译,所以作为梦的化装的第二个独立要素,象征作用与检查作用是同时存在的。很显然,检查作用也很乐意对象征作用进行利用,因为二者有着让梦变得难解且怪诞的共同目的。

在更深入地对梦进行研究之后,能不能发现化装作用的另一要素,我们马上就能弄清。可是在将梦的象征问题结束之前,这个怪诞的问题必然还要被提及,亦即,虽然象征在宗教、艺术、神话、语言中的存在是确凿无疑的,可受过教育的人却都对梦的象征作用抱持着激烈的反对态度。引发这一切的不依旧是这象征与性之间的关联吗?

第十一讲 梦的工作

如果你们已经将梦的象征及检查作用弄明白了,那么即便你们还无法完全弄懂梦的化装作用,那么对绝大部分的梦进行解释却是没问题的。有两种互为补充的方法能被你们所用:(1)让梦者去联想,直至能根据替代品知悉隐念的原始含义;(2)以自身所知对梦境中意象的指代意义进行补充。至于其中的疑难，之后再做论述。

前面，我们曾对梦的隐念与梦的元素的关系做过研究，但当时准备并不充分，因此现在还要再探讨一番。我们曾列举了四种关系：（1）以局部代替整体；（2）暗喻；（3）象征；（4）意象。现在，可以将讨论范围扩大，将显梦及由对显梦进行解释而得的隐梦作对比来进行研究。

我期待着你们永远都不会将隐念与显梦相混淆。如果你们可以将两者区分开来，那么我《释梦》一书的绝大部分读者对梦的认知程度便肯定是不及你们了。可下述内容也有必要复述：亦即，梦的工作便是将隐念变成显梦的过程；反之，释梦就是对显梦进行回溯，令其还原为隐念；因此，释梦就是对梦的工作的逆推。从孩子的梦的角度来说，虽然满足愿望的意味很明显，但仍存在梦的工作活动的痕迹，因为日间的愿望常会在梦境中化为现实，思想也常转化为可视的意象。此类梦无须解释；我们需要做的不过是对这两种变化进行回溯。至于其他因为梦错综的工作而被称为梦的化装的梦，我们就必须进行诠释，以还原其原本的隐念了。

因为我有将各种各样的梦的解释进行对比的机会，所以现在我可以对梦的隐念的材料是怎样被梦的工作进行处理的做详细的叙述。但是请你们务必少些期许：这段话，你们必须静静地细心聆听。

压缩作用是梦的工作的首个成就。压缩指的就是显梦是隐念的压缩体，比隐念要简单很多。没有被压缩的梦也有存在的可能，但通常情况下压缩作用是必不可少的，且有些时候压缩的幅度会很大。不存在与压缩相反的作用，换句话说，就是显梦的范畴绝对不会比隐念的范畴大，显梦的内容也绝对不会比隐念更丰富。压缩大略有如下数种方式：（1）某种隐念的成分完全消失；（2）显梦中出现的只是涵盖于隐念中的诸多情结里的一个片段；（3）部分属性相同的隐念在显梦中被混合。

如果你愿意，完全可以用"压缩"一词来指代上述第三种情形，此类例子在现实中很容易找到。"数人"被压缩为"一人"的例子，在你们自己的梦境中也曾出现。混合之后的影像，容貌与甲相似，衣着与乙相似，职业与丙相似，但你一直都很清楚，他是丁。四人的共性因此尤其明显。这种混合影响，在事物、地点方面也有可能出现，只要其存在能够被隐念支配的诸多共性。由此，一个全新的概念似乎已经成形，这个概念还很不稳定，且以这一共性为核心，在压缩作用下被混为一体的图片通常非常模糊，似乎是同一感光片同时接收了多个影像的投影。

在梦的工作中，此类混合影像占据的地位极为重要，因为其形成所需的共性已被证明是刻意制造的，原本并不存在，譬如，以某种与众不同的语言来指代某种思想。我们常能在现实中见到此类混合或压缩的例证；舌误的根源便在于此。你们应该没有忘记那位要对某位太太"送辱"（beleidigen 意为侮辱，begleiten 意为送）的青年的例子。许多幽默的话语也源于此类压缩。另外，我们能说压缩很罕见。自然，也存在部分与数人合一的梦境景象相当的幻想，因为事实上其中的部分成分是没有隶属关系的，却根据幻想合为一体，譬如古代神话中的半人马、布克林图画及其他荒诞的怪兽。事实上，具有创造性的幻想也全无新意，不过是将所有的素材再度配伍罢了。至于梦的工作，在发展过程中，总存在下述特征：虽然梦的工作所使用的素材也有一部分令人嫌恶、不想其存在的思想，但这种思想的表现形式却是非常正确的。这些思想在梦的工作影响下转变为另一种形式，匪夷所思的是在以文字与语言对它进行再翻译时采用的居然是混合法。在其他地方，译者翻译时总会对原文,特别是差别并不大的事物做一定保留;但在梦的工作中,却以一语双关的幽默同时将两种思想表达出来,因而,将二者合而为一。我们不能希冀马上便能对这一特点有所了解,但它在我们的释梦工作中占据的地位却很重要。

根据压缩,我们并不能感受到梦的检查作用,只能使梦模糊。或许我们会认为是机械的原因或者经济的(以繁化简,就是劳动力的节省,因此称之为"经济的")原因导致了压缩,然而,不管怎样,其中都有检查作用的参与。

有时候,压缩的效果非常出人意表:在一个显梦中,常表现出两种混合的隐念,于是我们在对梦进行诠释时稍稍满意了,但却将第二种可能出现的意义忽略了。

并且显梦在压缩的影响下,与隐念的关系也发生了变化,即两者元素间有着十分错综复杂的关系;因为彼此交杂,一个显性元素或许同时为数种隐念的指代,一个隐念又能在多种显性元素中显现。在对梦进行诠释时,我们又知道与某个显性元素相关的各种联想并不会循序出现;我们经常必须在诠释了整个梦境之后,才能呈现它。

所以,梦的工作表现梦的思想的方式是与众不同的;既非逐字逐符号地翻译,也非有计划地循序选择(例如删除字的母音,只余字音);也非以某一元素对另外诸多元素进行指代。它所采用的方法与这些截然不同且更加错综繁杂。

移置作用(displacement)是梦的工作的第二效果。很侥幸,此处没有出现新的问题;我们清楚起作用的一直都是梦的检查作用。移置作用的形式有二:(1)某一隐念元素用其他无关的事物来自我指代,而非以与自身相关的部分来替代,其属性与暗喻类似;(2)将某一重要元素移动归置于另一个无关紧要的元素之中,梦的形态自然便会因为重心的转移而变得异样。

本意被暗喻替代的情况在我们清醒时也常发生,但它与梦境中的暗喻却并不同,其中最重要的差异是:清醒时的暗喻,不仅理解起来很容易,而且本意与替代物之间存在一定的关联。暗喻往往还会被应用于讥讽或幽默中,当时与内容相关的联想会被忽略,并代之以显见的表面联想。譬如谐音,譬如双关。但大家依旧要对此类联想有所了解:如果暗喻的意思很难辨别,那笑谈也便丧失了本意。而出现在梦境中的暗喻,却不受此局限,它与本意之间的关联原本就单薄疏远,很难理解,在被阐明后,便不似笑谈,而其诠释也未免有牵强附会、荒诞怪癖之感。梦的检查作用的目的就是让我们无法根据逆推暗喻而明了本意。

如果我们以表达思想为目的,则移置重心的办法便很不妥当,即便在清醒时我们时而也会用这种方法来诙谐一下。要对此进行说明,或可援引下述故事。某个村庄有一位铜匠、三位裁缝,因为铜匠是唯一的,不可或缺,所以在法庭判处犯了死罪的铜匠有罪后,一位裁缝为他顶罪了。

梦的第三种效果,从心理学的角度来看,最是有趣。它是将思维具象化的方法。我们自然知道,许多思想在显性梦境中仍维持着原形,以思维或知识的形式出现,并非全都出现了此类变化;并且具象化也非思维变形的唯一可行方式。但是梦却以其为主要特性,在另一种情况不发生的前提下,梦境的这一部分基本是不变的。并且我们也都知道,视象是梦的组成部分之一。

这一方法明显很困难。你们要弄懂这种困境,可以假定你们要以图画的方式对刊载于报纸上的某篇政治论文进行说明。论文中具体的人或事物用图画来表示自然很容易,且表现更完满;然而若要将所有的抽象文字都用图画来表现,并用图画表示关系词、联系词等表示各种思想关系的词,便立即变得困难重重。单以抽象文字来说,也许你们能采用的方法有很多,譬如先将文章以其他的文字进行翻译,这些文字或许很生僻,但有着相同的语根,且相对来说更具体,因此要以图像的形式表达会更容易。也许你们借此会联想到这样的事实:即抽象的文字只是丧失了具体的本意,但它原本还是具体的。因此只要有机会,你们便会对这些字的本意进行追溯。譬如,"占有"的本意为"在其上安坐"(possess = potis + sedeo, "siting upon")。梦的工作便是以此方法来进行的。在这样的情境中,你们自然无法要求其表现精准,也不能抱怨梦的工作无法将之替代为图画。若以其他形式的损伤,如手臂断掉或腿部断掉①来对婚约被破坏的观念进行还原,只是为了克服用图画替代文

---

① 在修改这几页的时候,我无意中看到了报纸上的一则新闻,我把它抄录下来,作为上面几句话的意外证据。

上天的报应
违背婚誓,遭受断臂

预备役军人的妻子 M. 夫人安娜指控,K. 夫人克勒孟坦背叛了丈夫。她指控,K. 夫人趁着丈夫在前线服役的时候,与卡尔. M. 勾搭成奸。二人私通期间,卡尔. M. 每个月都会送给她70克朗。此外,被告还接受了原告丈夫赠予的一大笔钱,导致原告和孩子们饥寒交迫,生活难以为继。原告曾听到丈夫的几个同事说,她的丈夫曾经和 K. 夫人一起去酒店喝酒,直到深夜。被告有一次还当着几个士兵的面询问原告的丈夫,他是否会离开糟糠之妻,去她那里。K. 夫人的寓所看管人也证明,曾经多次看到原告的丈夫赤身裸体地待在被告的房间里。

昨天,K. 夫人当着利物浦斯诺特地方法官的面表示,她并不认识 M.,更不可能和他有不正当关系。

可是,证人 M. 阿伯丁表示,他曾经目睹被告和原告的丈夫接吻,而且被告被发现时十分惊恐。

前几次开庭时,M. 也曾经出庭受审,并否认与被告有不正当关系。昨天他寄给地方法官的一封信中,推翻了自己之前的证词,承认二人直到去年六月还保持着不正当关系。他之所以在前几次出庭时否认二人的关系,是因为被告曾在开庭之前跪求他隐瞒此事。他写道:"我之所以选择在今天说出实情,是因为我的左臂断了,我觉得这是上帝在惩罚我。"

法官给出的判决是:这件刑事犯罪的时间太长了,案件不成立,原告撤销控诉,被告无罪释放。

字的困难的话。

若要以图画的方式来表示"因为""所以""但是"等思想关联词,是非常困难的,所以,这部分便只能被忽略了。同理,在梦的工作的影响下,梦的思维内容也被以物体材料或活动材料替代。若你们能以更精美细致的图像将那些无法用图画表现的关系表现出来,或许你们便不会不满了。根据显梦的特点,如隐晦性、明晰性、异部区分等,梦的工作以相同的方式顺利地将绝大多数的隐念表现了出来。通常,梦的分阶常与梦的主题数及动荡的隐念数相当。初时的短梦与之后具体的主梦之间常存在因果关系或导引关系。次要的隐念常以梦境的改易来自我表现。所以,梦的形式本身就需要被阐释,而且很关键。数个在同一夜晚出现的梦表现的意义只有一个,即梦者曾试图完满地将某种逐渐加强的刺激掌控。而在单一的梦境中,一个格外难解的元素或许有着多重象征。

如果我们继续对显梦及隐念进行比较,则出人意表的事情在任何方面都可能出现,甚至梦境中怪诞荒唐的各种事实也有自身的含义;在这方面,医学家对梦的诠释及精神分析学家对梦的诠释之间的区别便变得明显起来。医学家认为,梦境很怪诞,是因为做梦的时候,人的心理活动短暂地终止了;而我们认为,梦境很怪诞,是因为"它很怪诞"的责难被包含于隐念之中。之前提到过的在剧场中以一个半弗罗林购买三张戏票去看戏的例子便很好;它表现的想法便是:"过早结婚可能太傻了。"

在对梦进行诠释时,我们发现梦者经常会怀疑某一元素是不是曾经进入过梦境,抑或进入梦境的是不是其他元素,而非这一元素。通常情况下,与这些怀疑相应的东西的确在隐念中并不存在,它们皆源于检查作用,源于无法完成的压抑。

最令我们震惊的一个发现是,在对与隐念相反的意念进行处理时,梦的工作所采用的方法。在显梦中,源于隐梦的彼此连续的各种素材合而为一,我们已经知道这些。但在对相反的意念进行处理时,采用的也是处理相同意念的方法,尤其是以显梦中的同一成分来表现。如果显梦的成分也能分正反,则其必有三种表意:(1)只指代自身;(2)指代相反的意念;(3)同时为正反两面之指代。对梦进行诠释时要怎么做,要视其前后关联而定。因此,"否"并不存在于梦境中,即便存在,也是一语双关。

幸运的是,在语言发展史上,能找到与梦的工作的这种怪异现象类似的情况。语言学家们都认为,在最古老的语系中,如明暗、大小、强弱等表意相反的字,应用的语根全相同,即原始文字的两歧之意(antithetical sense of primal words)。例如在古埃及语中,强与弱都以同一词"ken"表示。因为交谈时动作与音调不同,两歧的词并不会造成误解;用于书面语时,则会以定语来限定,即添加一幅图景,譬如画一个挺立的人于"ken"后表"强"意,画一个屈膝跪地的人于其后表"弱"意。及后,具有两歧之意的原始文字在语根微调后出现了两种截然不同的表意。所以,原本兼有强弱之意的"ken"衍化为"ken(强)"和"kan(弱)"。不光在古语中,即便是在近代甚或现代,乃至最近的发展阶段,仍有许多两歧字被保存下来。下述例证都援引自 C. 阿贝尔(1884 年)的著作:

存在于拉丁文中的两歧字:

altus = 高,深;sacer = 神圣,邪恶。

语根改易的例证如下:

clamare = 高呼;clam = 默然,隐秘地,静静地;siccus = 干燥;succus = 液体,汁液。

在德语中:Stimme = 声音;stumm = 无声,哑

如果对比的对象为相近的词汇,则例证更多:

在英语中:lock = 锁上;在德语中 Loch = 洞穴、孔洞,Lücke = 裂痕。

在英语中:cleave① = 分离,黏附;在德语中 kleben = 黏附,附着。

英语中的"without"一词原本有着正反两层含义,于今却只保留了否定意。然而:"with"不仅有"偕同"之意,亦有"掠夺"之意,瞧瞧"withdraw(取消)""withhold(阻止)"等词便懂得了。德语中的 wieder 也有对比价值。

从语言的发展过程中还能发现另一个梦的工作的特征。在古埃及语及后续的语言中,因音节的前后变换出现了不同的词汇,但其表意基本相同,英语与德语中都有平行的例证,如:

Topf(pot)—pot(锅);Boat-tub(桶);

Hurry(匆匆)—Ruhe(rest)[休息];

Balken(beam)[横梁]—Kloben(club)[棍子];wai—täuwen(to wait)[等待]

德语和拉丁语平行的例证有:

capere—packen(to seize)[抓住,捉住];

ren—Niere(kidney)[肾脏]。

在对单字音节进行转换时,梦采用的方式有很多。我们熟知的是意义的倒装及反义词的互替。然而除了这些,在梦境中,情境与亲缘关系也会被倒置,就好像身处一个杂乱无章的世界之中。在梦境中,猎人追逐野兔的情境常被倒装为兔子追逐猎人。事物的先后顺序也被打乱。因此梦境中先出现的是果,后出现的才是因,这让我们不由联想到了三流剧院中的戏剧,在主角被射杀的枪声从两侧响起之前,主角便已经倒在地上死亡。有时候,梦境中所

---

① 英文 cleave 现在还有两种意义:to cleave to(黏附),to cleave(分离)。

有的元素的位置都会被打乱,因此在对梦进行诠释时,将后位元素前置,将前位元素后置,才会有意义。你们应该没有忘记同样的现象在梦的象征作用中也曾出现过,譬如,落水意味着出生或分娩,出水也一样;上下梯子的意义也毫无二致。毫无拘束地对隐念进行表现,对于梦的化装而言是非常有利的。

这些梦的工作所具有的特征都非常原始。它们以原始的表现形式及语言文字为依托,也像原始语言文字一样难以理解,日后我们再探讨这一问题。

现在我们要对这一问题的其他方面进行探讨。梦的工作的目标是以知觉的形式表现隐念,特别是要将其具象化。这种知觉形式原就为我们的思想所采用。其早期素材及初期发展时便是感觉印象,或者准确点说,便是这部分感觉印象存在于记忆中的图画。之后,才出现了让这些图画变得流利的文字,这些文字相互连缀,即为思想。因此梦的工作便是让我们的思想重归曾经走过的路,向后倒退;因此所有在记忆中的图画向着思想发展时出现的新事物在倒退时都会消失。

梦的工作的意义便在于此。相比于显梦,在了解了梦的工作历程后,我们对它的兴趣无疑更大。但我还是希望能讨论一下显梦,因为我们能够直接在梦境中知觉的唯有显梦。

显然,对我们而言,显梦已不再重要。无论它是被割裂的图景、被严肃地组合在一起的图景,还是前后不相续的图景,都无所谓。虽然梦的表象看上去也意义非凡,但我们很清楚它源于梦的化装,与梦的内容之间并不存在有机联系,就仿佛根据意大利教堂的大门无法对其结构与基地设计进行大致推断一样。有时候,隐念的关键点也会毫无遮掩地出现在梦的表象中,令其变得有意义。然而,我们必须明白,这一点只有在根据释梦了解了其化装程度之后才能弄清。有时候,两种貌似有着密切关联的成分也能引发与之类似的疑问;亦即,根据这些关联,我们虽然能够对隐梦中相应的成分做出类似的关系推断,但有些时候我们也坚信,在进入梦境之后,隐念中相应的成分之间的距离会十分遥远。

笼统地说,我们不能用显梦的其他部分对这一部分进行诠释,就仿佛它表里如一、彼此相续一般。绝大部分的梦,结构都像粘起来的石头,不同的石片通过水泥黏合在一起,以至于表里之间的界限截然不同。这一梦的工作机制,被称为"润饰",润饰的目的是黏合梦的工作的直接产物,令其成为一个不间断的整体;在润饰过程中,梦的素材的排序与隐念的排序常大为不同,且为达目的,各种各样的穿插交错更难以避免。

但是我们也不应该将梦的工作的效果过分夸大。它的活动仅局限于文中所提的四种:压缩、润饰、意象和移置。除此再无其他。出现在梦境里的一切推演、责难、评断、惊异等,都不是源于梦的工作,也不是忆梦时的表现;但绝大多数都是根据改造而与梦境相合的隐念残片对显梦的入侵。另外出现在梦境中的谈话也不是梦的工作原创,除了个别情况外,全都是模仿自梦者日前的所见所闻,它进入隐念后,转变为梦的素材,抑或梦的诱因。梦的工作也无法完成数的计算,如果有计算出现于显梦中,通常都只是数目的混合,抑或不切实的估算,抑或某种存在于隐念中的计算的拓印本。在这种情形下,我们在短时间内便将兴趣点从梦的工作转移到隐念便没什么可奇怪的了,且在显梦中也会有化装之后的隐念表露。然而在对理论进行探讨时,我们的兴趣也不能偏转得太厉害,以至于整个梦境都被隐念所取代,而以适用于后者的评断来评断前者。二者因精神分析的结果被误用而彼此混淆也便不足为奇了。我们必须要清楚,只有源于梦的工作的事物才能称为"梦",抑或只有被梦的工作处理之后的隐念的表现方式才能称为"梦"。

这是一项很别致的工作；在精神生活领域独一无二。在精神分析方面，我们有许多收获，有很多新奇的创造，如压缩作用、移置作用、思想的具象等。根据与梦的工作平行的现象，你们可以对精神分析学及其他研究，特别是与语言发展、思想发展相关的研究的关系有所了解。若你们在未来能够懂得对神经症而言梦的工作的机制正是范本的一种，便更能体悟到这一发现是何其重要了。

我很清楚我们对梦的研究在心理学领域的新贡献了解得并不充分。我们想提及的两点如下：(1)精神领域的潜意识活动——抑或梦的隐念的存在，可以根据这种研究来证明；(2)根据对梦进行诠释的结果，我们能意识到在潜意识中心灵的生活范围是如何出人意表的广阔。

然而，为了对上述诸点进行说明，我们要列举几个梦境，即使它很简短。

第十二讲　梦的样本分析

如果我为你们诠释的依旧是梦的片段，而非一场长梦，请你们不要沮丧。或许在你们看来这么长时间的准备之后，总能诠释一场长梦；抑或在你们看来被我成功诠释的梦已成千上万，为了证明自己在梦的领域的理念和所做的努力，我在很早之前就应该列举一些精彩的例子。诚然，这并没有错，可是你们的这个愿望要想实现，需要面对的困难还真不少。

首先，我不得不坦承，我们的主要任务并不是对梦进行诠释。那到底在什么情境下我们才会对梦进行诠释呢？有时候，我们会不带任何特殊目的地对某位友人的梦进行研究，抑或将对自己的梦进行研究当成一项长期的精神分析训练。正在接受分析治疗的神经症患者的梦境才是我们的主要研究对象。相比常人,得自这部分人的梦境的材料同样非常丰富,但对他们的梦进行诠释的主要目的还是治疗,以期从梦境中得到某些有益于治疗的东西,在此便不一一赘述了。另外,治疗过程中,大部分的梦并不能得到完整的诠释,因为它们以潜意识的素材为源,而这些素材,我们还没搞懂,所以在治疗成功之前,释梦是不可能的。只有弄清了神经症的所有秘密,才能对这些梦进行例举;这一点我们无法做到,因为我们是基于要对神经症进行研究的目的才研究梦的。

现在,我倒宁愿你们将这些素材主动抛弃,去研究自己或者常人的梦境。但是这部分梦却又是无法被诠释的。要彻底诠释这些梦,必须无所禁忌,无论是自己,还是友人,都不希望如此;因为你们很清楚,梦经常是对人格最隐秘部分的一种侵犯。困难不仅仅存在于素材方面,还存在于述梦方面。要知道,做梦的人好像已经感到差异了,而对做梦的人的人格完全搞不懂的其他人便更诧异了。在精神分析类的经典作品中,也有不少与梦相关的分析是非常具体、非常精彩的;已经被刊载的,我的一些分析也能对病状经过做局部说明。兰克对某位少女的两种梦境的分析在释梦领域或许是最经典的了。述梦的篇幅仅两页,但对梦的分析却多达七十六页。如果要详细地进行论述,怕是要耗费整个学期的时间。如果我们选择的梦境既冗长又多变,便必须做多重的诠释,以回忆或联想的方式将梦中所有的材料转化,触类旁通,加以佐证,这样的话,一次讲演肯定不够,更无法对梦形成一个鲜明的整体概念。我不得不恳请你们暂且安心稍待,如果我选用的方法较简单,大略地叙述一下神经症患者的梦境片段,根据梦境便能察觉到某些孤立的特征,或这或那。我会向你们说明下述梦境为什么值得述说。

1. 一个只包含两幅简单图景的梦：周六的一天，梦者的叔父吸着烟——梦者则被一位妇人如孩童般拥抱着、抚摸着。

梦者是一位犹太人，对第一幅图景，他的描述是在安息日，他身为教徒、一向虔敬的叔父从未吸过烟，未来也不会如此放肆。而根据第二幅图景，梦者忆起了自己的母亲。这两幅图景之间存在着显而易见的联系；但是到底是什么联系呢？由于他明确地表示，在现实中他的叔父不可能像梦境之中那样，因此"如果"一词马上被引入。"如果我身为教徒、虔诚如是的叔父，在安息日也会吸烟，那么我被母亲抚摸拥抱也就没什么了。"很明显，它在表明，对虔诚的犹太教徒来说，不仅严禁在安息日吸烟，还严禁被母亲抚摸与拥抱。你们不要忘记，我曾经谈到过，存在于梦念中的所有关联，在梦的作用下都会消弭无形；它们是最原始的素材，由梦中思想分化裂变而得，对梦进行诠释便是重新将这些被抹去的联系补入。

2. 在述梦方面，我是社会公认的权威，多年来，各地都有人以书信的方式对我述说梦境，希望我能给出一些建议。源自这些人的素材是非常充分的，由此我才可能对梦进行诠释，有时候他们也会主动给出一种解释，对此我自然心怀感激。下面这个梦境便隶属此类，它开始于1910年，梦者是一位学生，他在慕尼黑读医科。我援引此梦，是为了告诉你们，如果做梦的人没有将所知的一切都告知你，想要对他的梦进行诠释非常困难。在我看来，翻译象征一定是你们心中认定的释梦的最佳方法，所以宁愿将自由联想法抛弃，不过我还是希望你们能放弃这样的误解。

这位学生说，1910年7月13日天色微明时，他做了下面这个梦：我在杜平根的街上骑行时，身后突然出现了一条紧追不放的狗，我的鞋跟被它咬住了，我向前骑行了数步，便从自行车上下来，在石阶上坐下。由于鞋跟被狗死死咬住，所以我打它、把它赶走了。(被狗咬住让我很不开心,这整个经过也让我很不开心。)与此同时,坐在我对面的两位老太太还以狰狞的目光看着我。于是我被惊醒,和过去一样,随着我的清醒,梦也渐渐变得明了。

就这个例子来说,象征于我们而言毫无助益,但做梦的人还告诉我们:"不久之前我在街上邂逅了一位让我十分倾慕的女子,但是我却没有任何办法与她相识,我很苦恼。我只希望能通过她的狗认识她,因为我十分喜欢动物,而她也一样,由此备觉触动。"他还说,他曾经多次为正在打架的狗做过调解,许多旁观的人对此很是乐见。我们还知道他倾慕的女子外出散步时常带着这条狗。然而出现在他显梦中的却只有她的狗,而没有这位女子。或许女子已经化身为以狰狞的目光注视着他的老太太,但他之后的述说却无法让这些变得明晰。而骑车则是他记忆中的情景在梦中的直接映射,因为他与少女及她的狗邂逅时,每次都骑着自行车。

3. 在亲密的人逝世后的一段时间内,我们常会做些奇怪的梦,在梦中我们希望已逝之人复生的渴望会与他已逝的事实相调和。有时候,入梦的逝者虽然已经逝去但一如生前,因为做梦的人还不清楚他已逝,似乎唯有在知晓后,才算是真正的逝去;有时候他生死参半,且所有的情境都存在与众不同的标识。不能说这些梦一点意义都没有,毕竟在梦境中、在神话传说中,复活的出现是被允许的,尤其是在神话传说中,复生更极为常见。在我看来,这些梦好像都能以一种合乎情理的方式进行诠释,但让逝者死而复生的祈盼表现的方式却每每都很奇异。我想选择其中一个梦做叙述。这样的梦听上去的确很怪异、很荒诞,但通过分析,上述的种种理论却仍能被说明。父亲于数年前过世的某人,曾做过下面这样的梦:

我已经逝去的父亲在被掘出之后面有病态,却依旧活着,而我则竭尽所能阻止他去关注……之后还梦到了其他的事情,梦境愈远。

我们很清楚,他父亲已经逝去是事实,但被掘出并不是事实。做梦的人还说送葬归来之后,自己有一颗牙齿作痛。犹太格言曾说:"将牙齿拔掉能够止牙痛。"他以格言为行动参照,去拜访牙医。可牙医告诉他,牙病不是这样治疗的。牙疼时需要忍耐。牙医还告诉他:"我得用药杀你的牙下神经,过三天,我再帮你取出已死的神经。"做梦的人突然对我说:"在梦境中,'掘出'代替了'取出'。"

他所言是否正确?事实上,这并不是绝对平行的两件事;因为被取出的只是牙坏死的局部,而不是整颗牙。以我们的经验来看,这种纰漏的确会在梦中出现。我们不得不这样假定,在压缩作用的影响下,已逝的父亲与仍留在口腔内的局部坏死的牙齿被合到了一起。也难怪显梦会这样荒诞不经,因为与牙相关的一切很明显根本无法与他的父亲契合。但是牙与父亲之间到底存在着怎样的公比成分呢?

一定存在着这种被公比涵盖的成分,因为做梦的人还告诉我,他对俗语中在梦中失去牙齿,就预示着会有亲人逝世的说法很清楚。

我们明白,这样对俗语进行诠释是错误的,抑或,只是一种被扭曲的道理。所以,我们能根据梦的其他内容发现梦的真正含义,便必然会令人惊异了。

我们没有再次追问,做梦的人也开始详细地对他父亲的病与逝及父子关系进行述说。父亲卧病很长一段时间,在照顾父亲和给父亲治病方面,儿子的花销极大。可他依旧担负着,毫不介意,从来没有过让父亲早些逝去的想法。他自认为他是犹太法律的忠实坚守者,也一直遵循着犹太的孝。莫非在他的梦念中就没有什么令我们觉得讶异的矛盾之处吗？他曾把父亲与牙齿混为一谈。一方面，他遵照犹太的方式来处理坏掉的牙齿，认为牙既然疼了就该马上拔掉；另一方面，他又按照犹太的方式来对待自己的父亲，认为无论要花费多少金钱、耗费多少精力，都必须担负其责任，不能怨恨父亲。如果做梦的人以对待坏掉的牙齿的态度来对待生病的父亲，或者换言之，如果他为了节省开支、为了让父亲不再痛苦而盼望父亲早逝，那么，两者毫无二致的情境必然更令人信服，不是吗？

我坚信，梦者对长期患病的父亲的态度的确如此，我也坚信，他自诩孝顺就是为了阻止自己萌生这样的想法。在相似的情境中，人们常会盼望生病的父亲早逝，却做出善意思考的表象。认为"对父亲而言，这样的解脱也是幸福的。"但我希望你们格外关注的是此时已经被摧毁的隐念的藩篱。我们能确认作为其首要思想的潜意识不过是暂时的，换言之，只有在梦境持续时，才会如此；另一方面，在他恒久的潜意识中，对父亲抱持的其实是一种厌恶的态度，这能够追溯到他的幼年。在父亲患病的这段时间，这种隐念在经过化装之后或许进入过他的意识。对于梦境中的其他内容，我们也能够如此宣告。梦境中虽然没有表现出对父亲的怨恨，可是如果我们对梦者幼年时怨恨父亲的缘由进行研究，便能知道他幼年和少年时曾手淫过，而父亲常禁止他这样做，所以他对父亲很畏惧。梦者与其父亲的关系就是这样。对父亲，他十分敬畏。而敬畏的源头则是多年前性方面的胁迫。

现在，我们能够根据手淫情结来对梦境中的其他情境做出解释了。"他面有病态"，实际上是对牙医说的另一句话的暗示："这里缺少了牙齿，变丑便在所难免。"——与此同时，它还是对其少年时代过度的性欲望的一种暗示，他害怕自己会因为纵欲而流露出

"病态"。在显梦中,梦者的病态从自身转向父亲,——梦的工作最擅此道,——从精神的角度讲,便仿佛放下了重负。"依旧活着"既是盼望父亲复生的愿望的一种指代,也与牙医保住牙齿、不拔牙的允诺相契合。"我竭尽所能阻止他去关注"则是"他已经逝去"的最精妙的引导,它们构成了一个完整的句子,但事实上或许手淫情结也能被用以补足全句。青年自然要对自己的性生活进行遮掩,以免被父亲探知。最后,我还得对你们说,"牙疼的梦"往往都暗指手淫及因其而致的惩戒。

由此,我们能知道,一个无法诠释的梦是怎样被下述三者构架起来的:(1)值得特别注意的,令人误入歧途的压缩效应;(2)抹掉为隐念所涵盖的所有中心思想;(3)以双关的手法寻找替代品,来替代隐念的初源。

4. 有一部分梦,本身并无怪异荒诞之处,普通且率真,但却能引出这样的疑问:这些琐碎无聊的事情为什么会出现在我们的梦境中?对其因由,前面我们已做过多次探究,所以,现在对此类梦中的一个全新的例子做援引。这个例子涵盖三个梦境,这三个梦都在同一夜晚出现,彼此关联,做梦的人是一位少女。

(1)她在穿过自家厅堂时,头猛然撞到了灯架,血流汩汩。在现实生活中,她从未遇到过这样的事。她的解释却非常意味深长:"你很清楚,我那个时候有多害怕自己的头发。昨天,母亲告诉我:'好孩子,要真是这样,短时间内,你的头就会变得如屁股一样光溜溜。'"可见,头替代的是身体下部。至于灯架象征着什么,无须做梦者说明,我们也能知道:所有能够被拉长的东西,象征的都是男性的生殖器。所以,梦的真实含义是因为接触到阳物,身体下部有血液流出。这个梦还有其他的含义;以做梦者的深入联想为依据,可以知道她的梦境、她的月经来潮都与和男性发生性行为之后的信念相关。这是女孩们在性方面的一般想法。

(2)梦者发现了存在于葡萄园中的一个幽深的洞穴,她很清楚这个洞穴是树根被拔掉后留下的。对于此她说:"树早就消失了。"意即,树并没有出现在她的梦里;然而这句话还有另外一层意思,即我们能坚信,象征方面的解释是毋庸置疑的。这个梦与另一个与性相关的天真想法有关,亦即男孩与女孩的生殖器原本是一样的,只不过女孩的生殖器被阉割了(树根被拔掉),所以形状才会不一样。

(3)做梦的人在有抽屉的书桌前伫立,她对抽屉很熟悉,因此只要抽屉被触碰,她立即就会知晓。包括书桌抽屉在内的所有箱子、盒子、抽屉,象征的都是女性的生殖器。她很清楚发生性行为(抑或按照她的想法,任何的触碰)之后,生殖器上便会有相应的痕迹留下,她对此一向非常恐惧。在我看来,这三个梦全都以"知"为关键点。她没有忘记,孩提时代对性的探索,根据探索她知道了很多知识,这让她很骄傲。

5. 这同样是象征作用的一个例证。但这一回我想简单地描述一下梦前的心境。一位男士恋上了一位妇人,并发生了一夜情;他说那个女子是母性的,每次拥抱,她都期待着能有一个孩子。可是,他们私下相见时却不得不想方设法地避孕。第二天清晨,女子苏醒时,讲述了自己的梦:

她行走在街上,被一位军官追逐,他戴的是红色的帽子。她想要逃离,所以跑上了楼梯,他紧追不舍,她气喘吁吁地跑进房间,紧锁上门,透过锁孔,她看到,在门外凳子上安坐的他正在流泪。

被戴红色帽子的军官追逐及女性跑上楼梯时的气喘吁吁,很明显,象征的就是性行为。而追逐者被梦者拒之门外,则是梦境中倒装的常例。因为在交欢结束前便退去的其实是男性。同理,男子也成了其悲痛的转嫁对象，因为在梦境中流泪的是他，而泪水代表的正是精液。

你们常听说，在精神分析领域所有的梦境都被赋予了性意味。现在，你们应该清楚，这是一种错误的责难。你们已经弄清楚了，那些能够对愿望进行满足的梦，满足的都是显而易见的需求——譬如饥渴，譬如自由，等等——也有与安乐、焦虑及自私贪婪相关的梦。然而你们必须铭记，从精神分析的结论来看，梦境中如果存在显而易见的化装，它代表的大概就是性欲（但也有例外存在）。

6. 我为你们列举的许多例子都与梦的象征相关，其用意是非常特殊的。我在第一讲中便谈及过，要让你们不对精神分析方面的发现产生怀疑是非常困难的，现在你们总不会再有异议了。但在精神分析领域，所有的观点都密切相关，因此，认可了这一点，你们便很容易对其他观点及整个理论做出认可。或许我们能这样说，如果你们能够举起一根小指对精神分析表示赞同，那么过不了多久，你们就会将整只手都举起。如果有纰漏的诠释能够让你们满足，其他的一切从逻辑上来讲也就没有任何怀疑的必要了。这种信仰的另一便捷的源发途径便是梦的象征作用。现在，我再为你们讲述一个梦。这个梦在前文中曾出现过，做梦的是一个嫁给了更夫的女性，她的生活很穷困。你们应该不会怀疑这样的女性会知道精神分析或者梦的象征作用。所以，你们便能对我们以性象征为源所做的种种诠释做出判断，看它是不是在胡说。这个梦大略如下：

……于是某人破门入室。惊恐至极的她大声呼唤更夫，然而，当时更夫已走进教堂。陪伴他的两个人都是游民。教堂门前有几级石阶，教堂后是一座山，山很高，山上有一片密林。颌下长着浓密棕黄色胡须的更夫身披铠甲。与更夫走在一起的两个游民腰上都围着像口袋一样的围裙,一言不发。高山与教堂之间有一条小径,小径两侧长满了矮草和灌木,越向高处越是稠密,及至山顶,俨然已成密林。

此处应用的象征非常容易辨认:三个男性代表着男性生殖器,高山、教堂、密林象征着女性的生殖器,登山象征着性交。从解剖学的角度来说,梦中的高山指的便是阴阜。

7. 现在,我再讲述一个能够以象征的方式来诠释的梦。虽然做梦的人并不具备理论方面的知识,却能对所有的象征做出解释。因此,这个梦的征信价值与被关注的价值更大。梦境十分怪诞,对于梦的源头,我们并没有什么确切的观念。

他与父亲一起在维也纳公园散步的时候,好像看到了一个圆形的大厅。大厅前面有一座小屋,小屋中放着一个掳劫而来的氢气球,气球看上去松松垮垮的。父亲向儿子询问氢气球的用途,儿子备感诧异,但还是给父亲做了解释。之后他们走进了一个被金属薄片铺满的天井。父亲撕下一片薄片后,环顾四周,害怕被发现,他对儿子说,他可以直接得到它,只要他知会管理者一声。走过天井,向下又途经数级石阶,便能到达一处深穴。深穴两侧有柔软的垫子覆盖,就仿佛皮质的座椅,穴底有一方平台,很长,平台后,还有一处深穴。

梦者自己这样解释:"圆形的大厅象征着我的生殖器,大厅前被掳劫而来的氢气球象征我的阴茎,因为我曾为它的软弱抱怨过。"更具体的诠释大约如下。圆形的大厅象征臀部(孩子们常认为臀部也是生殖器的一部分),厅前的小屋象征阴囊。父亲在梦境中询问他生殖器的功能与作用,这是明显的倒装,发问的应该是儿子;因为事实上他从来没有问过这样的问题,所以在对梦中的隐念进行翻译时,我们常会以某种愿望来假设,如:"假如我希望父亲给我解释……"这一隐念的结果是极易推测的。

被金箔铺满的天井并没有象征意义,却暗指父亲的营业场所。因为我的顾虑很多,所以他售卖的真正产品便被金箔取代。另外,我并没有对梦境中的措辞做改动。做梦的人曾经操持过父亲的产业,且对父亲以不正当的手段来获取钱财很是不满,因此,上述梦境好像是在说:"(如果我向他提问),他也会欺骗我,就像欺骗其他客人一样。"而撕掉金箔,象征的则是商业欺诈,不过梦者对此这样解释,他说,这是手淫的一种暗喻。这一解释不仅为我们所熟悉,而且以相反的观念来表现手淫(即"我们在公共场合也能这样做"),亦暗合这一解释。因此将这一作为归向父亲,就像梦境第一幕中的询问一样,都在我们的意料之中。做梦的人又以阴道来对地穴进行解释,理由是其四周有柔软的垫子;而在我们看来,出穴入穴象征的都是性交。

梦者还以自身经验为根据对地穴穴底的平台和台后的第二个洞穴做了解释。因为他过去曾与女性发生过性行为,但因为他太疲软而未能肆意,所以现在他盼望能通过治疗来恢复这方面的能力。

8. 下述两种梦境,都源于一位外国人,他有着显而易见的多妻倾向,根据这两个梦,可以证实一些说法,亦即做梦者本人在梦中出现了,即便显梦中存在一些化装,梦境中的皮箱象征的也都是女性。

(1)这是一次长途旅行,梦者的行李已经被马车运到了车站。他有许多交叠在一起的皮箱。其中有两个皮箱似乎是商旅所用,是黑色的。他宽慰某人:"你知道的,我只是把那些皮箱运到车站罢了。"

事实上,旅途中的他携带的行李的确很多。在问诊时,他又讲述了很多与女性相关的故事。那两个黑色的皮箱象征的是两个黑人女子。当时,这两个黑人女子在他的生活中占据的位置是非常重要的。有一位想要追随他一起到维也纳去,但他听从我的劝告,发电报对她进行了阻止。

(2)这一幕出现在海关,——另一个旅行者将皮箱打开,一边抽烟,一边漫不经心地说:"箱子中的物品都没有违禁。"他好像也很得海关人员信任,不过,在第二次被搜查时,却有一种严禁携带的物品被发现了。于是,旅行者妥协了,他说:"这真令人无奈。"

旅行者替代的是梦者本人,而我则化身为海关职员。他在我面前原本是非常率直的,但他却不愿意让我知道他最近正在与某位女性交往,因为他害怕她是我认识的人。他将被发现的羞愧感转嫁给某个陌生人,就好像自己并没有进入梦境。

9. 下面这个象征方面的例子我从未列举过:

梦者在路上遇到了他妹妹以及妹妹的两个朋友,这两位朋友是一对姐妹。他与她们握手的同时却忘记了和自己妹妹握手。

事实上,他不记得曾经发生过这样的事情,却因此想起了在某一时段自己曾因某位女性发育非常迟缓的乳房而备感讶异。所以,那一对姐妹实际上就是双乳的象征;如果他和她不是兄妹,他必然会摸一摸的。

10. 这个例子象征的是梦境中的死亡。

梦者和其他二人一起从某座极高、险峻、陡峭的铁桥上走过,他本来清楚他们的名姓,但醒来后却不记得了。他们陡然之间便消失了,一个戴着窄帽、穿着套裤、像鬼一般的男子出现在他面前。他问他是不是送电报的?……那人给出的是否定答案。他又问,是不是马车夫?那人依旧给出了否定答案。梦者的梦境仍在继续。梦中的他是非常惊恐的。醒来时,他又以幻想的方式回忆梦境,想起了忽然断裂的铁桥及坠入深渊的自己。

如果做梦的人特意强调他不认识梦中的人,抑或他不记得他们叫什么,事实上,他与他们的关系必定十分亲密。就拿这个例子来说,做梦者有兄弟三个;如果害怕他们二人死去,便代表着他希望他们死去。对于送电报的情节,他的解释是电报带来的消息常会很糟糕。看他的穿着,很像是灯具管理者,他可以将灯熄灭,就如死神可以将生命之火毁灭一样。马车夫让他联想到乌兰德对卡尔王之航程进行赞颂的诗歌,也联想到了湖上的恶风与波涛;他以诗中的卡尔王自喻,而同行者有两个。由铁桥他还联想到了最近发生的一件事及一句俗语:"生命仿佛一座吊桥。"

11. 下面的例子象征的依旧是梦境中的死亡:

梦者从一位陌生男子那里得到了一张卡片,卡片镶嵌着黑边。

12. 这是一个源于梦者神经症状态的梦,从很多方面来讲,它都能令你们兴致盎然。

他坐在一列滞留荒野的火车中,他认为即将发生意外,必须竭力脱逃。于是他穿过了很多房间,杀死了遇到的所有人,——司机、警卫员等都被杀害了。

这个梦让他联想到了一个从友人那里听来的故事。意大利的某条铁路线上有一列火车,车上的一个小房间中,坐着一个被护送而来的、癫狂的人。因为出现了一些偏差,一位平凡的旅客进入了这个房间,被癫狂者杀死。所以,当时,梦者是以那位癫狂者来自比的,因为他常被某种强制性的观念所困扰,觉得自己应该将所有知道他的秘密的人都杀掉。之后,他又为这个梦找到了一个很好的理由。前日,他在剧院中邂逅了一名女子,他原本想让她嫁给自己,但因为妒忌,他抛弃了她。他清楚自己极易妒忌,想要娶她的想法极为疯狂。也就是说,他既认为她不可信任,又因为妒忌而想要消灭所有的竞争者。至于从多个房间中穿过,我们很清楚,那象征的是婚姻(以相反的意味对一夫一妻制进行表现)。

关于害怕遭遇意外而滞留在荒野中的车,他向我们述说了这样一个故事:

有一次,火车忽然在站外的路线上停车,同车的一位女子说,恐怕会遭遇意外,最好提起双腿。"提起双腿"的说法让他联想到了自己与上文提到的那位女性,过去相亲相爱时,他们曾经多次一起到郊外游玩,他以一个全新的论点来对这一结论进行支持:也就是现在和她结婚是非常疯狂的;而事实上,据我所知,他依旧有着想和她结婚的疯狂想法。

第十三讲 梦的原始的与幼稚的特点

我们已经说过,在检查作用的影响下,梦的工作会把梦的隐念转化成其他形式。现在,我们就以这个言论作为本章的出发点。这些隐念和我们清醒时有意识的思想的性质是一样的,但是,由于它的新表现形式有很多特点,所以我们理解起来有点难度。我们曾经说过,这种表达可以上溯到过去的文化发展阶段——比如象形文字、象征关系,乃至我们的思想语言发展之前的状态。由于这个原因,我们可以把梦的工作运用的表达方式称为原始的或者退化的(archaic or regressive)方式。

因此,我们也许可以设想:如果我们深入研究梦的工作,就有可能获得一些对如今尚不明朗的初期文化的有价值的结论。我相信,精神分析工作是完全可以做到这一点的,只是现在还没有人开始做。梦的工作追溯的时期非常原始,具有两种意义:(1)个体的幼年;(2)种族的初期。因为个体的幼年从某种程度上来说,是整个人类发展史的简单再现。在我看来,辨别哪些属于个体初期的心理过程,哪些是植根于种族初期的潜在心理过程,是有可能的。比如,个体不能习得的象征关系,我就将其视为种族发展的遗物。

不过,这并非梦唯一的原始特点。你们根据自己的经验,就能知道幼时的经验是非常容易遗忘的。从一岁到五六岁或者八岁的经验,在记忆中,并没有留下像之后的经验那样的痕迹。虽然有人会宣称自己保留着从幼年一直到现在的记忆,没有任何间断,可是大部分人与此相反,对于幼年的记忆只是一片空白。依我之见,这件事还没有引起我们足够的注意。两岁的儿童就可以说话,适应复杂的心理情境,可是他说完话就会忘记,就算多年后有人再提起,他也没有印象。按理说来,由于幼年时期的记忆负担较轻,所以记忆力要比后来好一些。而且,我们也没有把记忆视为高等或者困难的心理活动的理由,虽然有些人智商不高,记忆力却很不错。

但是我要提醒你们,要注意第二个特点,它是建立在第一个特点的基础之上的——也就是说,虽然儿童早期的经验已经忘记了,可是还残存了一些记忆,大都形成意象。不过,至于它们留存下来的原因,目前人们还没有找到合适的理由对此进行解释。记忆可以选择成年人生活中接受的种种意象,将最重要的保留下来,把最不重要的遗忘。不过,这一点并不适用于从幼年保留下来的记忆。这些记忆不一定是幼年时期的重要经验,也不是儿童自认为比较重要的经验。它们本身通常比较丑恶,没有什么意义,以至于我们不得不好奇:它们为什么会被记住?我曾经应用分析法对于幼年遗忘和片段回忆的问题进行研究,得出的结论是:虽然表面上看起来并不一样,但是儿童和成年人是一样的,记忆中保留的都是重要的经验。可是在记忆中,这些所谓的重要经验却被那些看起来零零散散的事情取代了(是由于压缩作用,尤其是移植作用)。所以,我给这些幼年的回忆起名为屏蔽记忆(screen memories),通过仔细的分析,人们可以召回所有曾经被遗忘的经验。

我们在精神分析治疗的时候,经常会填补幼年期的记忆空白。如果治疗奏效,这些遗忘已久的幼年经验(经常)可以召回。其实,这些印象并没有真正被遗忘,而是变成了潜意识的一部分,导致我们难以接触。但是有时候,这些经验会自然地从潜意识里显现出来,形成梦。显然,梦的生活知道怎么接近这些潜隐的、幼稚的经验。在精神分析的著作中,这样的实例屡见不鲜,我也可以举出这样的例子。有一次,我梦见了一个人,我能确定他曾经为我服务过,而且我能清楚地看到他。他只有一只眼睛,个头矮小,身材肥胖,两个肩膀很高。根据这个情境,我推断出他是医生。所幸当时我的母亲尚在人世,我就问她自从我降生到三岁离开故乡时,那位来看我的医生长得什么样。她说他只有一只眼睛,个头矮小,身材肥胖,两个肩膀很高,还告诉我要请这位医生来的原因,可是我对此已经毫无印象了。在梦中将已经遗忘的幼年经验召回,是梦的又一"原始"特点。

这个知识和另外一个问题有着极大的关系,但是这另外一个问题至今悬而未决。众所周知,梦起源于邪恶和过度的性欲,所以梦的检查作用和化装作用就显得十分必要了;你们应该不会忘记这个理论引起的惊异。在我们为梦者解释完这样一个梦时,虽然他不会对这个解释本身做出争辩,但是他经常会提出疑问:这种愿望是从哪里来的?因为他对此事似乎毫不知情,而他意识到的愿望与这是恰恰相反的。我们可以不假思索地告诉他,他所否认的愿望的起源:这些邪恶的愿望冲动发源于过去,或者是不太遥远的过去。我们可以证明,他曾经在某个时期知道过这些冲动,虽然他现在想不起来。比如,有一位妇女曾经做了一个梦,梦见她希望自己时年十七岁的独生女儿死去。经过我们的分析,她才知道她有一段时间确实有这样的念头。她的女儿是一段不幸的婚姻的产物,她和丈夫结婚不久就离婚了。她在怀孕期间,曾经和丈夫发生争吵,并在盛怒之下捶打自己的腹部,想要杀死胎儿。其实,有很多女性都像这个女人一样,现在对孩子非常疼爱,甚至可以说是溺爱,但是先前怀孕的时候并非出于情愿,怀孕之后,也曾经希望胎儿不再发育。为了实现这个愿望,她们还采取了很多行动,所幸没有造成严重的后果。虽然这个希望自己亲爱的人死去的愿望看起来非常奇怪,却都起源于早期和这些人的关系。

有一个男人曾经在梦里希望自己最喜爱的大孩子死去,并且承认自己曾经有这样的念头。原本他对自己的婚姻非常失望,所以在这个大孩子还处于襁褓之中的时候,他就想,如果这个小东西夭折了,他就可以重获自由,做自己想做的事了。有很多这样的憎恶的冲动都有着相同的起源;它们都是对过去某件事的回忆,这件事曾经在意识中和心理生活中起过作用。也许你们会由此得出一个结论:在两个人的关系始终如一,不发生改变的情况下,就不会有这种愿望,自然就不会有这种梦。对于这个结论,我表示认同,但是我需要警告你们一点,我们关注的并非梦的表面意义,而是由梦的解释得出的意义。希望自己亲爱的人死去的显梦也许只是一层可怕的面具,实际意义有很大不同,或者那个亲爱的人只是另一个人的替身。

但是,这一情境可能会带来另外一个更加有难度的问题。你会说:"就算这种事的愿望的确存在过,而且可以经回忆证实,这种解释也不真实。因为这种愿望早在很久之前就已经被克服了,现在只能作为一种回忆存在于潜意识,毫无情感价值可言,那它根本不足以成为强有力的刺激。因此,你刚才的证据并没有足够的证据。为什么梦里会回忆起这些愿望呢?"你们确实有理由提出这个问题,可是要对此进行回答,就要涉及很广的范围,并且使我们不得不对梦的理论中最重要的一个观点阐明自己的态度。但是我必须限定讨论的范围,将这个问题暂时搁置一旁,希望你们可以原谅。如果现在能够证实这早已克服的愿望的确是梦的起源,我们就心满意足了。之后我们就可以开始研究,其他的恶念是不是也同样能够追溯到过去。

让我们继续讨论希望某个人死去的愿望,要知道,这种愿望大多起源于梦者无限制的利己主义,而且经常会成为梦的主因。如果某个人成了我们生活的障碍——由于人际关系非常复杂,这种情况是非常普遍的——我们就会准备在梦境中除掉他,这个人甚至可能是父亲、母亲、兄弟、姐妹或者配偶。人类的本性居然如此邪恶,实在让人震惊,因此,要是缺乏进一步的证据,我们不会愿意承认这种梦的解释是正确的。但是,假如我们知道了这种愿望的起源一定要求之于过去,就会很容易知道个体在过去的某一时期之内,利己主义的愿望指向的是自己最亲密的人,这是见怪不怪的。一个人在幼年时期(之后会淡忘这种经验),经常会毫不遮掩地表现出这种利己主义。因为儿童总是先学会爱自己,再去爱别人,并牺牲自己。就算他爱别人,也只是为了满足自己的需要,因此,这也是起源于自私的动机。后来,孩子才会使爱的冲动摆脱利己主义,也就说是,孩子是因为利己主义才学会了爱人。

在这里,我想比较一下孩子对于兄弟姐妹的态度和对待父母的态度。小孩子未必会爱自己的兄弟姐们,通常情况下,他非常明显地不爱他们。他把兄弟姐妹看成敌人,非常仇视,这种态度甚至会延续多年,直到成人时或者成人之后。实际上,它经常被一种柔情或者亲情替代或者掩盖。但是一般说来,敌视的态度会出现得更早。两岁半到四岁的孩子,通常会在小弟弟或者小妹妹出生的时候表现得非常不友好,说:"我不想要他,让鹳鸟再把他叼走吧!"之后,他一旦抓住机会就会诋毁这个新成员,甚至做出一些攻击或者伤害的行为,这件事也是经常听闻的。如果二者的年龄相差不大,大孩子的心理活动有了充分的发展之后,就会接受弟弟妹妹的存在,并调整自己,以期适应这种新情况。相反,如果二者的年龄相差比较大,大孩子也许会对新孩子产生一些仁慈之心,并将其视为有趣的东西,或者一个活玩偶。如果二者的年龄相差八岁或者以上,而且大孩子是女孩,就会对新孩子产生一种保护性的母性冲动。坦白说来,如果我们发现自己在梦中希望自己的父母或者兄弟姐妹死去,也不必觉得惊讶,因为我们很容易就能在幼年时期找到起源。或者如果他们还住在一起,通常能够在较晚的几年找到起源。

育儿室里的孩子经常会发生激烈的冲突,原因可能是争夺父母的宠爱,或者占有公共物品,或者争夺房间。这种敌对的目标可能是哥哥姐姐,也可能是弟弟妹妹。萧伯纳说:"如果一个年轻的英国小姐怨恨某人胜过她的母亲,那此人一定是她姐姐。"这句话实在让人觉得奇怪。兄弟姐妹之间的仇恨尚且可以理解,那么母女和父子之间的仇恨从何而来呢?

无疑,就算是从儿童的眼光来看,母女和父子的关系也比较亲密,这一点不出我们所料。我们发现,如果父母子女之间缺乏爱的情感,比兄弟姐妹之间缺乏爱的情感更让人恼火。前者的爱非常神圣,而后者的爱却称得上凡俗。然而日常的观察表明,父母和孩子之间的感情远远没有达到社会所期望的那么高尚;双方之间暗含敌意,假如一方不遵守孝的观念,而另一方又不遵守慈的观念,那么这种敌意迟早会爆发出来。几乎每个人都知道这种互相敌视的动机,而且同性(比如母女和父子)更容易出现相互疏远的倾向。女孩子对于母亲限制自己的意志心怀怨恨,因为母亲经常会以社会的要求来迫使女儿放弃性的自由。而在某种程度上说,女儿和母亲存在竞争关系,因为母亲不想被女儿替代,受到丈夫的冷落。如果是父子之间,这种情形会更加明显。因为儿子觉得父亲是他所不愿承受的社会压迫的代言人,父亲的存在让他不能随心所欲,既不能享受早期性的自由,也不能享受家庭财产带来的好处。如果父亲是一个国王,那儿子会更加盼望父亲早点死去。而父女或者母子之间的关系很少会产生这样的悲剧,因为这种关系中只有慈爱,而且不受任何自私的念头的影响。

也许你们会问我,我为什么要讲这些人所共知却没有人敢说出来的事实呢?因为人们总是想对它们在实际生活中的重要性加以否认,而且认为社会理想实现的次数远超于实际。然而,让心理学家说出真相,要好过让那些冷嘲热讽的人来说。实际上,否认只限于实际生活,而在小说和戏剧中,这些理想已经被推翻,对于这种动机的描写已经是直白的了。

如果大部分人都在梦中有让父母死去——尤其是同性的父或母——的愿望,这一点并不奇怪。我们可以假设,人醒着的时候也有这种愿望,而且存在于意识中。有些时候,它可以隐藏在另一种动机之后,比如前面提到的第三个例子,梦者就将自己的真实意图掩藏在怜惜父亲病痛之后。这种敌意几乎不会单独得势,通常会被温柔的情感所压抑,静静地隐藏着,只在梦中显现。如果我们的解释让它在梦者的实际生活中获得了应有的地位,它在梦中单独表现出来的夸大形式就会恢复真正的比例(萨克斯)。这种希望亲人死亡的观念也许在生活中没有什么基础,成人绝对不会承认自已在清醒时也有这种愿望。之所以会出现这种现象,是因为这种根深蒂固的敌视态度,尤其是同性之间(儿子对父亲,女儿对母亲)的敌视态度,早在幼年的最早时期就已经产生了。

很明显,我所指的爱的竞争带有性的意味。男孩会早早地对自己的母亲产生一种特殊的亲密情感,认为母亲是自己一个人的,而父亲就是与自己争夺母亲的竞争对手。同样,小女孩也会认为母亲干扰了自己和父亲之间的亲密情感,占据了自己本该占据的地位。观察表明,这种情感早早就出现了,我们称其为"俄狄浦斯情结"(Edipus complex),因为在俄狄浦斯的神话里就展现了儿子的两种极端愿望——杀父娶母,只不过表现方式和缓一些。我并不认为俄狄浦斯情结已经包含了亲子之间的所有关系,这些关系还要复杂很多。而且,俄狄浦斯情结处于不断的变化之中,有时发展,有时退隐,有时甚至会完全颠倒,但是不管怎么说,它在儿童心理中是极为重要的一部分。然而,我们却总是忽视了其影响和结果。而且,子女经常会在父母的刺激下产生俄狄浦斯情结。因为父母总是喜爱和自己性别不同的孩子,因此父亲更加偏爱女儿,而母亲更加偏爱儿子。或者,当夫妻之间的爱已经降温的时候,孩子就会被视为配偶的替身。

在提出俄狄浦斯情结之后,不能说世人就会对精神分析表示同情。与之相反,成年人对此强烈反对。虽然有些人并不否认这种大家忌讳的情感,但是其结果实际上就是否认,因为他们给出的解释是与事实相违背的,导致这个情结应有的价值被剥夺了。我一直坚信,不必否认这个发现,也不必文饰。对于这个希腊神话已经揭示的事实,我们只能像接受不可避免的命运一样接受它。虽然人们对于俄狄浦斯情结十分排斥,把它放到稗官野史之中,可是它却在神话中体现出来了,这一点值得深思。兰克对这个问题进行了研究,发现俄狄浦斯情结在经过了无数的变化、改造和伪装之后,也就是经过我们熟知的检查作用的歪曲之后,深深地刺激了诗歌和戏剧。有些梦者在成年之后,虽然没有和父母发生冲突,也会表现出俄狄浦斯情结。此外,我们还发现了一种和这种情结有着密切关系的情结——"阉割情结"(castration complex),也就是由于父亲在儿童早期时对性活动进行威吓而产生的反应。

通过那些已经查明的事实,我们可以进一步研究儿童的精神生活。其他被禁止的梦的愿望,也就是过渡性冲动,也可以通过这种办法找到其起源。所以,我们不得不研究儿童性生活的发展,并得出如下事实。第一,否认儿童具有性生活,和认为发育到青年期,生殖器成熟之后才会出现初次性欲,这都是谬论。事实上,儿童的性生活非常丰富,而且出现的时间很早,不过和成人视为常态的性生活有所区别。成人生活中所谓变态的性活动,和常态的不同体现在如下几点:(1)打破物种的界限(比如人和动物);(2)没有传统上的厌恶感;(3)不考虑亲属界限(也就是近亲不婚的界限);(4)打破性界限;(5)把生殖器官的功能转移到身体的其他器官或者部位。这些界限并非一开始就存在,而是在发展和教育的过程中慢慢形成的。小孩子意识不到这种界限,他原本并不知道人和动物之间有什么区别,只是等到年纪稍大一些,才觉得自己比别的动物高贵。在一开始,儿童并不会觉得粪便非常恶心,只是后来接受了教育之后才有了这样的意识。一开始,他也不是很重视性的区别,甚至以为男女有着相同的生殖器构造。儿童最开始的性欲和好奇心的目标是最亲近的人,由于其他原因,也可能是自己最喜爱的人,比如父母、兄弟、姐妹或者保姆。最后,还能在孩子身上发现这样一个特性,在之后恋爱关系达到顶峰的时候,这个特性就可以表现出来——也就是说,不但在生殖器上寻求快感,还认为身体的其他许多部分也可以产生类似的快感,其功用和生殖器官是一样的。据此,我们可以称孩子为"多形变态"(polymorphously perverse)。即使我们只在他们身上发现了冲动的痕迹,那是由于:一是它们不如后来的性活动那么强烈,二是教育迅速强烈地压抑了儿童的所有性表现。可以说,这种压抑形成了一种理论,一方面,成人会刻意忽视这些表现;另一方面,错误的解释导致性的本质被掩盖起来,最后,成人会完全否认整个性表现的事实。这些人总是一边在育儿室内痛斥儿童在性方面犯的小错误,一边在写字台旁边声称儿童在性方面都是十分纯洁的。事实上,儿童在独处时,或者被引诱时,通常会表现出极端变态的性活动。成年人通常会把这些活动叫作"小孩子把戏"或花样,不会对其进行严厉的处分,这是对的,因为我们不能用道德或者法律来评断孩子,就像他们已经长大成人,需要完全对自己负责一样。不过,这些事实在儿童身上确实存在,而且非常重要,一方面可以作为儿童先天倾向的证据;另一方面又会成为后来发展的起因,我们可以据此了解到儿童的性生活和人类的性生活的秘密。所以,如果我们能够在梦的化装背后再次看到这些变态的愿望,只能说明梦在这个范围内回到了幼稚状态。

在这些禁忌的愿望里,乱伦的欲望尤其要关注,也就是和父母、兄弟、姐妹性交的欲望。你们都知道,人类社会对于这种兽欲是多么厌恶——至少是看起来厌恶,并将其视为禁忌。有些学者曾经对乱伦的憎恶给出了十分荒谬的解释:有人认为,这是造物者用来保存物种的一种方法,因为近亲繁殖会让种族发生退化。还有人认为,亲属关系在幼儿期就已经回避了性的欲望。如果这些情况是真的,人类自然就不会乱伦,那我们就无法理解社会为何将其视为禁忌了。既然有这样的禁忌存在,就说明确实有一种乱伦的欲望存在。精神分析的研究表明,儿童首先会选择亲人作为性爱对象,之后才会对这种乱伦表示拒绝,然而个体心理学也无法帮我们找到这种观念的起因。

现在,可以将儿童心理学的研究用来释梦的结果总结如下。我们发现,经常出现在梦中的除了那些被遗忘的儿童期经历,还有儿童的心理生活和特性,比如利己主义和乱伦对象的选择,都在潜意识中存在着。所以,我们每次都会在梦中回到这种幼稚的时期。由此也可以证明,"潜意识就是幼儿的心理生活",而我们也就可以理解人性中邪恶的一面。这种邪恶只是心理生活中最初的、原始的、幼稚的部分,只会在儿童时期起作用。但是一方面,由于它分量不大,引不起我们的重视;另一方面,由于我们不会以过高的伦理标准要求儿童,所以我们并不将其放在心上。如果我们的梦退到幼稚期,那我们的罪恶似乎就会显露出来。不过这只是一种令人难以置信的表面现象,我们也曾对此表示惊诧,不过,我们并不像梦的解释所假定的那么坏。

如果梦中这些罪恶的冲动非常幼稚,只是回归到了伦理发展的初期,梦只是让我们在思想和情感上再次变成了儿童,那我们就不必为这些最后的梦感到羞耻。不过,我们的心理生活中除了理性,还有非理性存在。所以,虽然我们明知道其不合理,也会为这些梦感到羞耻。我们让这些梦接受检查,如果这些欲望中有一种欲望是特例,没有经过歪曲就进入了我们的意识,让我们被迫承认,我们就会对此十分羞耻,甚至大为光火。如果这些歪曲的梦被我们认出来了,我们还是会感到羞耻。想一想那位德高望重的太太做的那个"爱役"的梦,虽然还没有对她的梦进行解释,她却对梦的荒谬感到极为愤慨。所以,这个问题悬而未决,如果我们对于梦的罪恶进行进一步的研究,也许可以得出对人性的另一种结论和另一种评价。

我们的整个研究得出的结果有两个,不过,这两个结果只能算是新的问题和疑问的起点。第一,梦的倒退作用(the regression in dreams)不仅是形式上的,还是实质上的;不但把我们的思想转化成为一种原始的表达方式,还让一种原始的精神生活的特点——自我的古老的支配权和性生活的原始冲动——苏醒过来,甚至让我们恢复了古人所有的理智的财富,如果可以把象征视为理智的所有物的话。第二,虽然这些古老的幼稚的特性曾经占据优势,如今却已经退守到了潜意识的范围,而且让我们对于潜意识的观念发生了改变和扩充。"潜意识"这个词和别处的观念有所不同,它现在是一个独特的领域,有着自己的欲望和独特的表达方式,也有自己独特的心理机制。不过,由释梦得出的梦的隐意并不属于这一领域,反倒是类似于我们醒着的时候的思想,可是它们仍然属于潜意识,该如何解释这一矛盾呢?我们首先要找出二者的区别。有些观念是由意识生活衍生出来的,并具有意识生活的特点,我们可以将其称为前一天的"遗念"。它和一些来自潜意识区域的观念整合到一起,就形成了梦,梦的工作就是在这两个区域之间完成的。毫无疑问,潜意识对于遗念的影响,是决定梦的倒退作用的一个因素。在对心灵进行更加深入的探索之前,这就是我们对于梦的性质最深刻的了解了。但是,不久我们就可以重新命名梦的隐潜的潜意识,使它和来自幼稚领域的潜意识相区分。

当然,我们也可以提出这样的问题:当我们处于睡眠中时,是什么力量让我们的心理活动产生了倒退作用呢?为什么没有倒退作用就无法对付那干扰睡眠的精神刺激?假如由于梦的检查作用的存在,心理活动被迫化装而采用以前通行现在却难以理解的表达方式,那么这些现在已经被取而代之的旧冲动、欲望和心理特性为什么要复活呢？换言之，实质上的倒退作用和形式上的倒退作用到底有什么用处？唯一完满的答案是：这是梦形成的唯一途径。而从动力学的方面讲，这是唯一可以解脱梦的刺激的办法。不过，目前我们还没有办法举出足够的理由证明这个答案。

第十四讲　欲望满足

也许，这里有必要再提一提我们研究的经过。我们刚开始运用分析法时，就遭遇了梦的化装作用，于是决定将其搁置一旁，先研究儿童的梦，希望可以借此了解一般的梦的性质。等到对儿童的梦研究出了一定的结果，就直接研究梦的化装，我希望我已经渐渐掌握了对于梦的化装的研究。但是我们要承认一点，我们从这两方面得出的结果并不一致，现在我们要做的，就是让结果一致起来。

这两种研究都表明，梦的性质主要是将思想转换成幻觉的经验。人们对于这个过程的完成感到惊奇，但是这属于普遍心理学的任务，我们在这里不做研究。我们从对儿童的梦的研究发现，梦的工作在于通过满足某种欲望来消除干扰睡眠的刺激。在我们不知道该如何解释化装的梦之前，我们不能给出同样的结论，但是我们从一开始就希望把有关这些梦的观念和有关儿童的梦的观念联系在一起。如果我们知道一切梦实际上就是儿童的梦，利用的都是幼稚的材料，而且其特征都是儿童的心理冲动和机制，我们就可以实现这个愿望了。如果我们现在已经了解了梦的化装，就会提出下一个问题：我们能不能用"梦是欲望的满足"这一观念来解释化装的梦？

刚才我们已经解释了很多梦，可是还没有讨论"欲望的满足"

的问题。我相信,在我们之前释梦的时候,你们已经多次思考过这个问题:"既然梦的工作的目的是满足欲望,你有什么证据呢?"这是一个非常重要的问题,其实,一般的批评家总会追问我们这个问题。要知道,人类天生就会对新知产生厌恶,并会将新知压缩到无限小,以此作为表达这种情感的方法。如果有可能,还要给它一句标示语。现在,"欲望的满足"就是这样的一个标示语,可以概括我们这个梦的新理论。外行的人一听说梦是欲望的满足,马上就会问:"哪里是欲望的满足?"他们提出这个问题,就说明他们拒绝这个理论。他们会立刻联想到自己的很多梦,它们通常都会伴随着不愉快的甚至恐惧的情感,所以,他们觉得精神分析的梦的学说不可靠。不过,想要回答这个疑问非常简单:在化装的梦中,欲望的满足并不明显,需要我们去追寻。所以只有在释梦之后,才能证明它。我们也知道,化装的梦中的欲望是受到检查作用的排斥和禁止的。而且,化装的原因和检查作用的动机之所以存在,正是由于这些欲望的存在。但是,想让那些批评家懂得这一事实是非常有难度的:只有释梦之后,我们才能看出欲望的满足。他们总是把这一点置之脑后。事实上,他们之所以会拒绝欲望满足理论,正是因为梦的检查作用。检查作用的存在,会让他们用假象代替真正的思想,对被检查的梦的欲望加以否认。

我们有必要说明一下,为什么梦中会有很多令人不快的内容,特别是为什么会有"焦虑的梦"(anxiety dreams)存在。在这里,我们首次谈到了梦的感情问题,这个问题值得深究。遗憾的是,我们目前还不能讨论这一问题。如果梦是欲望的满足,那梦中自然不会出现令人不快的内容:看起来,批评家对于这一方面的评价是有道理的。不过,由于他们忽视了以下的三点,才让问题变得复杂起来。

（1）有时候，梦的工作也许无法完全实现欲望的满足。所以，有一部分不快的隐念情感就会出现在显梦中。经过分析，这些隐念的不快的强烈程度要超过了隐念形成的梦。随便一个例子都可以证明这一点。所以我们要承认，梦的工作此时无法达到目的，就像口渴的时候梦见喝水却依然觉得很渴。梦者从梦中醒来之后，还会觉得口渴，就会起来喝水。不过，这还是真实的梦，因为它有梦的基本特点。我们要说的是，"Ut desint vires, tamen est laudanda voluntas"["虽然缺乏力量，可是我们赞扬这种欲望的实践"]。不管怎么说，其可以清晰辨别的意图是值得称赞的。这种工作失败的例子举不胜举，失败的一个原因是：梦的工作改造事实比较容易，但是改造梦的情感的难度就大得多；情感通常都是非常顽固的。所以在梦的工作中，梦念中的不快转变成了欲望的满足，可是不快的情感却依然如故。于是，梦的情感和内容就会出现不一致，而批评家会就此认为，梦根本不是欲望的满足，就连一些内容无害的梦也会有痛苦相伴。这种批评非常拙劣，我们可以这样进行反驳：在这样的梦里，梦的工作的满足欲望的趋势是十分明显的，因为情感和内容是分离呈现的。他们的批评站不住脚的原因，就在于他们不了解神经症患者，总是认为内容和情感之间的联系超出了实际关系，因此就无法理解：在梦的内容改变的时候，其伴生的情感却没有改变。

（2）第二点是比较重要的一点，却经常被忽视。原本，一个欲望的满足是可以带来愉悦的，可是问题是："是给谁带来了愉悦呢？"当然是有这个欲望的人感到愉悦。可是我们知道，梦者对于这种愿望有着特殊的态度，他摒弃它们，指责它们，总之，他希望自己没有这些欲望。所以，这种欲望不但不会让他愉悦，反而会让他不快。经验表明，虽然这种不快尚待解释，却是诱发焦虑的主要原因。在跟欲望的关系上，梦者如同两人，只是因为某些共同因素才合成一个人。我对于这个问题不想费太多笔墨，就给你们讲一个耳熟能详的神仙故事。从这个故事中，你们就能看出这些关系。一个好心的神仙告诉一对夫妻，自己可以满足他们三个愿望。夫妻俩非常高兴，决定好好地选择愿望。妻子闻到了邻居家腊肠的香味，就想要两条腊肠。她刚刚产生这个念头，面前马上出现了两条腊肠，第一个愿望就这样实现了。丈夫非常生气，就许了一个愿望：将这两条腊肠挂在妻子的鼻子尖上。于是，腊肠就牢牢地挂在了妻子的鼻子尖上，第二个愿望就这样实现了。不过这是男人的愿望，女人对此苦不堪言。大家应该知道这个故事的结局：他们毕竟是夫妻，所以第三个愿望就是将腊肠从妻子的鼻尖上移开。也许我们经常会把这个故事应用到其他方面，此处只用它来说明这样一个事实：如果两个人具有不同的想法，那么一个人在满足愿望的同时，可能会使另一个人感到不快。

现在，我们很容易对焦虑的梦给出更加详细的解释。我们先观察一个事实，再采取一个获得几方面的赞同的假说。这个事实就是：通常焦虑的梦都是未经化装的，似乎躲开了检查作用。一般来说，这种梦是没有经过伪装的欲望的满足，但是梦者不愿意承认的欲望，并且是他已经摒弃的欲望。于是，焦虑伺机而生，检查作用就被其取代了。儿童的梦是梦者所允许的欲望的公开满足，而普通的化装的梦则是被压抑的欲望经过化装之后的满足。至于焦虑的梦，就是被压抑的欲望的公开满足。可见，焦虑能够说明被压抑的欲望十分强大，检查作用根本不是它的对手，所以，即便存在检查作用，被压抑的欲望还是能够得到满足，或者大致得到满足。如果我们站在检查的立场上就会知道，被压抑欲望的满足会让我们非常不快，让我们产生抵抗。所以，正是那时不能制服欲望的力量才引发了梦中的焦虑。只通过梦的研究，我们无法得知这个抵抗为什么会转化成焦虑。因此，我们还要从其他方面进行研究。

适用于未经化装的梦的假说，也可以解释那些经过了轻微化装的梦和其他让人觉得不快或者焦虑的梦。一般说来，我们通常会从焦虑的梦中惊醒，与检查作用相对立的被压抑的愿望获得满足之前，我们就会从梦中惊醒。虽然这些梦还没有达到目的，但是其基本性质并没有发生改变。我们把梦比喻成看守或者监护睡眠的人，使我们的睡眠免受干扰。如果梦的力量太过弱小，无法抵御干扰物或者危险物，就会将睡觉的人从梦中叫醒。但是有时候，虽然我们在梦里感到不安和焦虑，却还会继续睡觉，并安慰自己"这只是个梦而已"。

那你们也许要问了：梦的欲望什么时候能够战胜梦的检查作用呢？这是由梦的欲望和检查作用两方面决定的。欲望的力量也许会出于某种原因而异常强大，但是我们通常会得出这样的结论：二者力量均衡时之所以会发生变化，是由于检查者的态度引起的。我们已经知道，检查作用在不同情况下的强度不同，对待梦的各成分的严厉态度也不一样；现在，我们还可以再加上这样一个结论：对于同一成分，检查作用通常也会有不同的表现，也会起到不同的作用。如果检查作用觉得自己无法和某种欲望抗衡，就会舍弃化装，采取最后的对付方法：让梦者感到焦虑，从睡眠中醒过来。

为什么这些罪恶的、被排斥的欲望总要选在夜间来影响我们的睡眠？虽然我们觉得这一点非常奇怪，却给不出原因。想要回答这个问题，我们就要采用另一种假说，其基础为睡眠的性质。白天，欲望受到检查作用的压制，所以无法入侵意识。到了夜间，检查作用就像精神生活的其他作用一样，因为睡眠而有所松弛，至少力量会大打折扣。既然检查作用松弛了，被禁止的欲望就会活跃起来。有一些失眠的神经病人坦承,他们一开始之所以失眠,是自己下意识这样做的,因为他们害怕睡着之后会做梦,所以不敢入睡。也就是说,他们非常担心检查作用松弛。我们可以看出,检查作用的松弛原本不会造成极大的危害:因为睡眠可以削弱活动机能,于是邪恶的动机就趁此机会开始活跃,最多只会造成一个无害的噩梦。因此,梦者可以在宁静的夜晚中安慰自己:"这只是一个梦。"然后听之任之,沉沉睡去。

(3)不知道你们是否还记得我们在前面曾经讲过,梦者反对自己的愿望时,就像两个不同的人因为有着亲密关系的原因而合二为一,那你们就会知道还有另一种可能存在,就是惩罚可以给欲望的满足带来不快。为了对此进行说明,我们还可以引用前面提到的那个神仙故事。出现在面前的盘子里的腊肠是第一个人(妻子)的欲望的直接满足;挂在鼻尖上的腊肠是第二个人(丈夫)的欲望的满足,也是对妻子愚蠢的欲望做出的惩罚。我们经常可以在神经病中看到类似于第三个欲望的欲望。在人类的精神生活中,这种惩罚的倾向屡见不鲜,它们都强大有力,可以说,有些痛苦的梦就是它们引起的。也许你觉得如果是这样,欲望的满足就缺乏依据了。可是深入研究一番,就能发现你们的看法是错误的。和梦可能成为什么内容(或者确实成为什么内容)的可能性(之后还要再讨论)相比,欲望的满足、焦虑的满足和惩罚的满足之类的说法都有一定的局限性。不过,焦虑和欲望是绝对相反的两面,而从反面又极易联想到正面,根据我们现有的知识,二者在潜意识中融为一体,而且惩罚本身也算是欲望的一种满足——也就是检查者的欲望的满足。

总之,虽然你们对欲望满足的理论持怀疑态度,我却没有让步。不过,对于在每一个化装的梦里找到欲望满足的存在这一工作,我们也不会退让。现在,我们再来看看前面曾经提到的那个案例,就是以一个半弗罗林购买三张位置不佳的戏票去看戏的例子。从这个梦的例子中,我们曾经得到了很多关于梦的知识。我希望你们现在还记得。那位女士的丈夫告诉她,她的一个比她小三个月的朋友爱丽丝订婚了。晚上,那位女士就梦见自己和丈夫去剧院看戏,而剧院里有一半的位置都空无一人。丈夫说,原本爱丽丝也想带着未婚夫来的,可是他们又不愿意以一个半弗罗林购买三张位置不佳的戏票,所以最终没有来。她说,就算他们买了,也不会吃多大的亏。我们知道,她做这个梦表明她觉得这么早结婚太过荒谬,对于丈夫所有不满。这种悔恨的思想是如何变成欲望的满足的?我们也许会因此感到奇怪。而在显梦中,欲望的满足又是如何显露痕迹的?现在我们已经知道,在梦的检查作用下,"结婚过早,过于着急"不敢显露出来,剧场中的空座位就对此做出了暗示。原本"一个半弗罗林购买三张戏票"让人觉得难以理解,可是利用象征作用,我们就容易理解了。这里的"三"就是指丈夫,由此,这个显梦就可以翻译为:"用嫁妆买一个丈夫"("我有这么多嫁妆,足可以买一个好十倍的丈夫")。"去剧院"就是指结婚,而"买票太早"就是结婚太早。这种代替就是欲望满足的工作。虽然梦者对于自己结婚太早有所不满,但是比不上听到女友订婚那一天那么强烈。她也曾经炫耀自己的婚姻十分幸福,觉得自己比自己的女友运气好。有些天真的姑娘在即将订婚的时候,就会觉得自己很快就能去看以前被禁止观看的戏剧,而满心欢喜。

这里表现出的好奇心和"窥看"(look on)的欲望,都是性的"窥视冲动"引起的,特别是父母的性生活。后来,这就演变成一种动机,让女孩子渴望早点结婚。所以,去剧院其实就是结婚的替代品。现在,她为自己早早结婚而后悔,就会想起早婚是自己一种欲望的满足，因为当时的早婚满足了她的"窥视欲"（skoptophilia）。而且，在这种古老的愿望动机的支配下，她用去剧院来代替了结婚。

也许我们可以说，刚才的例子好像不易说明潜在欲望的满足，其实，对于任何其他化装的梦来说，我们都要用这样曲折的方法来进行解释。在这里，我们无法详谈，只能声明这种研究方法的效果十分显著。不过从理论上看，我还是想多说几句：因为经验表明，这是梦的整个理论中最容易引起矛盾和误解的一个观点。此外，也许你们会觉得我撤回了自己的部分观点，因为我在前面提到过，梦是欲望的满足，也是欲望满足的反面，比如焦虑或者惩罚；也许你们会认为这是迫使我做出让步的好时机。还有人说我把自己认为简单的东西陈述得太过简洁，导致人们无法信服。

虽然你们对于释梦的研究已经达到了如此地步，虽然已经如此接受我们的所有结论，可是还是忍不住要停下来问关于欲望满足的问题：既然已经承认了所有的梦都有意义，而且可以通过精神分析法揭示这些意义，那我们为什么还要否认所有反面证据，还非要把这些意义放在欲望满足的公式中不可呢？为什么一个梦不能有时候作为某种欲望的满足，有时候又像惊惧一样作为欲望满足的反面，还有时候作为一种决心、一种警告、一种问题的正反面考虑、一种选择、一种刺痛，或者对于即将到来的事的预备之类的呢？为什么只说是一种欲望，或者最多说是欲望的反面？

也许我们可以这样说：如果其他各点都已经达成了一致，就算这一点不一致也无关紧要。我们已经发现了梦的意义和寻求意义的方法，就应该感到满足。如果我们对于梦的意义做出太过严苛的限制，那免不了又要抛弃以往取得的成绩。其实，这种想法并不正确。因为在这个问题上的误解与我们有关梦的认识有着非常重要的关系,其结果又会危害这种知识在理解神经病方面的价值。另外,虽然"迁就"在处世上很有价值,但是并不适用于科学,反而会带来危害。

为什么梦的意义不是多方面的?对于这个问题,我的第一个答案非常简单:我不知道它们为什么不这样,就算它们真的这样,我也不会表示反对。就我个人来说,它们未必不能这样。不过,这个比较宽泛的梦的概念有一个小障碍——事实上,梦的意义并非如此。在我的第二个答案中,会强调这一点:假设梦可以代表思想和理智操作的多重方式,这一假设对我来说并不陌生。我曾经在研究某种病理的发展时,记载了一个连续做了三夜的梦,但是之后就再也没有做过这个梦。我当时给出的解释是,这种梦相当于一个意向,既然意向已经成真,就不必再做这个梦了。后来,我又发表了一个类似忏悔的梦。那现在我为何要说梦只是欲望的满足,要这样自相矛盾呢?

我宁愿选择自相矛盾,也不想承认一种愚蠢的误解,因为这种误解可能会推翻我们之前在梦的研究问题上的所有成果。而且,这种误解还会把梦和梦的隐念混淆,觉得梦的隐念是这样,梦就是这样。诚然,梦可以代表上文提到的各种思想方法,比如一种决心、一种警告、一种反省或者对于即将到来的事的预备之类。但是,只要留心观察一下就能发现,这些其实是梦中已经被改变的梦的隐念。根据释梦的经验,你们也会知道人们的潜意识思想涉及的也是这种决心、准备和反省,这些东西在梦的工作之下形成了梦。无论何时,你们都不会对梦的工作感兴趣,而是对人们的潜意识的思想活动感兴趣。这样,你们就会排除梦的工作,而把梦称为一种警告或者一个意向,或者其他别的什么,实际上,这样做也不是完全没有道理。这种方法在精神分析中应用的次数很多:一般说来，我们总是试图拆除梦的表面形式，以梦所由起的相应的隐念取而代之。

在分析梦的隐念时，我们无意中发现，刚才所说的所有高级的复杂的心理活动，都可以在潜意识中发生——这个结论不但惊人，还让人十分迷惑。

现在我们回到正题。只要你们清楚地意识到了自己所使用的是一种简约的表达方式，并且不把这些思想方式视为梦的重要性质，就是对的。在谈到梦的时候，你们说的也许是显梦（即梦的工作产物），也许是梦的工作本身（即梦的隐念化为显梦的心理过程）。如果你们认为梦还有这两点之外的其他意思，就会导致概念混乱，出现谬误。如果你们指的是梦的隐念，请直白地说出来，不要含混不清，使得问题更加难懂。梦的工作用梦的隐念来制造显梦。你们为什么总是搞混材料和制造材料的活动呢？有的人只知道这种活动产物，却无法解释它是从何而来，以及它是怎么制造出来的，如果你们也无法分清显梦和隐念，比这些人也高明不了多少。

梦的唯一要点就是处理思想材料的梦的工作。从理论上来说，我们不能忽视它，虽然在某些实际情境下我们也可以忽视它。另外，分析观察表明，梦的工作并不仅限于将隐念转化成前面提到的原始的或者退化的表达方式。相反，它总是拥有一种"虽然不是前一天的隐念，而事实上是形成梦的动机"的东西，这种不可或缺的成分就是潜意识的欲望；梦的内容的改造的目的就是满足这一欲望。虽然，要是你们只考虑梦代表的思想，那把它视为何物都可以——警告、决心或者准备等。然而，它通常还是一种潜意识欲望的满足，如果你们认为梦的工作的产物就是梦，那么除了欲望满足之外，就没有别的意义了。所以，梦不但是决定和警告，还是一种意向和其他东西。它借助潜意识的欲望转化成原始形式,转化的结果刚好可以满足那一欲望。总之,满足欲望这一特点才是梦的主要性质,其他的成分并不重要。

我对这一切都十分清楚,但是我不知道有没有让你们搞清楚。想要证明这一点有一定的难度;原因在于一方面,有了证据才能进行证明,而对梦进行认真的分析研究之后才能得到证据。另一方面,作为有关梦的概念之中最关键的一点,只有与将来要进行讨论的其他现象一起讨论才能让人信服。如果你们知道各种现象之间的关系有多密切,就会知道,如果不深入研究这种现象,就无法深入了解另一种现象。目前我们对于与梦有着密切联系的神经症一无所知,因此,我们不得不暂时满足于目前已经了解的部分。现在,我还要举一个例子,给出一种新推论。

在这里,我们还是用前面已经提过很多次的一个半弗罗林买三张票的梦做例子。我可以明确地告诉你们,我并不是刻意选它作为例子。对于这个梦的隐念,我们已经十分清楚了:梦者听说自己的朋友结婚了,就懊悔自己结婚太早,又觉得如果自己当初能够多一些耐心,也许能嫁一个比现在好的丈夫,因此对现在的丈夫有一些轻视。我们还知道,这些隐念所以成梦的欲望,是一种窥视欲。想着自此可以自由看戏,就是好奇婚后会发生什么的古老的好奇心的产物。众所周知,小孩的这种好奇心是对父母的性生活的好奇,也就是说,这是一种婴儿期的冲动,如果成年人也有这种冲动,一定可以追溯到婴儿期。不过,在做梦的前一天得到的女友即将结婚的消息并不会引起窥视欲,只会引起懊悔。一开始,这种窥视欲望的冲动和隐念毫无关系,所以即便在分析的时候不涉及窥视欲,也能得到释梦的结果。不过,懊悔自身并没有形成梦的能力,只想到太早结婚太过荒谬,绝对不会产生梦。只有这个思想唤醒想要看到婚后的结果如何的欲望时，才会产生梦。这个欲望构成了梦的内容，而去戏院看戏只是结婚的替代品，这是早期欲望的实现："现在我能去看戏了，以前被禁止看的现在也能看了，你却不能。我已经结婚了，你还要再等一阵子。"这样，实际的情境就转化成了反面，新近的懊悔被曾经的胜利取代。于是，窥视欲和自夸的感觉都被满足了。后者的满足决定的是显梦的内容；显梦说，梦者身处剧院，而她的朋友却没有票。梦的其余部分则表现为这个满足情境的所以难以理解的变动形式，其背后还是隐藏着隐念。释梦的任务就是不谈那些代表欲望满足的东西，进而探求其背后那些令人痛苦的梦的隐念。

我在这里费这么多笔墨，只是想让你们关注梦的隐念。第一，你们要记住，梦者对于这些隐念并不知情。第二，这些隐念非常合理，而且彼此关联，视为对梦的起因的自然反应也不为过。第三，它们和任何精神冲动及理智活动的价值都是一样的。现在，我想用一个更加严格的术语来描述它们，称为"前一天的遗念"（the residue from the previous day），梦者可以承认它们，也可以否认它们。现在，我们就能区分开"遗念"和隐念了。根据前面的用法，在释梦中发现的都叫作梦的隐念，而"前一天的遗念"只是隐念的一部分。因此，我们可以对梦时经过情形做一个简单的概括：除了"前一天的遗念"，还有另外一个属于潜意识的一部分的东西，它是一种强有力却受到压抑的欲望冲动，正是它让梦的构建成为可能。由于这种欲望的冲动对"遗念"产生影响，形成更深的梦的隐念，它不必像清醒时表现得那样容易理解。

为了说明遗念和潜意识之间的关系，我曾经用过一个比喻，现在不妨再次提及。不管是什么样的企业，都有资本家支付费用，计划家提供思路并指导如何执行计划。在构建梦的过程中，潜意识的欲望就是资本家,提供精神能力资源。而计划家就是前一天的遗念,它决定着这些能力该如何消耗。资本家有可能既有思路,又有专业知识,而计划家自己也可以有资本。这个例子原本可以让复杂的情况简单一些,然而,它增加了理论上的困难。从经济学上来说,就算是同一个人,我们也会区分他的资本家职能和计划家职能。进行区分是我们进行比喻的依据。梦的构建过程中也会有这样的变化,我在这里不讨论这个问题,留待你们自己思考。

至此,我们就不能再继续往下讲了,也许你们早就心生疑惑,现在也可以进行质疑了。也许你们会问:遗念真的是潜意识的吗?它和形成梦所必需的潜意识欲望是一样的吗?你们的问题切中要害:这确实是整个事件中最重要的部分。遗念和形成梦所必需的潜意识欲望都是潜意识,但是二者含义不同。我们都知道,梦的潜意识起源于婴儿期,还有独特的机制。如果我们用不同的名称来区分这两种潜意识,这样会方便很多。不过,最好在熟悉了神经病的现象之后再进行这项工作。本来人们就觉得潜意识十分荒谬,现在再要断定有两种潜意识,自然会引起更多非议。

所以,我们就讲到这里吧。这个问题到此并没有结束,希望通过我们的努力,或者别人的研究,能够让这种知识得到深入。而且,目前我们知道的知识就已经足够新奇,足够让人惊讶了。

第十五讲　几点疑问和批评

在结束梦的讨论之前,我们还要讨论一下这个新学说引起的最普遍的疑难问题。你们之中那些留心听了我这几次的演讲的,也许会提出以下几种批评。

1. 也许你们会产生这样的印象:虽然我们正确地采取了释梦

的技术，可是在遇到一些拿不准的事情的时候，也会难以抉择。所以，把显梦译为梦的隐念也是不正确的。你们会持有这样的观点：首先，人们不知道梦里的某个成分到底要取其表面意义还是象征意义，因为事物被用来象征之后，还是原来的事物。如果没有客观的证据来断定这个问题，那么关于某一特点的解释就会任由释梦者自己决定。第二，经过梦的工作，两种相反的东西会混合到一起，所以对梦中的一个具体成分是取正面意义还是反面意义，在大多数时间就很难抉择，这也会任由释梦者自己决定。第三，梦中经常会出现倒置，而释梦者又可以自由决定其有无。第四，也许你们也听说过，谁也不敢断言自己的解释就是唯一可能的解释，也有可能会忽视某种完全可能的解释。既然如此，你们会觉得，既然释梦者可以自己决定这么多事情，那么其结果就难以让人信服。也许你们会说，这种错误不是梦造成的，而是由我们的概念和前提的错误造成的，才导致我们对于梦的解释不能让人完全信服。

诚然，你们的话有合理之处，不过，我认为这些话不能充分证明你们以下的两个结论：第一，释梦工作是由释梦者任意决定的。第二，既然研究结果不够完满，那研究方法的正确性也存疑。如果你们指责的不是释梦者的任意性，而是其技术、经验和理解，那我跟你们的看法是一致的。在工作中，个人因素是无法避免的，尤其是像这样比较难的工作。在其他的科学研究领域中，这种情况也时有发生。对于同样的一种技术，有的人运用得比别人好，有的人运用得比别人差，这都是无可奈何的事情。例如象征的解释，虽然看起来比较随意，但是如果你们想一想梦念之间的关系，想一想梦和梦者，以及做梦时的心境，只选择一种认为正确的解释，放弃其他的所有解释，就能消除原本的错误印象。你们原本以为是由于假说的错误导致了解释的不完全，但是如果你们知道模糊性和不确定性是梦本身的特征,就不会认为假说是错误的了。

你们应该还记得我在前面说过,梦的工作就是把梦念转化为类似于象形文字的原始的表达方式。这些原始的表达方式都具有模糊性和不确定性的特征,但是,我们不能据此就怀疑其在实际应用中的价值。另外,你们已经知道,梦的工作中相反的事物容易混淆,这类似于最古老语言中的"原始语言"(primal words)的意义。这一观点是由语言学家阿贝尔提出的。1884年,他写了一本书,指出不要因为古人用这种相关语通话就觉得他们会产生误解。说话者的意图到底是正还是反,都可以通过说话的语气、姿势和前后关系进行推断。说话的时候没有姿势进行辅助,就用图画代替,比如象形文字中的 ken,如果画上一个蹲着的小人,就代表"弱",如果画上一个站立的人,就代表"强"。因此,尽管字音和字符是双关的,却不会引发误解。

古老的语言经常有很多不确定性的含义,这是现代文字所不肯容纳的。比如,塞姆族的文字(Semitic writings)大部分都只保留了文字的子音,读者需要根据自己的知识和上下文来补充被省略掉的母音。象形文字采取的方法也与之类似,因此,我们至今都无法揣测埃及文字是怎样发音的。在埃及的神圣文字中还包含着其他的不确定性,比如,作者自由排列图画是从右向左读还是从左向右读。想要看懂,需要根据图上的人脸或者鸟或者其他的方向来进行判断。作者可以随意地将图画排成直行,如果他是在小物品上题词,他还可以根据自己的喜好和物品的地位来改变文字的次序。埃及字还有一个令人十分迷惑的地方,就是字和字之间没有间隔。所有文字之间的距离都是相等的,因此我们很难判断出某一个符号到底是前一句的结尾还是后一句的开头。与此相反,波斯的楔形文字中,两个字之间有一条斜线进行隔离。

汉语和汉字的历史是最悠久的，四亿中国人至今还在使用。你们不要认为我精通中文，我之所以要了解它，是希望可以发现它具有与梦类似的不确定性。它没有让我大失所望，因为它确实有很多惊人的不确定性。大家都知道，中文具有很多表示音节的音，有的是单音，有的是复音。其中有一种主要的方言大概有四百个音，四千个字，也就是每个音大概有十种不同的意义，不过有的多一些，有的少一些。只根据上下文无法判断出说话者想要表达的是这十种之中的哪一种意义，所以人们就想出了很多办法来避免误解。这些办法包括以下两种：一种是将两个音合在一起，变成一个字；另一种是应用四种"声调"。通过比较，我们还发现了一个非常有趣的事实，这种语言实际上没有语法，谁也无法判定这些单音节的词到底是名词、动词还是形容词。而且，词尾也没有用来表明性（gender）、数（number）、格（case）、时（tense）、式（mood）的变化。因此，我们可以说这种语言是由原始材料组成的，就像我们的思想语言可以因为梦的工作分解成原料，而且可以不表示相互间的关系一样。在中文中，一旦出现了不确定的地方，听者就会根据上下文和语境来进行判断。中国有这么一句俗话，"少见多怪"，可以理解为"一个人见到的东西越少，就会对越多的东西感到奇怪"，或者"见识少的人自然会有更多的惊奇"。这两种翻译只是在语法上有所差别，我们不必在二者之中进行选择。不过，虽然汉语有不确定性，却还是一种表达思想的有力工具。所以，不确定性不一定会引起误会。

我们当然要承认一点，梦的地位是无法与这些古老的语言和文字相提并论的。毕竟，发明语言和文字的目的是为了交流，不管采取什么方式，目的都是让人了解。而梦不是这样，梦的目的是隐瞒，也不是交流的工具，它不想告诉别人任何东西。既然如此，我们在发现梦中有什么模糊和怪异的东西的时候,就不必感觉奇怪或者迷惑了。从比较研究的结果,我们可以确定,不确定性(人们经常用来否认我们释梦的确定性)应该是所有原始表达方式的通性。

其实,我们对于梦究竟理解到什么程度,只能由实践和经验确定。我认为我们的理解已经很深了,如果比较分析这些善于分析者得出的结果,也可以证实我这个结论。一般人在遇到科学上的疑难问题的时候,经常持一种怀疑态度,好显示自己的优越,就连科学家都是这样。我觉得这种做法并不正确。你们也许有所不知,在刚开始翻译巴比伦和亚述碑文的时候,也出现了这种情况。有一段时间,民众认为这些楔形文字的翻译家都是幻想家,他们的整个研究都是骗人的。但是在 1857 年,"皇家亚细亚学会"(The Royal Asiatic Society)曾经做了一个具有决定性的实验。这个学会要求,罗林森、欣克斯、福克斯·塔尔波特和奥佩特这四个人——他们是当时最著名的楔形文字翻译者,各自翻译新发现的碑文,然后把翻译稿封寄回学会。学会中的人比较了这四篇译文,发现内容大致相同,由此证明他们的翻译工作可以信赖,以后还会取得更大的进步。于是,那些对此一无所知的学者们就不再讽刺他们了,而人们也觉得楔形文字的翻译是可信的了。

2. 很多人觉得我们释梦的结果是生拉硬凑的,非常可笑,因此对释梦持怀疑态度,想来你们也是这样。这样的批评非常多,我就以最近听到的一些为例。在号称自由的瑞士,一位校长竟然因为对精神分析产生了浓厚兴趣而被撤职。他对此表示抗议。伯伦的一家报纸登载了教育局对于这件事的决议。我从文中摘录了几句关于精神分析的话:"苏黎世大学费斯特尔教授引用了很多牵强附会的例子,让人目瞪口呆。……身为一个师范学院的校长,竟然全盘接受这种理论和证据,实在是太让人吃惊了。"据说,这番话出自一个能够冷静判断的人之口。而在我看来,我觉得这种"冷静"非常虚伪。现在,我们来深入研究这些对话,我希望加上一点考虑和知识,不会对"冷静"的判断造成伤害。

某个人只凭借第一印象就对深奥的心理学问题做出正确的判断,这让我们十分振奋。他觉得我们的解释十分牵强,驴唇不对马嘴。所以,解释是错误的,研究也没有任何价值。这些评论家从来没有想过,人们之所以会对这些解释产生这样的印象,也许是因为一些好的理由。如果他们能想到这一点,就会深入探讨到底是什么好理由了。

这种批评的起因和移置作用的效果有所关联。你们都知道,这个作用是梦的检查作用最有力的工具。借助于移置作用,梦的检查作用的替代物——也就是暗喻也就产生了。不过,辨认这些暗喻很有难度,而由此追溯到它背后的隐念也很有难度。因为把暗喻和隐念联系起来的,是最奇怪的非本质联想。整个问题在于想把隐念隐匿起来——梦的检查作用就是这个目的。可是,我们并不能到隐念平时所属的场所找到隐匿的隐念。在这方面,边境的检察员的做法比瑞士教育当局明智,这些检查员在搜查文件和计划书的时候,并不局限于检查书信匣。他们想到:间谍和走私者很有可能把东西藏在了原本不该藏东西的地方,非常难以察觉,比如双层靴底的空隙。如果在这里发现了违禁物品,就可以说是"生拉硬扯"出来的,却还算是一种非常精巧的"发现"。

如果我们意识到,隐梦的元素和表面的替代物之间存在着离奇的甚至可以说滑稽的关系,那么我们依据的是从大量例子中得出的丰富经验,而只靠我们的力量还无法解释这些例子。想要通过我们自己的努力来解释这些梦,通常是白费力气,因为清醒的人是无法猜出隐念和显梦之间有什么必然联系的。梦者也许会根据自己的直接联想来解决这个谜（他可以做到这一点，因为替代物原本就是从他心中产生的），或者会提供材料，让我们可以轻易解决——让答案自然呈现在我们面前。如果梦者不借助于这两个办法中的一个，就永远无法了解显梦的元素。现在，我给你们讲述一个最近发生的例子。我在治疗一个女病人的过程中，她的父亲突然离世了，所以，她经常会在梦中寻找让父亲复活的机会。有一次，她梦见父亲说："十一点十五分了，十一点半了，十一点四十五分了。"这种时间的报告该做何解释？她说，她父亲喜欢看着大孩子们按照时间去食堂吃午饭。虽然这个联想和梦的元素有关系，可是无法说明这个梦的起源。根据当时的治疗情境，我们有理由怀疑她对她敬爱的父亲暗中怀有一种批评的厌恶之感，因而也是这个梦产生的原因之一。然后，我们让她随意联想，她就想起了一些看起来和梦没有关联的东西，她说，前一天她的一位亲戚跟她讨论了一些和心理学有关的东西，这位亲戚说："原始人（Urmensch）在我们的心里复活。"根据这句话，我们就明白了梦的意义。她根据这句话，联想到自己的父亲也复活了，所以在梦里让自己的父亲变成了一个"报时者"（Uhrmensch），让他一刻一刻地报时，直到午餐时间。（请读者注意"原始人"和"报时者"的原文分别是什么。）

不难看出，这个例子类似于双关语，我们自然不能忽视。人们总是会把梦者的双关语看成释梦者的双关语。还有一些例子，我们很难判断到底是笑话还是梦。但是你们应该记得，有些口误的案例中也会出现类似的疑难。有一个人说，他做过一个这样的梦：自己和叔父一起坐在汽车（auto）里，叔父亲吻了他。梦者很快就解释了这个梦，说它有自淫（autoerotism）的意思。（"自淫"是里比多里的一个术语，指的是不借助外物就可以满足情欲。）难道这个人是为了捏造笑话,才把 auto 谐 autoerotism 之音说成是一个梦吗?我可不这么认为,我觉得他确实做了这么一个梦。可是,为什么梦和这个笑话有如此惊人的相似性呢?这个问题曾经让我绕了很多弯子,所以,我只好彻底研究了诙谐这个问题。通过研究,我发现诙谐的起源是这样的:先有一个念头受到潜意识的摆布和加工,然后变成诙谐。在潜意识的影响下,它受到压缩作用和移置作用的支配,也就是说,受到我们在梦的工作中发现的同样活动过程的支配。梦和诙谐的相似性就来自于这里。不同之处就是,无意的梦的"诙谐"并不像一般的笑话那样可笑。进一步研究诙谐,就可以找到答案了。"梦的诙谐"是一种蹩脚的诙谐,不会引起人们发笑,也不会让人产生兴趣。

在这一点上来说,我们继承了古人释梦的方法。虽然释梦方法给我们的不仅是糟粕,还有一些好的释梦的例子。在这里,我要列举一个在历史上非常重要的梦。关于这个梦,普鲁塔克和道尔狄斯的阿尔特米多鲁斯都有记载,但是略有出入。梦者是亚历山大大帝,他围攻泰尔城的时候,遭到了城内军民的顽强抵抗(公元前 322 年)。他梦见一个跳舞的半人半羊的怪物(a dancing satyr)。随军的释梦人阿里斯坦德罗斯为他解释了这个梦,把"satyros"分成了 σὰ Τύρος,意思是"泰尔归你了",因此预示他很快就可以攻城了。受到这个解释的激励,亚历山大大帝继续围攻泰尔城,并最终将其收入囊中。虽然这种解释有点牵强,但它无疑是正确的。

3. 不难想象,如果你们听说有些研究释梦的精神分析家也对我们这个梦的学说持反对态度,你们一定会十分关注。这种犯新的错误的好机会可不多见。由于概念的混淆和不合理的归纳,人们提出的主张也有可能和医学上关于梦的观点出现类似的错误。有一种主张是你们熟悉的,也就是梦关心的是适应当时的情况和解决未来的问题,也就是说,梦有"预知的倾向"。这一见解是米德尔提出的。我们已经知道,这个论点混淆了梦和梦的隐念的区别,因此忽视了梦的工作。如果那些谈"预知的倾向"的人们用这个词来指代隐念所属的潜意识的精神活动,那么一方面,这个"预知的倾向"并不新颖;另一方面,他们还存在挂一漏万的弊端,因为潜意识还有为将来做准备之外的其他任务。还有一种更加让人迷惑的观点,就是所有的梦的背后都能找到"希望别人死去"的意思,我不太清楚这个假说的意思,不过我认为它混淆了梦和梦者的全人格。

还有人说,每一个梦都有两种解释:一种是前文提到的精神分析的解释;还有一种是"寓意分析法",主张忽略本能的倾向,揭示更高等的精神作用。(这个学说是西尔别里尔提出的。)这个理论也是不合理的,因为它是基于少数不合理的特例。虽然有时候会出现这样的梦,但是如果我们把这个概念扩大到大部分的梦,就是白费力气。另外还有一种说法,认为所有的梦都可以用两性解释,把梦都解释为男性倾向和女性倾向的混合。(这个学说是阿德勒提出的。)虽然你们已经听了这么多次演讲,却还是无法理解阿德勒的这句话。当然,也有这样的梦,你们在后面还会知道,这种梦的构造类似于癔症的某种症状。我提到这些新近发现的梦的一般特征,目的是让你们别信以为真,至少也让你们不要对于我对梦的意见持怀疑态度。

4. 有这样一种观点,认为受精神分析治疗的病人会故意让自己的梦的内容和医生们喜欢的理论一致。于是,有的人主要梦见性冲动,有的人主要梦到支配别人,还有人会梦到再生(斯特凯尔),由此,梦的研究就因为没有客观价值,可信度大大降低。其实,这种论点站不住脚,因为:(1)先有了人做梦这一事实,后有精神分析治疗法来影响他们的梦;(2)正在接受治疗的这些人在还没接受治疗之前，就已经有梦了。虽然这个论点包含的事实不言而喻，但是在梦的理论上无足轻重。引起梦的日间"遗念"是清醒时才有兴趣的经验的遗留物。如果医生的话和所施的刺激会对病人造成重要影响，那它们一定会和这些"遗念"掺杂在一起，它们和白天的其他情感色彩很强的、没有实现的兴趣一起，成为产生梦不可或缺的心理刺激，而它们的作用也类似于骚扰睡者睡眠的身体刺激。医生所引起的思绪和梦的其他起因一样，也许会在显梦的内容出现，也许会在隐梦中找到。我们已经知道，实验确实可以产生梦，确切地说，是梦的材料的一部分可以通过实验映入梦中。这样，精神分析家和实验家在影响病人方面就扮演了同样的角色。例如伏耳德，他经常会在做实验的时候把实验者的四肢摆在某种特定的位置。

我们可以影响梦者梦的材料，却无法转移他们梦的目的，因为任何的外来影响都无法影响梦的工作机制和潜意识的梦的欲望。在我们讨论那些由身体刺激引发的梦的时候，我们已经知道，在梦者对所受的身体刺激或者精神刺激的反应中，可以清楚地看到梦的活动特征及其独立性。所以，如果你们对梦的研究的价值持怀疑态度，说明你们已经混淆了梦和梦的材料。

至此，我们已经讲述了很多关于梦的问题。你们能猜到，我忽略了很多内容，而且并没有对每一点进行详细讨论，但是其原因是梦的现象和神经病的现象有着密切的关系。我们研究梦，是为了研究神经病，这个方法比先研究神经病再研究梦更合理。不过，因为梦的研究为我们更好地理解神经病做了准备，所以，我们需要在大体了解了神经病的表现形式后，再对梦进行精确的了解。

我不知道你们有何想法，但是我觉得我花费这么长时间，讨论与梦有关的问题是值得的。如果你们想迅速理解精神分析的理论的精确性，别无他途。如果我们想要说明神经病的症候有意义、有目的，而且是由梦者的生活经验形成的，就需要长年累月地研究。而对于梦，起初虽然看起来非常杂乱，无法理解，但是想要在梦里指出这些事实，并因此进一步证实精神分析的种种前提——比如潜意识的精神作用，以及其所遵循的各种特殊体质和表现出来的本能的推动力的存在——只需要几个小时就可以了。如果我们记得梦的构造和神经症的构造是极其相似的，又仔细考虑梦者如何迅速变成一个清醒的人，就能相信引发神经病的原因就是精神生活中力的均衡发生了改变。

第三编
神经病通论

第十六讲 精神分析法和精神病学

一年后,看到你们继续来听讲,我满怀喜悦。去年我们主要讲用精神分析解释过失和梦,今年我想让你们初步了解神经病的现象,这种现象和梦及过失有诸多类似之处,很快你们就可以明白。但是我要提前声明,今年演讲的态度要和去年的有所不同。以前我都是要征得你们的同意之后,才能进行下一步,所以我总是和你们一起探讨,随便你们提出反对意见,总之,我完全服从你们的"健康的常识"。但是以后不会是这样了,我的理由非常简单。因为大家对于过失和梦都非常熟悉,你们对这些现象也有非常丰富的经验,就算没有这样的经验,也很容易获得。但是对于精神病的现象,你们并不熟悉,你们也不是医生,只能通过我的报告和这些现象进行接触。既然你们并不清楚讨论的主题,就算善于判断,也是毫无用处的。

不过,你们不要因为这个声明就觉得我的演讲是教条主义的,要求你们无条件接受。如果你们这样误会我,简直是莫大的冤枉。我不希望你们完全信服我,我只是想引起你们的兴趣,消除你们的偏见。如果你们对神经病一无所知,也无法做出判断,你们就不必相信,也不必谴责。你们只需要认真听讲,好让我的话慢慢对你们产生影响。一个人不会轻易地信服什么,否则极容易获得的东西很快就会失去价值。我研究神经病多年,有了很多新奇的发现,而你们没有,所以你们无权信服这些东西。不过,在做学问上,轻易相信,迅速改变,提出反对意见,又有什么好处呢?难道你们不知道"一见钟情"是来自于一种不同的感情的心理作用吗?我们也不需要病人信仰精神分析而加以拥护,因为过度的信仰会让我们更加疑惑。我们最希望看到的,是你们持有温和的怀疑态度。所以,我希望精神分析的观点可以和别的精神病学观点一样,可以默默地在你们心中发展起来,互相影响,将来能够形成某种结论。

不过,你们千万不要认为我的精神分析的观点只是基于玄想的观念。其实,它有经验作为依据——不是直接的观察,就是根据观察得出的结论。这些研究结果是否可靠,需要这个学科的进一步发展来进行检验。我已经研究了二十五年,如今也算是年事已高,我可以说,我是经过了艰苦的努力、专心致志,才得到了这些研究结果。我总是觉得,我们的反对者并不在意我们的理论基础,似乎这些理论全都是主观臆断,所以随便一个人都可以提出批评。对于这种批评,我无法理解。这也许是因为医生不在意他的精神病人和病人的诉说,因此不会周密地观察病人,从而发现有价值的东西。我要借这个机会告诉大家,我不会在演讲中提及个人的批评。对于"辩论是真理之源"这句话,我并不赞成。我觉得这句话来自于希腊诡辩派的哲学,它过分夸大了辩论术的作用,所以并不可靠。我觉得,所谓的"科学论辩"几乎没有效果,况且它总是带着强烈的个人主义色彩。我也曾经和慕尼黑大学的洛温费尔德进行过一次正式的科学辩论,从那之后,我们就成了好朋友,直到现在都是。可是这么多年以来,我再也没有做过类似的尝试,因为谁都无法保证辩论之后是否会有同样的结局。

我这么开诚布公地拒绝讨论,也许会让你们觉得我非常顽固,非常不虚心。如果你们真的这么想,我可以这么回应:如果你们通过这样辛苦的付出获得了一个信仰,你们也会有权去坚持这个信仰。而且我还要强调一点,在我的研究过程中,我已经对一些要点进行了修改,有增有删,每次修改时我都会公开声明。可是,我这些坦诚的举动换回的是什么?有些人完全漠视我的修改,直到现在还在批评我的一些早已废弃的主张。还有人会指责我,说我屡次修改,根本不可靠。屡次改变观点的人自然不值得信赖,因为他修改过的主张也许还会有错,可是坚持己见、毫不退让的人,又会被认为是冥顽不化,事实就是如此。面对这些自相矛盾的批判,我只能保持自我,这是我唯一的办法。我决定要采取这个态度,也决定还会继续根据以后的经验对我的学说进行修改。但是我目前还不觉得我的基本观点需要修改,希望以后也是这样。

下面,我会为你们介绍精神分析关于神经病症候的理论。为了达到这一目的,便于类推和对比,我会选择一个最简单的办法:举一个与过失和梦的现象类似的例子。在神经病中有一种叫作"症候性动作"的动作,在我的诊疗室内非常常见。对于在诊疗室内陈述病情的病人,分析家通常不会做什么表示。也许别的医生会觉得病人没有什么毛病,并建议用一下水疗法。可是分析家学识渊博,他不会这样建议。曾经有过人问我的同事,他是如何处理前来就诊的病人的,我的同事耸耸肩说:"我会罚他们很多钱来弥补我时间的损失。"所以,如果你们听说最忙碌的精神分析家的病人都不会很多，就不必感到惊讶了。我的候诊室和诊疗室之间有一道门，诊疗室又有一道门，还在室内铺上地毯，这样布置的理由是非常明显的。病人从候诊室进来的时候，总是忘记关身后的门，有时候两扇门都是开着的。我一看到这种情况，就会毫不客气地让他或她回去把门关好，无论此时是衣冠楚楚的绅士，还是高雅的女士。有人会觉得我这样的行为太过傲慢，其实我自己也会觉得这样要求别人会让我很没面子。但是我觉得在大多数情况下我都是对的，因为如果一个人开着医生的诊疗室和候诊室之间的门，这种行为非常粗鲁，会引起轻视。不过，在你们听完我下面的话之前，请先不要误会。通常情况下，在候诊室里只有他一个人的时候，才会发生这种疏忽，如果候诊室里还有其他人，他一定不会忘记关门。因为在后一种情况下，他很明白为了保护自己的利益，不能让别人听到自己和医生的对话，所以每次都会小心地把两道门都关好。

　　病人这种忘记关门的行为绝非偶然，也不是没有意义，更不是无关紧要的，因为我们可以从中看出病人对医生的态度。世界上有很多这样的人，在去拜访地位高于自己的人的时候，他们崇尚世俗的权威；也许他会提前打电话询问最好什么时候被接见，还希望就像欧洲战时杂货店的情景那样，到访者众多。可是他进来之后，只看到了一个空无一人的候诊室，装饰简朴，就会觉得非常失望。他觉得，既然医生如此失敬，就要对其进行惩治，所以，他会开着候诊室和诊疗室之间的门，以此来告诉医生："呸，现在这里除了我之外并没有别人，不管我在这里坐多久，都不会有别人到来。"如果不在一开始就打消他这个念头，那他就会在谈话的时候也非常倨傲。

　　分析这个小小的症候性动作，可以得出以下几个结论：(1) 出现这种动作绝非偶然，其背后都有动机、意义和谜底；(2) 这种动作存在于某种可以找出原因的心理背景中;(3)可以根据这些小动作推断出更加重要的心理过程的信息。但是此外还有一点,就是做这个动作的人,自己并没有意识到这个动作,因为没有一个开着这两扇门的人会承认是以此对我进行侮辱。也许有的病人会因为见到诊室里空无一人而觉得失望,但是他绝对不知道这个印象和随后发生的症候性动作之间有什么联系。

现在,让我们来比较研究一下这种症候性动作的小小分析和关于某个病人的观察。我要举的这个例子刚发生不久,我之所以要选它作为例子,是因为它简单,方便叙述。不过,这些叙述也少不了一些细节。

一位回家休短假的军官请我前去为他的岳母治疗。这个老太太的家庭条件不错,可是却总因为一种荒唐的念头让自己和家人都非常苦恼。她今年五十三岁,身体健康,性格温顺,为人诚实。见到我之后,她毫不犹豫地把自己的情况告诉了我:她婚姻幸福,和身为工厂经理的丈夫一起住在乡间。她和丈夫非常恩爱,结婚三十多年来,从来没有发生过任何不快,也没有发生口角。现在,她的两个孩子都已经有了美满的婚姻,但是她的丈夫出于责任感,并不想退休。一年前,发生了一件令她难以置信的事——她收到了一封匿名信,上面说她的丈夫和一名年轻的女子有不正当关系,她居然对此深信不疑,从那之后,她的幸福就被破坏了。事情的具体经过是这样的:她有一个女仆,两人关系不错。有另外一个女子,与这个女仆出身差不多,但是比女仆幸运很多。她接受了商业训练,进入了工厂,后来因为许多男员工应征入伍,导致人手短缺,她就被提升到了一个很好的岗位上。她住在工厂里,认识工厂里所有的男职员,大家都称她为"女士"。而这位女仆相比之下就没那么幸运,所以十分厌恶那个女子,想要抓住任何机会说她的坏话。有一天,这位老太太和女仆谈到了一位来访的先生,据说他不跟妻子住在一起,而是包养了一个姘妇。老太太说:"他的妻子怎么会不知道呢?"然后又说:"要是我听说我的丈夫在外面有别的女人,真的会痛苦不堪。"第二天,她收到了一封匿名信,信的笔迹是伪造的,里面说的就是她最担心会发生的事情。她断定这封信是那个包藏祸心的女仆写的——也许她猜得没错,因为信上提到的那个女人,就是女仆怀恨在心的那个女人。老太太立刻就识破了这个阴谋,并不相信她的话,却因为这封信而受到了很大的刺激,立刻把丈夫叫回来,狠狠地指责了一番。她的丈夫笑着否认了这件事,并且进行了妥善的处理。他请来了家庭医生——这位医生也在工厂里任职,尽力安慰他的妻子,并采取了非常合理的下一步措施,也就是将女仆解雇了,而不是那位假想敌。从那之后,老太太再三考虑了这件事,也不相信信上的内容,可是这种念头并没有消失。一旦听到那个女子的名字,或者在路上偶遇她,她就会忍不住怀疑、痛恨和指责对方。

上面所说的就是这位老太太的病状。我们不需要有多少精神病学的经验,就可以知道:(1)她在叙述自己的病情时态度太过平和,或者有所掩饰,导致她和别的神经病不同;(2)她依然相信匿名信中的内容。

那么,对于这种病症,精神病学家该采取怎样的态度?他对病人没有关上诊疗室的门这一症候性动作有什么意见,我们已经知道了。他说这种动作出于偶然,没有心理学上的兴趣,也就没有深入研究的价值。可是,对于这位妒忌的太太的病症,他不会再持有这样的态度。虽然症候性动作看起来并不重要,可是症候本身却十分重要。症候伴有主观上的强烈痛苦,还会在客观上影响家庭生活,因此自然会让精神病学家很感兴趣。第一,精神病学家会赋予这种症状一些主要特征。让老太太产生困扰的观念其实并非完全没有意义,上了年纪的已婚男人确实很有可能会和少妇发生关系。不过,其中也存在着别的荒唐的、无法理解的地方。除了这封匿名信,老太太并没有别的证据可以证明她亲爱的丈夫曾经做过这样的事,虽然这件事并不普通。她知道这个消息毫无理由,也知道它从何而来,所以,她知道自己的嫉妒根本没有理由,她也劝过自己不要嫉妒,可是她却十分痛苦,觉得这件事似乎是真的。这种不符合逻辑和事实的念头,我们称其为"妄想"(delusions)。所以,引起老太太的苦恼的,是一种"妒忌妄想"(a delusion of jealousy)。毫无疑问,这就是这种病的主要特征。

如果这第一点成立,我们会对精神病学产生更加浓厚的兴趣。如果一种妄想在了解到了事实后依然存在,那它一定不是由事实引发的。那它到底是怎么来的呢?妄想的内容可以说是多种多样,为什么这个病例中妄想的内容是妒忌呢?到底是什么人会产生妄想,特别是妒忌的妄想?我们原本想要看看精神病学家的看法,但是,他给出的解释并不圆满。我们提出了很多问题,他却只讨论了其中的一个。他会调查这位老太太的家族史,也许会告诉我们:"如果某个人的家族中反复出现类似的或者别的精神错乱,那他很容易得妄想症。"也就是说,老太太出现妄想的原因是因为遗传。虽然这个回答不无道理,可这真的是她发病的唯一原因吗?我们是不是可以因此假定,病人会产生妒忌妄想而不是其他妄想,这个事实并不重要而且出自偶然,根本无法解释?遗传倾向真的能够支配一切吗?不管这位老太太经历过什么,都一定会产生妄想吗?也许你们会想知道为什么科学的精神病学无法给我们进一步的解释,我可以告诉你们:"知道多少就说多少,骗子才会说大话。"精神病学者并不清楚该怎么进一步阐述这种病症。虽然他有丰富的经验，却不能确定，所以只好满足于诊断和预测这种病将来会有什么变化。

可是，精神分析能不能做得更好呢？我可以确定地告诉你们，是的，虽然这种病症比较隐晦，我们也可以发现一些事实，使更深一步地了解成为可能。首先，你们要注意一个看起来无关紧要的细节，那位老太太之所以会产生妄想，完全是因为一封她自己招来的匿名信。因为她在事发的前一天曾经对那个心怀叵测的女仆说，如果她听说丈夫在外面有别的女人，真的会痛苦不堪。所以，因为她的话，女仆才产生了这样邪恶的念头。所以，也许老太太的妄想并不是匿名信引发的，而是早就存在于心里，慢慢变成了恐惧——或者也可能是一种愿望。此外，我们也应该注意短短的两小时的分析中发现的细节。她说完自己的故事之后，我请她再讲一讲她的想法、观念或者回忆，可是她却一口拒绝，她说自己已经把一切都说出来了，没有别的想法。过了两小时，分析被迫停止，因为她说自己康复了，这种妄想绝对不会再出现。她之所以会说出这样的话，一方面是因为有抵触情绪，另一方面是害怕继续分析。不过，她在这两小时中无意说出的话却让我们可能做某种确定的解释，这种解释可以说明她的妒忌来自何处。原来，她深深地迷恋着一个男子，就是她的女婿，请我来为她治疗的军官。她本人并不知道这种迷恋，也可能只知道一点，他们是母婿关系，所以这种感情会被轻易地伪装成无害的慈爱。根据我们知道的一切，可以很容易地推测出这位忠诚的妻子和善良的母亲到底是什么心理。这种迷恋十分荒谬，而且根本没有可能，所以她自己意识不到，可是它依然存在，让她感到一种十分沉重的压力。既然已经产生了压力，就要想办法释放出去，而移置机制就是最迅速的办法。如果她爱上了一个年轻男子，而她的丈夫爱上了一个年轻女子，那她就不用因为不忠而受到良心的谴责了。所以,她把幻想丈夫的不忠当成了自己镇痛的安慰剂。而她并不知道自己的这种爱,而这种爱的"反影"(也就是捏造丈夫和别的年轻女子有染这件事)就成了一种必然的、妄想的和意识的。所有的责难都毫无用处,因为它们针对的都是"反影",而不是那种深藏于潜意识中的"原物"(也就是对于女婿的爱)。

现在,我们来总结一下精神分析对于这一病症的研究成果。首先,我们要假定所有收集到的资料都是正确的,这一点毋庸置疑。第一,这种妄想不再是荒谬的、难以理解的,它具有深刻的意义和切实的动机,而且是这个病人情感经验不能割舍的一部分。第二,妄想是对潜意识心理过程的必然反应,至于这种心理过程,可以通过其他的迹象进行推测。而且,正是因为妄想与潜意识心理过程相联系,才会具有妄想的特征,对逻辑和现实产生一种抵抗。这种妄想是从欲望产生的,用来自慰。第三,这种妄想之所以是妒忌妄想而非别的妄想,取决于致病的经历。你们也会看出我们分析过的症候性动作有两个重要的相似之处,也就是症候背后的意向和它与潜意识欲望之间的关系。

当然,我们并没有完全回答有关这个病的所有问题,事实上,很多问题还悬而未决,比如,为什么这位拥有美满婚姻的太太会爱上她的女婿?而且,就算真的恋爱了,也可以有各种托词,为什么一定要把自己的心事推到丈夫身上来换得自己的解脱?你们不要以为提出这些问题没什么意义。我们已经找到了一些有助于回答这个问题的资料。这位太太现在正处于一个关键期,此时女性的性欲会突飞猛进,令人尴尬。也许这一点就能够解释这件事了。或许还有另外一个原因,最近几年,这位忠诚的丈夫的性能力已经无法满足这位太太的需求了。根据经验,世界上只有这种男人才会对妻子特别忠实、特别体贴,会体恤妻子的种种抱怨。此外,这位太太竟然会喜欢上女儿的丈夫,这一点也很重要。母女之间的关系是很密切的,所以对女儿的性爱是很容易转嫁到对母亲的性爱上的。也许我需要提醒你们,从古至今,岳母和女婿的关系都非常微妙,而且早就对这种关系产生了一种特别的禁忌(见《图腾与禁忌》,1913年)。从正反两方面来看,它都已经超出了文明社会的限制。在我们讨论的这个病例中,到底是这三种因素中的一种、两种还是三种在起作用呢?我无法告诉你们,因为我们对于这个病例的分析只有两小时,之后就没有继续分析。

我知道,你们也许无法理解我刚才的这番话。我说这番话的目的,就是为了比较精神病学和精神分析。关于这一方面,我要问大家一个问题:难道你们没有发现两者是彼此对抗的吗?我们在精神病学中根本看不到精神分析技术的应用,更看不到妄想等相关内容的探讨,他们只是用遗传作为一种常见的历史悠久的原因,却不会主动去发现一些具有个性的近期原因。但是,这种对抗必然存在于这两者之间吗?两者有没有可能发展成互补的关系呢?难道是因为遗传的因素和经验的重要性是完全相反的吗?两者不可能联合起来吗?实际上,你们会发现精神病学的研究和精神分析的探索之间确实没有什么彼此对立的点。所以,真正与精神分析对抗的是那些精神病学者,而不是精神病学本身。对于精神病学来说,精神分析和它的关系就像是解剖学和组织学之间的关系,一个致力于研究器官表面形态,一个致力于探索器官构造,就像是组织和其他组成因素一样。我们很难在这两种研究中发现对立面,一般来说它们是相辅相成、互为终结的。众所周知,解剖学是现代医学的开端,但是在解剖学刚刚发展的时候,社会上也曾明令禁止医学家解剖尸体,即便他们的目的是研究人体内部的结构,这一点和我们现在的经历很像,社会上对于我们通过精神分析探求人类内部心理过程的行为也充满了抱怨。或许在未来的某一天,我们会发现只有具备了精神生活潜意识经历的相关知识,我们才能说精神病学具备科学的基础知识。

虽然人们对精神分析总是保持反对态度,但是或许也存在一部分支持者,部分人希望精神分析在治疗中能够有合理的解释。众所周知,精神病学无法使妄想破碎。但是精神分析却对妄想发生作用的过程了如指掌,这也许能够有效治疗妄想。但是我带给大家的答案是否定的。不管怎么说,从我们现有的研究结果来看,精神分析和各种治疗方法一样,还无法治愈妄想。我们对于患者的经历一清二楚,但是我们却无法让患者对此也一清二楚。事实上,我也只能初步分析刚才提及的妄想,这一点大家都知道。所以,在大多数人眼中,这种分析是不恰当的,因为不具有什么效果。但是我并不这么认为。我们有权利不顾结果地进行研究,这也可以说是我们的义务。或许在将来的某一天,这一切琐碎的知识都会发展成一种能力,具备治疗的功效,只是我们目前还不知道这一天的具体时间。换句话说,虽然精神分析无法治愈妄想等神经病和精神病,但是它却可以成为一种科学研究中必不可少的工具。到目前为止,这种方法还没有应用于实践,这是毋庸置疑的。我们把人作为研究的对象,但是人具有生命力和意志力,所以他只有具备某种动机后才会愿意加入这项研究,除非他不具备这个动机。所以,我选择用下面的这句话结束我今天的演讲:我们现有的知识对于大部分神经病患者来说,具备治疗功效,而这些疾病本来很难治愈,但是在一些情况下,从技术角度来说,我们现有的医术取得的成就已经算名列前茅了。

第十七讲 症候的含义

在本书的上一章中,我们曾经说过临床精神病学根本不关心个别症候的内容和形式,但这却是精神分析的起点,精神分析认为每一种症候都有其价值,且这与患者的生活经历有密切的关系。1880 年到 1882 年,布洛伊尔深入研究了一个癔症的病例并将其治愈,之后,这种病引起了人们足够的重视,同时,他也是第一个发现神经病症候价值的人。其实,法国的让内得出的结论也是如此,而且,让内的研究结果公布时间要比布洛伊尔更早,布洛伊尔在十年之后(1893 年到 1895 年,这也是我和他开展合作的时间)才把研究结果展现给世人。至于到底是谁第一个得到了这一研究结果,意义不大,因为每一个研究结果都是经过多次试验得到的,想要一次完成根本不可能,而且成功和功劳之间不一定成正比,这是众所周知的。就好像美洲不是用哥伦布的名字命名的一样。著名的精神病学家劳伊莱特生活的时期比布洛伊尔和让内早很多,那时候他就曾谈论过狂人的幻想,如果我们能够进行深入研究,就会发现这些讨论并不是毫无价值。我不否认我十分赞赏让内关于神经病症候的理论,他认为这些症候就是霸占患者内心的"潜意识观念"(idees inconscientes)的表现。只是让内之后的心态变得小心翼翼了,在他看来,"潜意识"仅仅是一个名词,而且是一个权宜的名词,没有任何确定的价值。从那以后,让内的理论就让我难以理解了,我坚信他已经毫无缘由地抛弃了自己显赫的地位。

其实,神经病的症候和梦及过失存在相似之处,都具有各自的价值,同时,他们和病人的心理状况存在密切的关系,这一点和梦及过失也十分相似,且这一点十分重要。因此我需要用几个病例进一步说明。我可以说（虽然还无法证明）每一种神经病都具备这种特点；只要一个人愿意认真努力地观察，就一定会发现并坚信这一点。由于某种原因，我不会在癔病中选取病例作为分析案例，这些案例全部来自于另一种特殊的神经病。它和癔病的起源十分相似。首先，我需要简单说明一下这种疾病。我们把这种病叫作强迫性神经病（the obsessional neurosis），和癔病相比，这种疾病有些罕见，或者换种说法，这种疾病并没有癔病那么疯狂，它经常隐藏在患者的内心，患者在生理上几乎没有任何反应，只是在精神上有一些症状。强迫性神经病和癔病本就是精神分析研究开始的根本，而且我们研究出的治疗方法对于这种病症产生了很好的效果。但对于强迫性神经病来说，精神方面的症状没有完全表现在生理上，因此和癔病相比，我们通过精神分析的办法更容易了解强迫性神经病；根据我们的观察，基本可以确定这种神经病组织的特点比癔病更加明显。

强迫性神经病通常具备以下症状：患者内心的想法基本都很无趣，他总是能够无缘无故地感受到一种特殊的冲动，总是违背自己的意愿做一些无聊至极但是却又必须去做的事情。其实，这些思想（或者带有强制性的观念）本身没有什么价值，只是让患者本人感到有些无趣，或者愚笨，但不管怎样，患者都会从这种思想观念出发不断消耗自己的精神，虽然这并不是他的本意，但是他却没有办法制止。这些对他而言就像是生存和死亡的重要问题，他苦苦思索，无法自控。其实患者内心感受到的冲动也具有相似的特点，同样稚拙无趣；这些想法通常都有些恐怖，比如犯重罪的冲动，但是患者认为这些行为和自己的身份并不相符，所以经常会排斥它们，甚至提心吊胆地躲避这些冲动，患者想尽各种办法防止这种冲动变成现实。实际上，患者每一次预防和逃避都获得了成功，他从未真正实现过这些冲动。患者完全实现的一些具有强迫性质的行为都是一些无关利害的烦琐事情,我们熟知的一些动作都是反复进行某一日常行为,或者对其进行加工表演,这导致上床、洗漱、穿衣、散步等一些极为平常的行为都变得十分艰难,甚至成了一种高难度的工作。这些病态的想法、冲动和行为并不是按照同样的比例混合在一起形成强迫性神经病的;简单地说,在所有的表现中总有某一种占据核心地位;这就决定了疾病的名称;但是所有形式具备的共同特征依然很明显。

显然,这是一种疯狂的病症。我认为即使精神病学者想要验证他最荒诞的想象,也不可能臆想出这种疾病。如果我们没有在生活中亲眼看见过这种疾病,一定不会相信它是真的。你们千万不要认为我们需要劝告这些强迫性神经症患者逃离这些行为,或者放弃那些荒诞的想法,不要想着用一些无趣的行为代替这些正常的行为,因为所有的一切都是他内心想要的。他不是不知道自己目前的状况,对你提出的关于强迫性神经病的理论也很认可,而且他自己也能够提出类似的观点。但是他根本无法控制自己,似乎有一种强大的力量推动他去实现这些强迫性场景中的行为,这种力量是正常精神生活中的力量难以抗衡的。所以,我们能够想到的唯一办法就是交换替代,我们可以采取一些比较温和的想法替代原本荒诞的想法。他可以完全换一种预防方式,也可以用另一些行为替代原本的繁文缛节。也就是说,他可以相互替代,但却不能完全消除。这些全部的症状转换(包括原本形式的本质变化)就是强迫性精神病的一个主要特征;需要强调的是,患者精神生活中全部的相对价值(opposite values)或者极值(polarities,译按:指强弱明暗等相对的看法)的分化更加明显。这些强迫除了有积极性和消极性的影响外,也有理性方面的疑虑,甚至慢慢发展到对一些真正的事实产生怀疑。这些所有的状况都会让患者更加踌躇不安,精神耗损,自由缩减;虽然强迫性精神病患者大都精力充沛,判断准确,智力超群。他具备一定的道德心,经常害怕自己出现失误,一般不会做错什么事情。想必大家都清楚,在这种彼此冲突的品德和病态表现的疑惑中,想要找到真正的病因,实在太困难了。我们现在所做的事情不过是为了能够合理解释这种疾病的一些症状。

通过前面的讨论,你们或许已经开始好奇现代的精神病学对于强迫性神经病到底做出了哪些贡献,其实它的贡献少得可怜。精神病学不过是为种种强迫性行为找到了恰当的名称,仅此而已。如果只用"退化的"(degenerate)来形容具备这些症状的患者,我们绝不会就此罢休,因为这只能说是一种价值判断,或者说是一种诽谤,和解释完全无关。退化必然会导致各种奇怪的现象,在我们看来,这一点不难推测。具备这些症状的患者和普通人不一样,这一点毋庸置疑,但是,我们可以因此说和其他的神经病患者、癔病患者、精神错乱患者相比,具备这些症状的患者更加"退化"吗?很明显,这种形容真的有些空洞。如果我们得知那些身怀绝技,名垂青史的人们也可能具有这些症状,一定会怀疑这个形容词是否恰当。因为很多伟人自己都很谨慎,再加上那些为其著书立说者有所隐瞒,我们很难真正了解这些伟人的本性,但是也有一些伟人像左拉(参照陶拉斯,"爱弥儿·左拉",著有《医学心理学研究》,巴黎,1896年)一样疯狂地追寻着真理,众所周知,左拉的一生伴随着很多奇怪的强迫性习惯。

在精神病学领域,这种患者被称为"退化的伟人"(dégénerés superieurs),这就万事大吉了。但是从精神分析的结果来看,这些独特的强迫性症状是可以完全消失的,就像那些非退化的病人具备的其他疾病的各种症状。我自己已经取得过这样的成功了,且概率很大。

我会通过两个病例分析强迫性症候:第一个病例还是旧例,因为我没有发现比它更恰当的病例,第二个是我最近才遇到的新的病例。因为对这种病例的分析需要通俗易懂,详细具体,所以,我只选用这两个病例说明问题。

一个将近三十岁的女性,患有严重的强迫性精神病,如果不是我的工作在命运的安排下突然发生了一些变化,我相信我完全可以治愈她,至于这一点我们以后再讨论。她的日常生活中,除了一些正常的行为外,总会多次重复以下比较奇怪的强迫性行为。她经常跑出自己的房间,到隔壁的房间,站在房子中间摆放的桌子旁,按下电铃,等着女仆过来,然后吩咐女仆做一些烦琐的事情,或者根本不用女仆做任何事情就让她离开,接着她又跑回自己的房间。这种表现不存在危险,但却勾起了我们的好奇心。至于为什么会出现这种现象,患者在没有分析者的帮助下很容易就找到了原因。对于这一强迫性行为的价值,我完全不清楚,更难以给出合理的解释。我曾问过患者很多次,为什么要这样做,这样做的价值是什么,她总是一问三不知。但是某一天,当我劝说她相信某一行为后,她详细叙述了强迫性行为的过程,然后她突然意识到了强迫性的价值。事情要从十年前说起,她找了一个比她大很多的丈夫。结婚的那天晚上,她发现自己的丈夫性无能。但是丈夫却一直从自己的房间跑进她的房间,想证明自己的性能力,只是都以失败告终。第二天清晨,丈夫十分气愤地说:"如果整理床铺的女仆发现了这件事情,就太丢人了。"所以,她随便拿了一瓶红墨水,准备倒在床单上,只是他倒错了位置。开始,我并不明白这件事情和我们讨论的有关强迫性行为的话题有什么关系,因为两种行为之间只有两点是相同的,一是有一个女仆,二是从一个房间跑到另一个房间,除此之外,这两个场景没有任何共同点。之后,患者带着我走进了她隔壁的房间,我看到了桌子的台布上有一块很大的红色斑点。她明确指出,一定要让女仆一进来就能看到桌布上的红色斑点。所以,这种强迫性行为和新婚之夜的经历存在很大的关系,这一点毋庸置疑,只是对于这件事情,我们还需要更进一步询问了解。

首先,我们很清楚患者把自己当作了丈夫,她不断从一个房间跑到另一个房间,正是对丈夫动作的表演。为了让两个场景保持一定的相似度,我们需要假设她把床和床单想成了桌子和桌布。这种说法也许有些勉强,但是我们可以参照梦的象征的研究资料。在梦境中,桌子通常代表着床;"桌子和床"则代表着婚姻,也就是说床可以代替桌子,桌子也可以代替床。

所有这些都能够表明强迫性行为具有一定的价值,它更像是在反复表演一些比较重要的场景,当然,我们也不需要只关注这一个相同点;如果我们能够深入研究这两种场景之间的关系,也许能够推测出强迫性行为的意义。这一强迫性行为的核心是召唤女仆。患者企图多次让女仆看到红色斑点,正好对应着丈夫说的那句话"如果女仆发现这件事情,就太丢人了"。她不断重复上演丈夫的动作,就是为了让女仆看到红斑出现在了正确的位置上,这样丈夫就不会在女仆面前丢人了。因此,她会不断表演这一陈旧的场景,并且向外延伸,不断修正,以使场景万无一失,无可挑剔。此外,还有一点,那就是患者不断对那晚悲惨的经历导致的与红墨水相关的情节,也就是丈夫性无能的事件,加以改正。这种强迫性行为就像是在说:"不对,丈夫根本没有在女仆面前丢人,丈夫没有性无能。"她就像是做梦一样,这种强迫性行为使她的这一欲望得到了满足，她希望通过这件事在女仆面前重新建立其丈夫倒红墨水之后的名誉。

该患者的全部其他状况都证明了这一解释的合理性，这些事实很好地解释了她为什么会产生这些强迫性行为。其实，她已经和丈夫分居很长时间了，而且正在下定决心和丈夫按照法律程序办理离婚手续。但是她的心还在丈夫身上，她强制自己对丈夫保持忠贞。所以，他选择远离人群，独自居住，这样可以避免不必要的诱惑，同时，她在幻想中，原谅了丈夫，并把他想象成理想中的模样。她患有这种疾病的最深层原因是她想要保护丈夫，不让他被流言蜚语伤害，她希望为自己和丈夫分居找一个合适的借口，虽然丈夫失去了她，但是却可以过着舒适的生活。因此，我们通过分析一种完全没有危害的强迫性行为，发现了患者产生疾病的主要原因，同时又推测出一般强迫性神经病的特点。我推荐大家更加深入地研究这一病例，因为它汇集了所有强迫性神经病出乎意料的状况。患者在没有分析者的干预引导下，发现了症候的解释，这就是一瞬间的事情，而且，对于这一病症的解释并不是患者幼年时期发生的已经忘记的事情，而是在患者成年之后发生的记忆清晰的事情。所以，这一案例有效抨击了那些攻击我们解释症候的人，沉重打击了他们的理论。这种完美的病例很难遇到。

还有一件事，这种完全没有危害的强迫性行为竟然涉及患者最私密的事情，这难道没有让你感到惊讶吗？一位女性最想藏在心里的就是她的新婚之夜；但是现在我们却对她性生活的隐私了如指掌，这难道仅仅只是偶然，没有什么特别的意义吗？你们也可以说，我刻意挑选了这一病例，就是为了能够解释起来无懈可击。但是我们先不要着急下结论，先把注意力放在第二个病例上。和第一个病例相比，第二个病例的性质有了很大的变化，这是一个很常见的病例,是准备上床的时候发生的事情。

这是一位容貌姣好、十分聪慧的女孩子,年方十九,是一个独生女,在教育上和智力上都具有优越感,她性格外向活泼,但是最近几年却经常没有缘由地神经异常。她经常对她的母亲脾气暴躁,总是郁郁寡欢、犹豫踌躇,直到后来,她甚至没有办法一个人从大街和广场上走过。至于她更加烦琐的病症,我就不详细叙述了,但就目前的状况来看,我们至少可以得到两个诊断结果:一是广场恐怖症(agoraphobia);二是强迫性神经病。现在我们把注意力放在这位女性准备上床时的一系列行为上,这让她的父母很担心。一般来说,正常人在上床睡觉之前都需要做一些事情,或者说,至少要满足某些条件,否则就很难进入睡眠状态,这种从清醒状态进入梦境的过程一般都会形成一种固定的模式,每天晚上我们都需要经历一次。但是,一个正常的人在睡眠之前需要完成的事情是合情合理的,一旦外界的环境发生变化,他也能够调整自我,随机应变。但是对于病态的仪式却并非如此,这种仪式很难做出任何改变,患者为了维持这种无趣的仪式需要付出很大的代价。从表面看,患者通常也能够为自己的行为找到合理的解释,但是和正常状况相比,这种病态的行为在实施过程中似乎有些太小心翼翼了。只要我们更加细致地观察,就会发现患者根本没有足够的理由必须完成这一行为,她说出的理由不能隐藏她所有的习惯性行为,有些习惯性行为甚至和她的理由是相对的。患者表示,她需要极其安静的夜晚环境才能够入睡,所以一切杂音都必须清除。为了保证这一点,她做了两件事情:暂停了房间里的大时钟,拿走了房间里的所有小时钟,甚至连床头柜上的小手表也没有放过。她把房间内所有的花盆和花瓶小心翼翼地放在写字台上,这样可以有效防止它们在夜间掉落摔碎打扰她的美梦。实际上,她很清楚这些防止噪声的理由根本不足以成立——即便小手表放在床头柜上，我们也很难听到有节奏的嘀嗒声，而且这种声音根本不可能打扰我们的睡眠，反而还有一定的促进作用。她也很清楚即便花盆、花瓶都放在原来的位置，夜晚也不可能掉下来摔碎，所以这种担心都是多余的。此外，患者还有一些动作是和安静的要求相违背的，如她要求睡觉的时候自己房间和父母房间之间的门半开着（她把各种东西放在门口，就是为了实现这一要求），这似乎就是希望有些声音存在，只是所有她看来很重要的行为都和床有关系。她要求床上的枕头一定要和木质床背保持一定的距离。小枕头一定要叠放在长枕头上面，二者形成一个菱形，然后她必须把头放在菱形上面。在盖鸭绒被之前，她一定会抖动被子，使鸭毛下落；但同时她又会压平被子，让鸭毛分配均匀。

至于这一过程中的其他烦琐细节，我就不再详细说明了，因为我们无法从那些细节中得到更多的信息，而且一旦叙述起来就会偏离我们的主题。此外，如果你认为这些琐碎的细节在开展过程中十分顺利，那你就大错特错了。每当她做完一件事情，总会感觉没有做好，所以会重新做，一遍又一遍地进行，她总是担心这一点没做好，担心那一点没做好，所以经常在睡觉之前需要花费一两个小时，才能够安心躺在床上睡觉，或者让发愁的父母安心入睡。

和第一个病例相比，这一病例分析起来有些困难。我需要对她的解释提出一些建议，但这会遭到她的强烈反对，甚至嘲笑质疑。她一开始对我的解释很抵触，但是之后又会开始思考我提出的解释的可能性，然后关注这些解释可能联系起来的事物，将所有的关联、结果都纳入脑海，最终心甘情愿地接受这些解释。在坦然接受之后，她的强迫性行为不断减少，在治疗还没有完全结束时，她已经放弃了一系列习惯性行为。同时，我需要明确指出，我们现在做的分析工作不仅仅是集中精力研究某一种单独的症候,直至了解它全部的价值才罢手。我们通常都会放弃正在全力研究的主题,然后在另一项研究中又重新捡起。因此,我现在要向大家表明的症候的解释,综合了多种多样的结果,这些结果,有时候因为研究的中断,经常会被搁置几个星期或者几个月,然后才能得到完整的结论。

患者慢慢明白了,她之所以在夜晚要把所有的钟表放到室外,是因为这些钟表代表了女性生殖器。当然,我们都知道钟表除了这种象征意义外,还有很多其他的象征意义,但由于它的周期运动和有节奏的间隔,我们将其视为女性生殖器的代表。女性自经期产生开始,就像钟表一样有规律地进行着。患者担心钟表有节奏的嘀嗒声会打扰她的美梦。我们可以把钟表的嘀嗒声看作是女性在性冲动时阴核的激动。这种想法确实导致患者多次从梦中醒来,她担心阴核兴奋,所以每天晚上都要把所有的钟表移到室外。而花盆和花瓶是一种容纳器,和所有的容纳器一样,都代表着女性生殖器。也就是说,患者担心它们在夜晚掉落摔碎确实存在一定的意义。众所周知,在新人订婚的时候需要打破一个花瓶或者盆子,这是一种很常见的风俗习惯,在场的每一位客人都需要从碎片中拿走一块,代表自己不会对新妇有想法,这种风俗应该是与一夫一妻制伴随产生的。患者从这种仪式中回忆起了一些经历,联想到了一些事情。她在幼年时期走路的时候不小心跌倒了,拿在手里的一个玻璃杯或者瓷瓶碎了,划破了她的手指,流了很多血。当她长大后,对于性行为已经有了一定的了解,她害怕自己在新婚之夜没有流血,害怕因此被人怀疑不是处女。她担心花瓶摔碎,其实就是想要放弃那些关于贞洁和第一次发生性行为流血事件的情结,希望自己能够不再因为是否流血而感到担心。因此,她所担心的一切其实都和防止噪声没有什么太大的关系。

突然有一天,她似乎看懂了仪式中最重要的一点,她明白自己为什么要使长枕和床背之间保持一定的距离。因为在她看来,长枕像是一位女性,而床背笔直,就像一位男性。所以,她似乎在用一种魔术的方式分隔男性和女性,换句话说,她想要分隔父亲和母亲,这样就不会发生性行为了。在很多年以前,她还没有形成这种习惯,所以她采用了更加简单直接的方式,实现自己的目标。她假装自己很胆小,或者告诉父母自己害怕,以此保证父母房间和自己房间之间的门开着。在现在的仪式中,我们依然能够看到这一点。所以,她能够偷偷听到父母的一举一动,这件事情让她失眠了好几个月。她这样已经干扰父亲和母亲之间的生活了,但还是无法满意,有时候她甚至会睡在父亲和母亲中间。这样"长枕"和"床背"之间真的被分隔开了。后来,她慢慢长大,和父母睡在同一张床上会很不舒服,所以,她假装自己很胆小,要求和母亲换床睡觉,然后和父亲睡在同一张床上。这件事情的确是患者最开始的幻想,至于结果怎样,我们在她的习惯性行为中看得很清楚。

如果长枕象征着女性,那么她抖动鸭绒被使羽毛降落后鼓起,就有一定的意义了。究竟是什么意义呢?我们可以理解为怀孕。但是她并不希望母亲怀孕,如果父亲和母亲之间发生性行为,就很有可能会再生一个孩子,那么自己就会多一个敌人,这是她多年来最害怕的结果。相反,如果长枕头代表母亲,那么小枕头就代表着女儿。至于她为什么要求小枕头必须斜着放在大枕头之上,呈现出一个菱形,又为什么非要把头放在菱形的中间呢?其实这一点不难解释,她知道在画上或者墙上,菱形通常代表着女性的生殖器。她把自己看作是一位男性(或者父亲),把自己的头看作是男性生殖器。(杀头可以代表阉割,这一点是有依据可以查证的。)

也许你们会惊讶：处女的心里怎么会有这么可怕的想法？现实的确如此，需要大家注意的是，这些观点并不是我创建的，我只是让它们表现出来了而已。在睡觉之前进行的一系列行动真的很奇怪，但是我们不能因此否认这些行动和幻想之间因为解释表现出的相似点。不过在我看来，更加重要的是我们需要牢记这些行为并不是某一种幻想的产物，而是多种幻想共同作用的结果，只是多种幻想总会在某一点集合。此外，我们还需要明白，患者行动中的一些细节，存在积极的性欲和消极的性欲两个方面，既有性的激动，也有性的压制。

如果我们在患者的这些行为和其他病症之间建立联系，也许我们会发现更多结果，但是这不是我们现阶段的目标。我们现在只需要明白患者在幼年时期曾经对父亲产生过"性的迷恋"（erotic attachment）。这种迷恋让她接近疯狂。可能正是因为如此，她对待母亲时脾气才会很差。此外，我们还需要注意一点，那就是对于这种症候的分析需要触及患者的性生活。只要我们对神经病症候的价值和目标有更加深入的了解，这一切就都不足为奇了。

通过对上面两个病例的分析，我们发现神经病症候具备一定的价值，且这种价值和过失以及梦具有相同之处，同时这些症候和患者的生活关系紧密。但是我能期望大家仅仅因为这两个病例就相信我说这句话的意义吗？当然不能。但是你们会期盼我不断列举病例，以求得你们的信任吗？这显然也是不可能的。每一位患者的治疗过程都需要漫长的时间，因此如果我想充分讨论神经病理论的某一点，我就必须要讲一个学期，且每周要讲五小时。所以，我只会列举这两个病例说明我的观点，至于你们，大可翻阅与这一问题相关的著作，如：布洛伊尔解释首个病例（也就是癔病）的症候的著作，堪称经典；荣格对早发性痴呆（dementia praecox）症候做出的解释,也很出色(当时荣格还只是一位精神分析家,看不到成为理论家的希望),包括之后我们能够在杂志上看到的各种论文。其实这种研究资料很多。分析家们几乎把所有的注意力全部放在了神经病症候的分析上,所以在短时间内忽略了很多神经病的其他问题。

无论是谁,只要深入研究过这一问题,一定会发现研究材料真的内容充足。但同样,他们也会遇到一个障碍。我们已经很清楚,某一症候的价值就是和患者生活之间的联系。如果症候的形成因人而异,这种关系就会表现得更加明显,这更有利于我们研究的开展。所以,我们的主要工作就是为一个无趣的想法和没有价值的行为找到这种想法或者行为必须存在的场景。那位一直跑到桌子边上按铃,找来女仆的患者的强迫性行为,就是这种症候的完美表现。但是和这完全相反的症状也很常见。比如一些特征鲜明的症候,其实是大多数病例都具有的症状,这会抹平很多个体之间的区别,使探索患者的病症与以往生活或者过去一些特殊场景的关系变得更加艰难。我们再把注意力转向强迫性神经病。我们可以用在睡前进行一系列活动的那位患者作为案例,虽然这位患者表现出的很多个体特征可以作为一种"历史的"解释。但是只要是强迫性精神病患者,就会不断做出某一行为,并且有节奏地不停演练。很多患者每天都在不停地清洁。那些患有广场恐怖症的患者已经被人们从强迫性精神病患者的行列剔除了,医学上称为焦虑性癔病的患者也总是在不断地重复着单一的病症,与强迫性精神病特点极为相似。被围着的空旷地带,宽阔的广场,长长的直路或者小路都会让患者感到恐惧,但如果有人陪着他们或者他们身后有车辆行驶,他们就会感到安全。但是这只是一些基本的共同点,除此之外,大多数病人都有不一样的表现,彼此之间存在明显的差异。

例如甲只对狭窄的小路感到恐惧,乙只对宽阔的大路感到恐惧,丙只敢在人少的地方行走,丁只敢在人多的地方行走。癔病的道理其实也一样,除了每个人表现出来的不同症状外,也存在一些共同的症状,我们无法用个人以往的经历来解释这些症状。但是我们必须记住正是因为这些症候的存在,我们才开始进一步的诊断研究。如果我们已经得知癔病是一种由某种经验或者某类经验(如某种恶臭的现象引起了癔病的呕吐)引发的特别症候,那么一旦我们发现另一种完全不同的经验也会导致癔病的呕吐症候时,就会感到十分困惑。癔病的患者总是因为各种各样我们不知道的原因开始呕吐,而我们通过分析察觉到的那些历史原因通常都是患者随意编造出来的借口,他们的目的就是为了满足内心的需求,掩盖真实的目的。

所以,我们只能得出这样的结果:神经病患者各种不同的症状都可以通过分析患者的经历,找到合理的解释,但是对于这些病例的全部经常性共同症状,我们的科学却无法给出合理的解释,这一结果不免让人有些失落。此外,即便在研究同一种症状历史原因的过程中,我们也会遇到各种困难,但是我从来没有向大家描述过这些困难。我从未考虑过对你们谈及这件事情,因为我虽然想对你们知无不言、言无不尽,但是我并不希望我们的研究刚刚开始,就让很多人感到困惑或者惊讶得目瞪口呆。我们虽然才刚开始研究了解症候,但是我们十分尊重已经取得的研究成果,并且不断探索未知的领域,克服困难,继续前行。我希望大家了解以下方法后,能够受到激励:各种症候之间是否存在根本差别,这一点我们无法假设。如果我们可以用患者以往的经历解释每一位患者独特的症候,也许我们同样可以用人类全部的共同经验解释与某一种经历关联的独特症候。其实像强迫性神经病患者经常重复行为、怀疑他人等神经病中经常出现的症状,可能是常见的反应,患者在病理的促进作用下不得不加重这些反应。总之,我们没有垂头丧气的理由,我们应当看看还能发现些什么。

在研究梦的理论中,我们也曾碰到过相似的难题,但是我们在之前讨论梦的时候,没有机会讨论到这一难点,所以没有详细描述。梦究竟代表了什么意义,这本来是一个很复杂的问题,每个人的状况都会有所不同,我们已经具体讨论过分析这种内容得到的结论。但同样存在一些特殊的梦,每个人都会出现这种情况,梦的内容完全相同,这增加了分析的难度。比如有的人梦见掉落、飞翔、漂浮在水中、游泳、被束缚、衣不蔽体等,这些梦都代表了焦虑,做梦的人不同,这些梦的解释也就不同,但是为什么很多人都会做这样的梦呢?到目前为止,我们还无法给出解释。但同时,我们发现在这些梦的共同组成部分中,每个人也有各自的特点。或许我们在研究某个人梦的过程中得到了一些和梦有关的生活知识,用这些可以解释梦,我们不需要勉强曲解,只需要把我们对这些事实的含义扩充完整。

第十八讲 创伤的固执——潜意识

我曾经表示,我们会把已经获得的知识作为深入研究的开端,而不是那些被人们怀疑的知识。我们之前列举的两个病例经过分析后得出的结论虽然很有意思,但并没有详细的讨论。

(1)我认为这两个病例中的患者都对曾经的某段经历十分"固执"(fixed),他们无法逃离过往的阴影,从而导致他们和现在甚至未来都有些脱节。他们似乎在以生病作为理由隐居于世,就像是古代的僧尼都在修道院中隐退修行,安度晚年。从第一个病例来看，患者的婚姻生活虽然已经彻底结束了，但是婚姻生活带给她的影响并没有消失。她的病症一直促使她维持着与丈夫之间的婚姻，从她的病症中，我们能够看出她在为丈夫辩解，对丈夫宽容，对丈夫称赞，甚至替丈夫可怜。虽然她那时还是大好年华，可以得到很多男性的青睐，但是她却利用各种现实的或者虚假的（魔幻的）借口保留着她对于丈夫的忠诚。她在生活中一般不接见陌生的客人，不化妆，一旦坐下就不想再站起来，她从来不签署自己的名字，不赠送他人礼物，防止自己的东西落入他人手中。

对第二个病例中的患者来说，这位年轻的女性在青春期之前对父亲"性的痴迷"现在更加肆无忌惮了。她很清楚自己只要生病就无法和他人结婚，我们可以假设她生病的目的就是为了能够逃离婚姻，长期依恋着父亲。

我们不禁感到疑惑，如果这种心态不是这两位患者的特性，而是所有神经病患者的共性，那么为什么会有人用这种独特的，毫无用处的心态对待生活呢？事实上，这确实是各类神经病常见的、重要的特点。布洛伊尔第一次接诊的癔病患者就是患者在其父重病期间表现出了异乎寻常的固执。虽然她现在已经恢复了健康，但是她还是没有能力应对生活，她没有办法处理一个女人应当处理的事情。我们通过分析得知每一位患者的症状和结果都有足够的理由让他固执于曾经生活的某一段时间。对于大多数患者来说，这段过往的生活时间一般是人生最开始的阶段，如童年阶段或者是更早的哺乳期。

近代欧洲战争结束后，有种常见的疾病——"创伤性神经病"（traumatic neuroses）和神经病的这些举动很相似，我们可以用它来举例说明问题。这种疾病是在战争开始前发生的，患者一般都有过火车事故或者一些可能威胁到生命安全的经历。创伤性神经病和我们经常分析的神经病不一样,和那些自然发生的神经病也存在差别。因此其他种类神经病的理论无法解释这种神经病,至于到底是什么原因,我希望之后再告诉大家。需要强调的是,这种神经病和其他类型的神经病也存在一个共同点。对于创伤性神经病来说,创伤发生时的固执就是问题的根源,这一点毋庸置疑。创伤发生时的场景经常会出现在患者的梦中,对于能够分析的癔病来说,癔病的发作似乎就是回想起当时的场景。患者们在当时就无法应对这个场景,现在依然没有办法应对。因为我们必须特别注重这一点,因为通过这些我们能够清楚了解精神分析过程中"经济的"含义。其实,"创伤的"也就是"经济的"含义。如果患者的某段经历在短时间内对内心造成了强烈的刺激,致使患者无法通过常规方式适应现状,这种刺激永久性地扰乱了患者内心的有效功能,我们把这种经历称为是创伤性的。

在这一类比下,我们把神经病固执的经验叫作"创伤的"。所以,我们为神经病患者设定了一个简单的前提,只要某人在面对激烈的情绪时,无法正常应对,就会造成神经病,也就是说,导致神经病的原因和导致创伤病的原因类似。实际上,在1893年到1895年中,布洛伊尔和我一起在把观察到的现实情况归纳为新的理论并建立首个公式时,就已经得出了一个结论,和这一结论十分相似。即便我们分析第一个和丈夫分居的少妇,这种说法也是合理的。她对名分上的婚姻无法释怀,所以她一直沉浸在创伤的情境中无法自拔。但是,我们从第二位依赖父亲的少女身上,又能够马上看到这个公式的不足之处。首先,少女对父亲敬仰,是一种很常见的现象,随着年龄的增长,这种敬仰会不断减少,也就是说,"创伤的"这个词语在这一病例中没有什么意义;其次,从患者发病的过程来看,患者这种状况表明了他对第一次性爱十分固执,只是这种固执在当时并没有任何危害,只是在很多年后,才表现出强迫性神经病的症状。由此我们可以看出,导致神经病的原因很复杂,且变化多端,但是我们也不必因此就完全放弃"创伤的"观点,它未必是完全错误的,也许能够帮助解释其他方面的问题。

所以,我们必须忍痛割爱,放弃原本的想法。这一方式既然行不通,我们只能多加钻研,找到满意的方式。不过在我们离开"创伤的固执"问题前,我们需要注意,这一问题随处可见,即便不是神经病,也存在这样的问题。几乎每一种类型的神经病都含有这种固执,但并不是每一种固执都会导致神经病的发生,也许它们是和神经病伴随产生的,也许它们是在神经病发生的时候产生的,就像悲伤,它被看作是人们陷入曾经发生过的某件事中的情绪,这是一个十分恰当的案例或者原型(prototype),和神经病基本相同,和现在与将来完全割裂了。但是正常人都能将悲伤和神经病区分开。此外,一些神经病也可以称为病态的悲伤。

如果一个人的整体生活结构,因为创伤的经历而发生了根本变化,那我们就会失去生机,对现在和未来的一切都没有丝毫兴趣,总是沉迷在曾经的事情中,但是这种不幸的人未必会发展成神经病。因此,虽然这个特征十分常见,且十分重要,但我们不能过度重视这一特征,并将其视为神经病的一个典型特征。

(2)现在转述我们通过分析得到的第二个结论,相对而言,我们更没必要约束这个结论。我们已经很清楚第一个病例中患者实施的一系列无趣的行为,以及由此引起的各种备感亲切的回忆,对于两者之间的关系,我们也曾讨论过,并且从两者之间的关系中推理出了强迫性行为的真实目的。但同时,我们也忽视了一部分重要的因素,我们本应当给予其足够的重视。病人在进行某些行为时,并不清楚这些行为和曾经的经历存在关系。究竟什么因素促使这种潜藏的关系表现为现在的结果呢？患者自己也不清楚。只是在之后的治疗过程中，患者发现了这层关系，并且发现这种关系是可以表达出来的。但即便在这种情况下，患者还是不清楚她的这些行为其实是为了纠正曾经痛苦的经历，维持丈夫的完美形象。通过很长时间的了解和反复的努力，她才明白了真正导致强迫性行为的原因。

新婚第二天早上的场景和患者对丈夫的温柔，构成了我们所说的强迫性行为的"价值"。但是，患者无法完全了解这种价值的两个方面，她无法了解行为产生的原因（the whence），也无法了解行为终止的原因（the whither）。因此，她内心深处的一部分神经历程从未停止过，强迫性行为只是一个最终的结果，她很清楚结果，但是对于结果产生的过程却一点也不知情。伯恩海姆曾经做过一个催眠的实验，他命令被催眠者在醒来后五分钟内在卧室中撑开一把伞，被催眠者确实这样做了，且时间丝毫不差，但是他并不知道为什么要这么做，这一点和我们的病人十分相似。这其实就是我们说的发生在我们内心的潜意识的精神过程（unconscious mental processes），只要有人能够科学理性地解释这一现象，我们就愿意放弃有关潜意识精神过程确实存在的想象。如果没人能够做到这一点，我们会一直坚持这种想法；如果有人反对这一说法，认为从科学的角度来讲，潜意识只是缓兵之计，只是徒有虚名，那我们就必须对他的话进行反驳，因为这实在太难理解了。因为那些并非现实存在的东西，竟然导致了这些十分明显的强迫性行为，这实在太匪夷所思了。

第二个病例中的患者情况大概也是这样。虽然她规定长枕头不能和床背紧挨，但是她并不清楚自己为什么要制定这个规则，更别说这个规则有什么价值或者能量了。无论她对这一规定采取什么态度，或者是泰然处之，或者奋力对抗，或者拒不接受，但所有的一切都没有任何效果，但这不是因为现实条件不允许。如果她想探寻深层原因，也必然徒劳无功。没人知道强迫性神经病的这些症状、想法和冲动究竟为什么会产生，同时它又能够抵抗一般精神生活难以抵抗的阻力，因此即便是从患者自己的角度看，他们也会误以为自己拥有强大的怪异力量，更像是来自另一个星球的人，或者是混迹于人世的妖孽。在所有的症状中，我们能够轻易看到一个和众多方面相互区分的特殊的精神活动领域。换种方式说，这些症状基本都能够证明潜意识是存在的，在这一说法的限制下，只承认意识心理学的临床精神病学，无法有效应对全部症状，我们只能把这些症状叫作退化的表现。实际上，强迫性理论和强迫性冲动在本质上和强迫性行为是一样的，都不属于潜意识范畴。因为它们如果已经导致了某些症状，就一定进入了人类的意识中。但是，通过我们分析意识到的一些前驱精神过程和因为解释而意识到的连锁关系基本可以确定是潜意识的行为，起码在患者没有通过分析探讨了解这种经历前，事实就是如此。

除此之外，我们还应当把以下几点纳入思考的范围：第一，每一种神经病的每一种症状都能够证明这两个病例中的事实。第二，患者在任何情况下对于症状的价值都不知情。第三，通过分析我们得知，这些病症基本都来源于潜意识的精神过程，但是在各种有利的条件下，这些过程变成了有意识的。所以，有一点很明显，如果精神分析没有潜意识的部分，根本没有任何可以施展的余地，更别说我们通常会把潜意识的东西当作一种实际存在的东西加以处理了。或许大家应当认识到一点，那些只听说过潜意识，但却从未对其进行过分析，或从未解梦，或从未研究过神经病症候价值和目标的人，根本不具备讨论这一问题的能力。我希望能够不断强调这一点,引起大家的注意,我们通过精神分析发现了神经病症候的价值,也就是说我们有足够的证据假设潜意识的精神过程是存在的,或者说,我们进行这种假设是十分必要的。

此外,还有一层含义。通过布洛伊尔的第二大发现,我们能够更加清楚潜意识和神经病症候之间的关联,和第一个发现相比,这一发现具有更加重要的意义,而且这一发现应当全部归功于布洛伊尔。实际上,症候的价值属于潜意识范畴,这仅仅只是其中的一点,症候和潜意识之间还能够彼此替代,这是两者之间存在的一种关系。在潜意识的活动下,症候才得以产生。对于这一点,我们很快就会明白。我和布洛伊尔对于下面这个问题达成了共识,我们只要碰见了一种症候,就基本可以确定症候的价值就隐藏在患者内心进行着的某种潜意识活动中。也就是说,只有这种价值先出现在潜意识中,才有可能出现症候。在意识中症候是不可能产生的,只要潜意识的过程转化成意识的,症候就会一起消失。从这里我们可以看到,这其实就是精神治疗的办法之一,是我们消除症候的有效方法之一。布洛伊尔就曾在这一原理的指导下治愈了他的患者,使症候对患者的约束不再有效,他研究出一个有效的方式,能够把那些存在症候的潜意识发展成意识,这样症候就跟着一起消失了。

布洛伊尔并非通过推论得到这一结论,他和患者之间达成共识,共同合作,有幸观察到了这一现象。希望大家不要把这一事实和你们已经知道的事实进行类比,以期对这一事实更加了解;大家更应当把这种现象作为一种新的实际情况,用它来说明很多其他的现实状况。所以,我们还需要把这件事情引申发展,具体如下。

症候的产生替代了潜意识中其他的事情。一些精神历程,在一般情况下,只有发展到患者的意识中,让患者清楚地意识到这一点才终止。如果不能够按照这一进程发展,或者说这些过程突然受到阻碍转化为潜意识范畴,那么症候就会伴随产生。所以,症候其实只是一种替代品。如果我们使用精神疗法重新还原这个历程,就能完成消除症候的工作。

布洛伊尔的发现仍然是精神分析疗法的基础,根据之后研究的结果,在病人的潜意识过程转变为意识的过程时,症状就会消失。不过,在实际临床的时候,会遇到很多意料之外的问题。我们的治疗就是把潜意识的东西变成意识的东西,在完成这一转变之后,治疗才会有效果。

现在,我要说几句题外话,否则你们会觉得这种治疗非常简单。根据我们目前的了解,神经病是因为个体应该意识到某种心理过程而没有意识到所产生的。这和苏格拉底所说的"罪恶成于无知"有些类似。有分析经验的医生,在分析的过程中会非常容易知道病人的潜意识情感到底属于哪种,因此治疗起来也没有难度。他只需要将自己的知识告诉患者,弥补患者的无知就可以了。症候的潜意识意义至少有一方面可以采用这种办法轻松地治疗,尽管医生无法推测到另一方面,也就是过往的经历和症候之间有什么关系,因为医生对于这些经历并不知情,只有在病人想起来之后才能告诉他。但是在很多时候,这些困难也能解决,因为医生可以询问病人的亲戚朋友,知道他过往的生活是怎样的。他们知道病人曾经经受过哪些创伤,甚至可以说出病人自己都已经遗忘了的早期经历。如果把这两种方法结合起来,就能轻松地消除病人那些导致疾病的无知。

如果是这样就好办了!可是事情又不在我们的预料之中。这个知不同于那个知。知的种类不一样,在心理上的价值也不是完全一样的。莫里哀说得好"Il y a fagots et fagots"〔每个人都不一样]。医生立场的知也不同于病人立场的知,其效果也不一样。医生把自己所了解的东西悉数告知给病人,是没有什么效果的。这样说可能不太准确。我们可以说这个办法难以让这种症状消失,可是它会产生另外一种效果,让分析可以继续进行下去,而其第一个结果通常是非常肯定的反对。尽管病人已经对以前不了解的事——也就是症状的意义有所了解,可是并不全面。所以,我们知道无知也有很多种。对于心理学问题,我们必须有更加透彻的认知,才会知道这些无知有什么不同点。可是"了解症状的意义就可以清除症状"这句话,依然可以算作是真理。其所要达到的条件是:这个知识的基础必须是病人心灵深处的改变,而这个心灵深处的改变也只是在以这个为目的的精神治疗方面可以成功。于是,我们就会在这方面遇到很多问题,很快就可以把它看作症状组成的动力学了。

这里我必须先暂停一下,而要问你们会不会觉得我所说的太高深而且没有条理?我会不会经常这样,先是问了一段话,很快又设定限制,引发一系列思想,又听之任之,让你们觉得无所适从?如果真的是这样,那我要说一声对不起。可是为了希求简单,就让我把真理舍弃掉,这是我非常不愿意的。我宁愿让你们更全面地感知到这个学科的复杂和艰难,而且相信我跟你们所说的话,尽管短时间内你们还不能领悟,那也没有关系。我知道所有听众和读者都可以把他所看见的和他所听见的事实加以梳理,然后排列成和自己的心意相符的样子,再加以简化,而摘录出自己想要停留在脑海里的东西。大体上来说,这句话是对的:那就是,一开始听到了更多的内容,最后得到的内容也更多。所以,我希望尽管我的话很复杂,可是你们却已经对我所说的有关潜意识、症状的意义很了解,而且对于二者的关系等相关要点也很了解了。可能你们还了解我们今后的努力将沿着以下两个方向前进:(1)明白人们是如何患病的,对于用一种神经病的态度对待生活,这是一个临床问题。(2)明白他们是怎么从神经病着手而产生病态的症状,这依然是一个精神动力学的问题,这两个问题肯定有一个相交点。

今天我不想再深入探讨了,可是因为还没到下课的时间,就请你们关注一下以上两个分析的另外一个特性,那就是记忆缺失或健忘症(the memory gaps or amnesias),这又是要到今后才能彻底弄清楚的至关重要的一点。你们已经了解到,用下面这个公式可以对精神分析的治疗进行概括,那就是,只要是属于潜意识内的病原都要进入到意识中。如今这个公式又可用另一个公式取代,那就是,必须对病人所有的记忆缺失进行补充,也就是说,我们一定要想办法把他的健忘症清除掉。你们听到这话,也许会觉得奇怪。事实上这话的意思没变,也就是说我们一定要认可,症状的发展和健忘症之间关系重大。可是如果你们在思考这个问题前,是先对第一例的病人进行分析,那么,你们就会发现很难证明这个健忘症的观点。因为病人还无法忘记那激发起强制性动作的情境,也记得形成症候的其他因素。拿第二个例子来说,对于举行强制性仪式的少女来说,其记忆也是一样的,可是没有那么明朗而已。前几年她的所作所为,像一定要把父母和自己的卧室之间的门开着,让母亲不要和父亲睡在一起等,她都还记得,而且记得很清楚,只是觉得紧张而已。尤其值得关注的是第一例的病人,尽管她曾经多次采取她的强制性动作,可从来没有觉得它和结婚之夜以后的情景有什么相似的地方,也就是当要求她直接对其强制性动作的源头进行探究时,她也把这事给忘了。一样的道理,对于第二例少女来说,不仅每天晚上,这个仪式都会再排练一遍,而且其仪式产生的源头也是一样。二者的记忆并没有真正缺失或健忘,可是那本来应该完好且可以促发记忆的线索却已经不复存在了。这种阻碍记忆的东西便足以导致强迫性神经病的发生了,而癔病则有所区别。癔病的特点时常是范围更大的遗忘。大体上来说,分析癔病的每种单独的症状,都可把曾经整个印象的线索都找出来。在被想起来以前,可以说这些印象都确实被遗忘了。一方面,这个线索可以追溯到最早的幼年,因此癔病的遗忘,似乎一直关系到婴儿期的遗忘。我们之所以对精神生活的最早印象并不太清楚,原因就是婴儿期的遗忘。另一方面,让我们目瞪口呆的是,病人也时常遗忘其最近的经验,特别是引起疾病或导致病情加重的诱因。假如不是彻底忘记了,也一定会忘记一部分。也许会把那些关键性的细节都忘掉,或者用假象来取代。可以这样说,那些前不久经验的回忆,总是想办法不让分析者关注到,而让病人的整个经验留下一个非常大的缺口,直到分析快要结束时,意识中才会出现前不久经验的回忆。

我已经说过,这些记忆能力的毁坏都是癔病的特点,而且有时症状性状态[也就是癔病的侵袭(the hysterical attacks)]尽管已经发生,却不需要把可以忆起的印记留下来。因为强迫性神经病和这个不一样,因此我们可以推断这些遗忘的现象,属于癔病的心理性质,而不是普通神经病所共有的性质。因为下面的探讨,这个不同点的重要性会下降。一个症状的意义包括两种因素,也就是其来源(its whence)和趋势或原因(its whither or why),也就是说,即(1)症状所由产生的印象和经验,和(2)症状要实现的目标。症状的来源可以用种种印象来研究,这些印象都是从外界来的,一开始一定是意识的,后来因为遗忘,而变成了潜意识,而症状的原因或趋势则通常是内心的经历。一开始可以是意识的,也可以一直不是意识的,一直停留在潜意识中。因此症状的来源或依赖症状存在的印象是不是也和癔病一样被遗忘,都无关紧要。而症状的趋势,既然起初是潜意识的,因此可以让症状以潜意识为依靠。这在癔病和强迫性神经病中都是这样。

既然我们对精神生活的潜意识这么看重,当然会让人类埋怨精神分析。你们不要因此觉得奇怪,觉得是因为不容易了解潜意识,或者因为难以找到潜意识存在的证明,所以才会出现这个反抗,我相信它一定有更深层次的原因。在科学内,人类的自尊心曾接连两次受到沉重的打击。第一次是发现宇宙的中心并不是我们的地球,只是无限大的宇宙体系中的一个小斑点,尽管亚历山大的学说也曾经提出过相似的观点,可是我们觉得这是哥白尼的功劳。第二次是,生物学的研究把人的异于万物的创生特权给夺走了,让人变成动物界的一个物种,而一样具有一种难以磨灭的兽性。这个"价值重估"的成绩,要归功于我们这个时代的查理·达尔文、华莱士以及其前辈们的大肆宣扬,也曾经让同时代的人们做出过最猛烈的对抗。可是现代心理学研究让人们的自尊心遭受到了第三次最沉痛的打击,因为这种研究证实了,就算我们在自己屋里,也不能做自己的主人。而且只要可以获得些许有关内心的潜意识经历的信息,我们就必须知足了。事实上,不仅仅是我们精神分析家要人类对内心进行审查,也不是开始于我们。我们只是一再声称这是自己的分内之事,并坚持用每个人看作隐私的经验证据予以支持而已。也正是由于这个原因,世人才普遍对精神分析加以斥责,甚至罔顾学者的态度和周密的推理。此外,我们又从另一方面,不得已让世界的安宁遭到了破坏,很快你们就可以知道这一层。

第十九讲 抗拒和压抑

倘若我们要进一步理解精神病,那就需要更多的资料;有这样两种观测是触手可及的。它们全都非常独特,一开始还非常让人诧异。去年我曾进行过准备事宜,如今说来必然会更容易明白了。

我们在为患者诊治病症的时候,患者会一直强烈地反抗我们,如此情状相当怪异,实在让人感到不可思议。最好不要把这件事告知患者的亲属,原因是他们始终认为这是我们的借口,打算以此来掩盖治疗方面的持久或者失败。患者表露出如此的抗拒,同时并不认为它便是抗拒;倘若我们可以让他了解并认可这样一个事实,这便是治疗领域的一大飞跃了。请你试想患者由于症候而让本人以及亲属感到忐忑不已,同时又因为治疗而耗费了大量的时间、钱财以及精神,最终却因为病症而将所有的援救拒之门外。此话难道不是有些太不近人情了吗?然而事实便是这样,倘若你们会就此埋怨我们不近人情,那我们仅需列举一件与之相似的事情便能进行回答:一个人由于牙痛找到了牙医,而当牙医手握钳子准备察看他的腐牙的时候,他又会想方设法地逃离了。

由于患者所呈现出来的抗拒形式非常繁多而且相当绝妙,因此常常难以区分出来,研究者必须要持续不断地严加防备。我们在精神分析治疗过程中运用的方法,想必你们早已因为释梦而相当熟知了:我们想方设法为患者营造出一种宁静的自我审视的情境,无须思考任何事情,而后将心中感知的所有按照先后顺序依次汇报出来,比如情感、思想、记忆等。我们非常清楚地警告过他,绝不能对观点(想象)进行筛选或是取舍,不管是因为那些观念过于"厌恶"或者过于"乏味"而无法讲出来,抑或是由于它们过于"无关紧要",或者过于"没关系"或"没意义"而毫无叙述的价值可言。我们要让他仅仅留心那些在意识表层闪现的观点,丢掉其他所有的抗议形式;同时向他说明治疗的效果,特别是治疗所需时间的长短,全都建立在他能否坚定地遵守这个基本规则。从释梦的方式来看,我们全都晓得但凡是属于竭力质疑或者否定的联想,往往蕴含着致使发现潜意识的资料。

这样一个规则树立以后,随之出现的第一件事便是患者将它作为抗拒的首要对象。患者尝试通过各种各样的方式来摆脱它的限制。一开始他会说内心空空如也,而后便说能想到很多,以至于无法从中做出选择。接着,我们会惊讶地发现此刻他时而批判这种观点,时而又会批判另外一种观点;这可以从他说话时的暂停推测而知。最后,他才宣布无法将自己感到惭愧的事情讲出来,因此这种情感便让他不再信守承诺了。抑或是,他记起这样一件事,只不过此事是关于其他人的而并非是关于自己,因此便无须循例办事了。又或者,他方才记起的事情,确实过于无关紧要、毫无意义或是过于荒诞,认为我肯定不会让他将如此的思想汇报出来。他便这样耽搁着,时而通过这样的方式,时而通过那样的方式,他不停地对所要讲述的一切做出答复,最终却等同于什么都没有说。

不管是哪个患者,总会想尽办法掩藏自己思想的某些内容,以此抵御研究者的攻击。有一位患者平日里显得相当机灵,便是通过这样的方式将他曾感到无比亲密的恋爱掩藏了好几个礼拜;我告诉他不该将精神分析的规则打破,他辩解道,这是他个人的事。精神分析的治疗方法固然是不会允许患者拥有如此的包庇权,假设按照这样的方式进行处理,则等同于我们一方面在想方设法地抓捕犯人,另一方面又预先在维也纳城中设置一个特区,同时不允许在市场或者圣斯蒂芬教堂附近的广场上抓捕犯人。这个犯人当然会在这些安全的地方藏身了。之前有一次我也曾打算给某个人施以如此的特权；原因是他必须恢复自己的办事能力，同时他是个文官，由于誓约的限制，无法对别人诉说某种事。他的确对结果颇为满意，然而我并不满意；自从那以后，我便下决心不在如此的条件下施术了。

强迫症患者往往由于多心或者猜疑，从而便于我们施术的规则几乎毫无用处。焦虑性癔病患者偶尔会让这个规则变得滑稽荒诞，原因是他们仅能引致一些前言不搭后语的想象，导致分析无从下手。然而我并不打算向你们诉说治疗方面的这类困难。你们仅需晓得我们出于决心与毅力，终得以让患者可以略微遵从施术规则；只不过他们的抗拒再次彻底转变了方向。这个时候用逻辑充当手段而以理性的批判呈现出来，引用普通人指出的精神分析学说所存在的困难与不可信之处。所以，我们迫不得已要从每一位患者的口中，听到科学界施加在我们身上的所有批评与反抗。外界评论家对我们的指责，毫无新颖之处。这的确是发生在小型茶杯中的风浪。只不过患者依然是可以理喻的；他非常享受我们对他的训导、反驳，并且能为他提供许多参考书，以便于他获得更深一层的理解；总而言之，倘若分析并不将他牵扯进来，他便会立刻转身变成精神分析的追捧者。然而便是在这个探索欲望中，同样能发现他的抗拒；原本他打算借此从眼前的独特任务中逃脱出来，我们自然是不会同意的。对强迫性精神病来说，它的抗拒同样会采取一种独特的方式，而这是在我们预料之中的。由于分析可以毫无牵制而顺利发展，因此病例中的一切疑问也都慢慢明晰起来，直至结束我们才开始感到疑惑，为何这类说明并无真实的成效从而让症候呈现一定的改善。最终才察觉强迫性精神病的抗拒再次返回至将猜疑作为特点，这使得我们无计可施。患者仿佛是在自言自语如下的内容:"这全是非常有意思的。我非常乐意继续接受分析。假设它全都为真,自然于我而言也是有益的。只不过我丝毫都不会相信,既然无法相信,那我的病症必然不会因此而受到影响。"这样持续一段时间,最终连这一点耐性也都丧失了,因而便再次表现出强烈的反抗。

理性的抗拒并非是最恶劣的一种,我们往往以为可以战胜它。只不过患者晓得怎样在分析的范畴内强化抗拒;因此攻克这类抗拒便是分析法最为艰难的任务。患者并不会回想过往生活中的某类情愫与心境,反倒是将这类情愫与心境再次加以呈现,使之复活,从而凭借人们所说的"移情作用"(transference)来对医生与治疗做出抵抗。假设他是个男子,他往往会凭借其与父亲的关系,从而让医生全权代表他的父亲;他竭力争取自我独立以及思想独立以此进行反抗,或者出于野心而进行抵抗,野心的初期目标便是争取与父亲平起平坐或是超越父亲,抑或是因为不想再次背负知恩必报的责任而进行抵抗。偶尔我们认为患者是想揭露研究者的失误,从而让他察觉到自身的无能,妄图将他打倒,同时将他治疗疾病的善念彻底消除。妇女们为实现抗拒的意图,便非常巧妙地将爱移注在研究者身上;等这种癖好具备一定的强度,那么对实际治疗的所有兴致以及治疗过程中的所有限制都将会消失不见。随之出现的嫉妒与不管遭受怎样委婉的谢绝以后而产生的愤恨,必然都会让她与医生之间的私人关系出现裂缝,所以,分析便因此丧失了一种最为强劲的推力。

我们不应该严厉地指责这种抗拒。由于这类抗拒囊括了患者过往生活中的无数核心资料,并且这些资料的呈现形式是如此的让人信服,因此倘若研究者的技术非常绝妙,便能直接将这类抗拒转化成对自我的无限帮助。我们需要留心的,便是这类资料往往先以一种抗拒、一种伪装呈现出来,从而对治疗造成阻碍。我们甚至还能认为患者正是通过其自身的自我性格特征以及个人态度来对治疗进行抵抗。这类性格特征伴随着精神病的情形与要求得以表现,我们也正是由此而发现了一些平时较难出现的资料。你们千万别就此认为我们将这类抗拒看作是干扰分析治疗的意外风险。实际上,我们清楚这类抗拒的出现是必然的;唯有当它们无法被清晰地唤醒从而让患者充分理解它便是抗拒时,我们才会感到不悦。所以,我们明白对这类反抗的攻克,其实是分析至关重要的任务,是让治疗获得些许效果的明显证据。

除此以外,你们还不得不留心患者常常会凭借分析过程中所发生的偶然事件——比如造成注意力涣散的事物,或者是亲朋之中某个他所敬仰的人对精神分析的指责,抑或是能够充分强化精神病的所有机体失衡等——以对分析的发展造成阻碍;以至于病况的每一次转好都能被视作是抵抗治疗的动机。因此,你们或许会对分析过程中不得不遇到且务必攻克的抗拒到底具备什么样的能量与方式有所了解了。对于这一点,我之所以表述得如此详细,原因是我想对你们说,我们与精神病的动力学相关的理论,便是建立在我们所有患者对自身症候的抗拒治疗之上的。布洛伊尔与我原本是将催眠术作为进行心理治疗的手段。布洛伊尔的首位患者完全是在催眠暗示中接受了治疗,一开始我同样采取了此法。我不得不承认那个时候我的工作进展非常顺利,时间上同样非常经济省事;只不过它的治疗效果往往会出现反复并且不够持久;所以,最终我放弃使用催眠术。我明白倘若催眠术依然被使用着,则对这类病症的动力学就毫无理解的可能性。原因是在催眠的时候,医生并不能察觉到患者的抗拒。催眠将抗拒的力量加以消除,自然能够开拓出一部分地域来进行分析,然而,反抗力会因此而在这些地域的边界上聚集起来,难以突破;因而便和强迫性精神病的疑虑出现了相似的影响。所以,我能够这样讲唯有丢弃催眠术以后,精神分析才称得上是真正开始了。

假设抗拒的预估具备这样举足轻重的地位,那么与其过于敷衍地对它的存在做出假设,倒不如谨慎行事。或许部分精神病的确会因为别的缘由而导致想象停止下来,或许那些对我们学说的反驳确实值得我们格外留意,或许我们不该将患者理性的反抗随意看作是抗拒的呈现形式而置若罔闻。毫无问题,然而我要对你们说,我们对此事的判定,并非是潦草而定的;在这类批判的患者的抗拒出现以前以及消失以后,我们有机会对其进行观察。接受治疗时,抗拒的力度持续不断地出现变化;当我们逐渐临近一个崭新的问题时,他的反抗力往往也会随之增强;当我们对其进行分析时,他的反抗力便会因此上升至最高强度;而当分析结束时,他的反抗力同样会随之消失不见。倘若我们没有在方法上出现失误,必然不会立刻导致患者可能出现的完全的抵抗。因此在分析时,我们能够清楚地发现,同一个人会在分析中反复地时而批判驳斥,时而又会沉默不语。倘若我们将部分会让患者感到尤为苦痛的潜意识资料放入他的意识之中,那么他就会以极端的方式进行反抗;纵然之前他已对此有所领悟并且接纳了很多,只不过这个时候难免会功亏一篑;当他竭尽全力进行反抗时,他的举止恰巧与患有智力缺陷或者"情绪性迟钝"(emotional stupidity)的人的举止相一致。假设他在我们的辅助下将这个新出现的抗拒攻克了,他便会再次获得领悟的能力。由于他的批判力无法单独使用,因此我们无须对其另眼相待;它仅是情绪的奴仆,被抗拒控制着。但凡是他并无好感的事情,他总是会非常绝妙地进行反驳;但凡是符合他口味的事情,便立刻当作是真的。或许我们每个人全都是这样的;一个接受分析的人,他的理智之所以很明显被情感生活所控制,便是由于他在接受分析的时候遭受了这样强劲的压迫。

我们对这样一个事实,对患者竭力反抗将症候消除以及心理历程重回正常的事实,到底做何解释呢?我们说此处所碰到的是一种抵抗治疗发展的强劲势力的余波;那个时候必然也是相同的力量导致病症出现。在症候的形成过程中,必然也曾存在过某种历程,至于这种历程的属性可以通过我们的治疗经验推测而知。从布洛伊尔的观测来看,我们早已晓得症候的存在务必要以某种精神历程并未在正常状态下获得完全的发展为基础,以至于无法引发意识;而症候便是这个并未结束的历程的取代品。此刻我们可以晓得那些我们推测处在工作状态中的力到底在何处。患者之前必然竭力阻止有关的精神历程潜入到意识之中,于是最终变成潜意识的;由于是潜意识的,因此具备形成症候的能力。当进行分析治疗的时候,相同的努力又会再次活跃以此来对将潜意识转化为意识的企图做出反抗。而这便是我们所了解的抗拒的形式。因为抗拒而预知的致病历程叫作压抑(repression)。

此刻要更加准确地对这个压抑历程的概念进行表述。这个历程是症候得以发展的核心的前提条件,只不过它并不同于其他历程,它并不包含平行现象。试着通过实例来进行说明,有一种冲动或者精神历程打算实现从而转化为动作:我们明白这会因为行动者的"谢绝"或者"责备"而受到反抗;虽然精神历程的全部力量会在那个时候因为逃避而变弱,然而依然无法在记忆之中留存下来。这个决定的全部过程是行动者自我(Ego)所彻底了解的。假设相同的冲动受到抑制,最终结局会有所差别。冲动的力量虽然依然存在,然而却无法在记忆中留下丝毫的印记;尽管自我无所不知,但压抑的历程依然能够实现。所以,这个对比依然无法让我们对压抑的属性获得一个较为深刻的理解。

压抑这个词语会因为某些理论概念而具备较为清晰的含义,此刻我便对这些概念加以阐释。为实现这个目标,首先要对"潜意识"这个词语的纯粹含义进行表述,接着对其系统的含义(systematic meaning)进行表述;换言之,我们坚决认为一种心理历程的意识或者潜意识只不过是这个历程的性质之一,然而不一定是决定性的。假设这个历程属于潜意识,则它无法入侵到意识之中,或许只是它所经历的命运的一个信号而已,并不一定便是它最终的命运。为了得到命运的这个更为形象的观点,我们能够说任何一个心理历程——只不过有个例外,日后再做探讨——首先是在潜意识的状态中存在的,而后演变为意识的状态,正如同拍照的时候首先是一张底片,而后通过洗印变成正片,最终变为照片。然而并非每个底片都能被洗印成正片,相同的道理,每一种潜意识的精神历程也并不一定都会转变为意识的。对这样一种关系进行如下的解释最好不过了:每一个独立的历程首先是在潜意识的内心系统中存在的;而后通过某种条件,从这个系统中获得进一步的发展而存在于意识系统之中。

与这类系统的最为简单且便捷的概念相关的是一种空间上的概念。所以,可以将潜意识的系统比喻成一个大前房,各种各样的精神亢奋在这个前房中犹如无数个体彼此聚集在一起。有一间相对狭小的房间紧挨着这个前房,如同一间接待室,意识便在此处停滞下来。然而有个人在这两栋房屋之间的门口屹立着,担负着看门的责任,对各种各样的精神亢奋进行观察与检验,而对那些他并不认同的亢奋,便坚决不允许它们进到这间接待室。你们马上会明白,那个看门人究竟是在门口将所有的冲动驱逐出去,又或是等这些冲动闯入接待室以后才将它们驱逐出去,这都无关紧要;因为那仅是他在分辨方面的缜密以及敏锐度问题。如今这个比拟可以用来对我们的名词进行扩展。在前房中,潜意识之中的亢奋并非是另外一间屋内的意识所能感知的,因此最初它们是在潜意识之中停留的。倘若它们逼近门口,并被看门人驱赶出来,则它们便无法成为意识的;那个时候我们就将它们叫作是被抑制的。然而即便是那些被准许进入的亢奋也并不一定就能变成意识的;仅仅是在可以吸引意识注意力的时候,才能变成意识。所以,第二间房屋可以被称作前意识的系统(the preconscious system)。更何况因此,这个转变为意识的历程能被保存为完全的表述的意义。倘若我们可以将每种冲动都称作是被抑制的,也就是说由于看门人禁止它进入前意识,因此便无法冲破潜意识。至于看门人其实指的是我们在分析治疗的过程中,由于要释放被抑制的意念而遭遇的抗拒。

或许你们会认为这类概念显得既简单又怪异,并非科学的表述所能许可的。我明白它们过于简洁;甚至明白它们是错误的,然而除非我是错的,不然我们依然具备其他较为高明的概念来取代它们;而等到那个时候你们会不会依然觉得它们有些怪异,我便无从知晓了。不管怎样,它们暂时对说明是有所帮助的,正如同安培在电流之中流动的侏儒一般,只要它们对解释有所帮助,便不该被我们轻视。只不过我依然认为这类简单的假设,这两栋房屋以及站在两者间的看门人,以及这在第二间房子尾部矗立着的充当观测者的意识,全都大致类似于实际状况。并且我想让你们认可我们所谓的潜意识、前意识、意识等概念,要比别的学者主张的或者使用的下意识(sub-conscious)、交互意识(inter-conscious)以及并存意识(co-conscious)等概念具备更少的成见,并且更易于自圆其说。

倘若是这样,那我觉得尤为重要的是,你依然能进一步推测出,我们用来对精神病症候的心理系统进行说明的假设便能因此具备普遍的效果,从而让正常的机能变得更加显著。这固然是非常正确的。对于这样一个定论,我们暂时无法详细叙述;只不过倘若我们可以通过对病态心理的分析,来对一直以来神秘莫测的正常心理机能有进一步的理解,那么我们对症候形成心理学的兴致必然会迅猛增加。

再者说,难道你们还未发现这两种系统以及它们和意识之间的关联等概念的依据吗?位于潜意识与前意识之间的看门人便是让显梦形式处于其控制之下的审查人。那些白天残留下来的能够唤起梦的刺激的经验,属于前意识的资料;处于夜晚睡眠状态时,这些资料遭受潜意识以及被抑制的欲望与冲动的影响;从而有利于自身的能量,加之联想的缘由,形成梦的隐含意义。这些资料处于潜意识系统的控制中,经受意匠的管理,比如压缩作用与移置作用,它们所经历的状况,甚至连正常的精神生活也就是前意识系统都无法获知,同时也难以认可。这个机能方面的区别便是这两种系统之间的差异;前意识与意识之间的联系是一个永久存在的特征;因此依照它对意识的关系便能对每种历程归属于这两种系统中的哪一类做出判定。梦同样并非是病态的状况;每个健康人都会在睡觉的时候做梦。与梦和精神病症候相关的每一种推断,也都能在正常的精神生活中加以运用。

此刻与压抑作用相关的内容都已经说过了。它仅仅是症候得以形成的一个必不可少的前提条件。我们都晓得症候是被压抑作用驱逐回来的某些别的历程的替代品;只不过纵然向我们施加压抑作用,我们依然需要长久的分析才可以对这个取代品的形成过程有所了解。除此之外压抑作用还存在别的问题,比如:什么样的精神冲动才能被抑制?压抑之后到底存在何种能量?有何目的?对这类疑问,我们仅在某一点上略有所闻。当我们对抗拒作用进行分析时，需晓得抗拒的能量来自于自我，来自于显著的或者是潜藏着的性格特征；因此，也正是这类力量导致了压抑作用或者说起码担负了些许压抑作用。此刻我们知晓的仅仅只有这些。

此刻我要表述的第二类观察能够对我们有所帮助了。我们凭借分析，往往能发现隐藏在精神病症候之后的动机。这对你们来说固然并非是新出现的事实：我早已在之前所探讨的两类精神病中道出了这个事实。只不过仅仅两个精神病事例究竟能说明什么呢？你们自然有权利要求用两百个或者难以计数的实例来进行解释，然而我无法赞成。所以，你们务必要依靠自身的经历或者信仰，而这种信仰可以建立在各个精神分析家所共同认可的证据之上。

对前两个例子来说，你们依然记得因为症候分析的结论，致使我们深入患者隐秘的性生活之中。第一个例子的目标或者趋势相当明显；第二个例子可能因为另外一个因素的干扰而略微显得有些模糊不清；至于另外的这一个因素留着日后再做探讨。由这两个例子可知别的经受分析的例子全都莫过于这样。不管是什么时候，我们都会通过分析来对患者的性经验与渴望做出推断，不管是什么时候，我们务必要承认症候旨在实现相同的目标。这个目标便是性欲得以满足；患者想通过症候来实现满足性欲的目标；因此，症候其实是无法得到满足的替代品。

试着再对第一个例子中患者的强迫性行为进行思考。这个女性迫不得已要与自己所钟爱的丈夫分居；原因是他身上存在缺陷，她无法与他继续一起生活下去。但她又务必要忠心于他；所以，绝对不可让其他人来取代她的丈夫。她所患的强迫性症候刚好使她的个人欲望获得满足；她便能由此而将丈夫抬高，对他的缺陷进行否定与辩解，特别是他的阳痿。如同梦一般，这种症候实际上就是一种欲望获得了满足；特别是性爱欲望得以满足，只不过梦往往并非如此。对第二个例子来说，你们明白她的仪式感旨在阻挠父母的性交活动或者是再养一个孩子；也许你们认为她打算凭借这样的仪式来取代自己的母亲。所以，这种症候同样旨在将阻碍性欲满足的障碍物清除干净，以此来使患者获得性欲的满足。第二个例子的烦琐之处，过不了多久便能加以细致表述。

这番话在日后并不能普遍加以运用；我想让你们加以关注的是，与压抑作用、症候形成以及症候说明相关的言论全都来自于三类精神病的分析，此刻能够加以运用的也仅有这三类精神病——也就是焦虑性癔病（anxiety hysteria）、转变性癔病（conversion hysteria）以及强迫性精神病。我们通常将这三种疾病合称为移情精神病（transference neurosis），全都能经受精神分析的诊治。至于其他精神病暂时并没有经历这样严格的精神分析的研究；对这之中的某一种疾病来说，之所以并没有人对其进行分析，很明显是由于并不具备经受治疗影响的可能性。你们千万别忘了精神分析依然是一门非常年轻的学科，它的进行还需要耗费无数的时间与精力，况且稍早之前，仅有一人在运用这个方法；只不过此刻我们正从各个角度对非移情精神病的病症有更为深刻的理解。我期望未来可以这样对你们讲，我们的假设以及结论由于适应了这类新资料而出现怎样的进步，同时能证明这类更深入的分析并不会在我们的知识掌握上出现冲突，反倒是增强了我们掌握的知识的统一性。所以，之前表述的所有仅仅是对那三类移情精神病而言，此刻我想再补充一句，便能让症候的意义更加清晰明了。倘若对致病的状况进行对比分析，就能出现如下的结果，同时这个结果能以一个简化的公式形式表现出来——这便是，这类人患病的原因是由于现实生活绝不允许他们获得性欲的满足，从而让他们感受到某种缺失。

你们便会发现这两个结论彼此间是怎样完美无缺地补充的。因此症候便能被阐释为现实生活中无法得到满足的欲望的取代品而已。

我将精神病的症候当作是性满足的取代品;这样一句话的确能导致各种各样的反驳。今日我仅打算对这之中的两类进行探讨。倘若你们之中有谁曾对无数精神病患者进行过研究,也许你们会摇摇脑袋说道:"此话并不适用于某些症候;原因是这类症候仿佛包含了一种相反的目标,打算对性满足做出抗拒或者抑制。"对于你们的这种看法,我并不打算进行辩解。对精神分析来说,事情远比想象的烦琐很多,不然也不需要通过精神分析来进行说明了。之前列举的第二个例子中的患者的仪式,的确存在无数隐含这种禁欲韵味的举止;比如挪开时钟以此来预防阴核在夜晚勃起,又比如预防器皿摔碎,意在维护她的贞洁。对早已被研究过的上床的其他仪式来说,这种禁欲的含义更加明显;她的所有仪式仿佛只是反抗性的记忆以及迷惑的防卫工作。只不过通过精神分析我们早已明白,彼此相反的事情根本无法形成冲突。或许我们能够对这种说辞进行拓展,认为症候的目标不是性满足便是性抑制;癔病将踊跃的欲望满足作为核心,而强迫性精神病便将消沉的禁欲作为核心。症候能够被用来实现性满足,同时也能被用来实现禁欲,原因是在症候机制的某个要素之上,这种两极性(polarity)具备异常合适的基础,只不过我们还未有合适的时机来对这种机制有所提及罢了。实际上,症候其实是两种彼此相反且矛盾的倾向进行调和的结果:一方面它们象征着被抑制的倾向;另一方面象征着那些因为对别的倾向产生抑制而导致症候的主动倾向。这两种因素在症候之中必然有一种占据上风,然而另外一种也并不会因此而彻底丧失地位。对癔病来说,这两类倾向往往会同时出现在一种症候中,对强迫性精神病来说,这两者往往有所差异;那个时候的症候是双重意义的,包含了两类彼此抵消的行为。

而第二种反驳就比较难处理了。倘若你们将对症候的说明全都进行探讨,首先你们会认为性的取代满足的观念务必要竭力进行拓展才能将这类说明囊括在内;同时提出这类症候无法提供真实的满足,它们仅仅是再次萌生的一种感觉或者是达成一个因为某类性情结而导致的幻念。其次,你们还会认为这种显著的性满足常常是天真的、毫无价值的,可能类似于一种自淫行为,抑或是让人回想起在儿童阶段早就被长久抑制的丑陋习性。同时你们还会感到诧异,觉得为何会有人将蹂躏的或者让人感到恐惧的或者并不合理的欲望的满足全都看作是性满足。实际上,除非我们先对人类的性生活进行完全的分析,并对"性的"这一词语的范畴做出规定,否则我们不会对这类问题产生一致的看法。

第二十讲 人类的性生活

"性的"这一词语究竟包含了什么样的意义,你们必然认为这是毋庸置疑的。首先,我们所说的"性的",自然不是正当的,同时也是不该说出口、写出来的。很早之前有一位知名的精神病专家,他的几位学生想让他相信癔病的症候往往会包含性的意味。为实现这个目标,他们将他带到一个身患癔病的女人床前。很明显这个女人的症候是在效仿临产时的行为。然而那位老师却说:"生小孩并不见得是性呀。"这自然是毫无疑问的,生小孩并不一定就是不正当的行为啊。

我明白你们并不认可我在这类严肃的问题上开玩笑。然而,此话并不全是在开玩笑。坦白说,想要为"性的"这一词语找到一个明确的定义，是相当不易的。或许，唯有那些与两性区别相关的事情才能被用来为"性的"这一词语下定义；然而，正如你们所知那样又会过于空泛且不可靠。倘若你们将性的行为本身当作核心，或许你们会认为"性的"的意思是从异性的身体（特别是对方的性器官）中获得的快慰感；从狭义的角度来说，便是指生殖器官的交合以及性行为的实现。只不过按照这种说法，你们几乎会认为"性的"与"不正当的"两个词语具备相同的内涵，那么生小孩这件事的确与性毫无联系了。假设你们将生殖机能看作是性生活的核心意义，那你们难免会把手淫以及接吻等行为全都从"性的"定义之中排除出去，只不过尽管手淫、接吻都不是以生殖为目标的，但毫无疑问的是它们都属于性。我们早已明白若想进行定义难免会导致困难；此处便不再进行如此的尝试了。或许我们可以产生这样的质疑，那便是"性的"一词必然无法拥有完整无缺的定义。然而粗略地讲，"性的"一词究竟具备怎样的内涵，又是众人皆知的。

根据普遍的理解，"性的"内涵包括两性之间的区别、快感的体验以及满足、生殖机能、不正当且务必要遮掩起来的观点等。尽管这种理解适用于日常生活，但却无法在科学领域中让人信服。原因是异常困难的研究（毋庸置疑，这种研究唯有绝对自我约束的品性才有实现的可能）早已证实，有的人的性生活与普通人之间存在差异，我们可以将这类人叫作"性的倒错者"（the perverts），而在他们之中又存在这样一类人，他们的生活中仿佛并不存在两性之间的区别。对他们而言，唯有同性之间才能出现性欲；异性（特别是异性身上的生殖器官）完全无法引起他们的性冲动，以至于变成一种可怕的存在。所以，他们完全不具备生殖机能。这类人便是所谓的同性恋。他们常常会在其他领域的心理发展，不管是理智方面还是伦理方面，全都具备无懈可击的崇高准则，只不过会因这个特征而感到些许遗憾。科学家将他们看作是人类的一个特殊种类,也就是"第三性"(third sex),它与另外两性拥有相同的权利。对于这种想法,日后或许会有机会进行评判。他们当然并非他们本人所自称的人类之中的"卓越者";他们之中起码也会存在与另外两性等量的劣质而又毫无用处的个体。

原本这类性的倒错者同样会因为情欲对象的存在,从而实现正常人想要实现的目标。然而在他们之中存在很多变态的人,他们的性生活与常人的兴致点相差甚远。这种人的类型非常繁多,同时情形又非常古怪,因此或许能和布劳伊格赫尔创作的用来象征圣安东尼迷惑的各种各样的怪物,抑或是福楼拜创作的从他的忏悔者眼前经过的一大队陈旧的神像以及追捧者进行对比。倘若这些杂乱无章的东西无法彻底将我们诱惑,我们就需要对其进行分类。所以,他们就被划属在第一类,由于他们的性对象早已发生改变,因此与同性恋一样;第二类,性目标早已改变。划分在第一类的人,皆不愿与生殖器官发生交合,反而会用对方的别的器官或者部位来取代生殖(比如用嘴或者肛门来取代阴道),无论是否存在障碍,也不管可耻与否。虽然另外一些人依然将生殖器官作为对象;但却并非是由于它们所具备的性机能,而是由于其他相似的机能。对这类人来说,其他人眼中不雅观的排泄功能同样能充分地勾起他们的性冲动。此外还有一部分人完全不会将生殖器官当作对象;反而会将身体的其他位置,比如女人的胸部、脚或者毛发等,当作是情欲发泄的对象。另有一些人,以至于身体的其他位置对他而言毫无意义,反倒会从一件服饰、一只鞋或者一件衬衫上获得情欲的满足;这类人与拜物教的教徒并无两样。相形见绌的是,另外还有一些人虽然同样需要对象;但是他们的需求是以一种独特的形式表现出来的,实在是太恐怖了——甚至会在无法做出反抗的尸体上寻求快感,因为犯罪意识的教唆,居然会将此作为满足欲望的手段。这种耸人听闻的事情不用再做过多的讨论了!

划分在第二类的性的倒错者,他们的性欲目标只不过是正常人表现出的一种性的准备行为。有的人时而观看时而爱抚,时而偷窥他人最为私密的举止,以此来满足性欲;而有的人便会将身体本不该袒露的位置露出来,模棱两可地期望对方能出现相似的行为。此外还存在一类毫无人情可言的虐待狂,一门心思想给对方施加疼痛与处罚,轻者仅仅想让对方表示臣服,重者则会一直让对方的身体遭受重伤。和虐待狂背道而驰的便是被虐待狂,不管是真实存在的或者是象征性的,他们只想被对方征服,或者是处罚。除此之外还有一部分人同时兼具这两类病态的状况。最后,我们还晓得划分在这两类性异常的人,每一类又能分出两种类型:第一类便是在现实生活中寻求独特的性欲满足方式,第二类则只会在想象中寻求满足,用创造出来的幻象取而代之,而无须存在真实的对象。

这类疯狂的、古怪的、耸人听闻的行为的确组成了这类人的性活动,这是毋庸置疑的。不但他们本身就这样认可了它们的取代属性;而且我们同样务必要承认这类行为在他们的生活中所占据的位置,就像正常的性满足在我们生活中所占据的位置一样;付出相同的或者更为惨重的代价。我们甚至还能简洁地或者详细地表述出这类变态状况到底是在什么地方与正常状态进行混合,又是在什么地方与正常状态出现分歧。你们依然要明白性活动的一切不正当的属性依然存在于这类方式之中:偶尔其强度会提升至让人生厌的境地。

面对这类变态的性满足形式,此刻我们到底该采取什么样的态度呢?倘若我们对此感到愤恨嫌恶,同时坚信并不存在这类欲望,如此并没有太多意义。这并非是问题的核心。这类状况正好类似于其他状况;倘若你以这类状况是怪诞的、少见的为由,因此打算不予理会,存而不论,这样非常轻易就能被反驳回去,原因是这类状况是非常普遍的,随处都能发现。然而倘若你们认为这类状况都只是性本能的变态,我们与人类性生活有关的理论无须改动,那便不得不进行一场严谨的答辩了。倘若我们无法理解这类性的病态形式,从而让它们与正常的性生活之间产生联系,则正常的性生活也就毫无理解的可能性了。总而言之,我们不得不通过理论来对所有倒错的存在以及它与正常性生活之间的联系做出圆满的解释。

为实现这个目标,我们可以借助于一个观点与两种新线索。这个观点当属伊凡·布洛赫的功劳;于他而言,"所有倒错皆是退化的预兆"这一言论是不可信的,原因是不管在何种时期,从远古时期到现代阶段,不管是哪一个民族,从最古老的到最先进的,全都存在这类性目标与对象的变态,并且这类变态状况偶尔也会被普通人所接纳。至于那两种新线索则来自于精神分析对精神病患者的研究;毋庸置疑,它们对性的倒错的理论有着举足轻重的影响。

我们早已讲过精神病的症候其实是性满足的取代;同时也讲过,想要通过对症候的研究来对这番话加以证实,难免会存在无数阻碍。坦白讲,我们最好是将那些"倒错的"性需求当作是一种性满足;原因是以这句话为依据来对症候进行说明太过于繁复了。虽然同性恋者自诩为人类的卓越阶层,然而倘若我们明白每位精神病患者都存在同性恋倾向,同时大多数症候又全是这类隐藏着的同性恋倾向的投射,就会立即发现这种夸夸其谈无法站稳脚跟。那些公开自诩为同性恋的人,仅仅是因为他们身上的同性恋倾向是自知的或者是显而易见的；与只拥有隐藏的同性恋倾向的人相比，这类人的数量简直是少之又少。实际上，我们务必要将以同性作为对象这件事看作是爱的表现力的常型之一，并且正日复一日地明白这个事实的重要性。同性恋与正常状态之间的差异自然不会因此而消失；事实上这类差异依然非常重要，只不过理论价值明显降低了。以至于我们要做出定论，认为妄想狂（paranoia 属于精神错乱的其中一类，如今已经不归属于"移情精神病"）往往是由于意图对其强劲的同性恋倾向进行控制而产生的。也许你们依然记得之前讲过的一位患者，在强迫行为中效仿一位男子——也就是早已和她分居生活的丈夫——的举止，女性精神病患者往往会出现如此的女扮男装的症候。倘若无法从实际上将其归因于同性恋，然而与同性恋的成因之间的确存在异常紧密的关系。

或许正如你们所知，诸如癔病的这类精神病可以在身体的各类系统（比如循环、呼吸等）之中引发症候，由此便能对身体的所有机能造成干扰。我们从研究结果可知，那些所谓的通过别的器官来取代生殖器的倒错的性欲全都会在这类症候之中加以呈现。所以，其他器官同样能被生殖器官所取代：我们正是通过对癔病症候的分析，才明白除了原本就已具备的机能以外，身体器官同时包含着性的内涵，并且倘若性对它们的要求过于强硬，那么原本就已具备的机能便会由此遭受牵连。因此在与性毫无关系的器官之中，我们所发现的来自癔病症候的感受与冲动无一例外全是变态性欲的满足。正因如此，我们便可以进一步理解营养器官与排泄器官到底是怎样引起性冲动的。性的倒错同样能具备相似的征兆；只不过性的倒错的症候会更容易分辨出来，而对癔病症候的说明需要大费周章。除此之外，你们仍需明白倒错的性冲动归属于患者人格的潜意识之中，而并非是意识。

在强迫性精神病的很多症候里,至关重要的便是由于精力过剩而导致的施虐狂患者的性倾向的变态目标。这类症候遵循强迫性精神病的组织,主要是用来对那些变态的欲望进行反抗,或者是对其获得满足与遭受拒绝之间的矛盾加以呈现。但是满足并不会寻求捷径;它清楚地晓得如何迂回曲折地在患者的行为之中实现自身的目标,从而让他心甘情愿地吃苦。这类精神病还存在其他形式,比如过度的烦闷与深沉的思索等;再比如将正常状态中只属于准备的动作夸大为性满足:比如偷窥、爱抚以及探求的渴望。因此,我们便能解释这种疾病为何会以接触的畏惧与强迫性洗手占据至关重要的位置。大部分的强迫性行为其实都是改变了模样的手淫,至于手淫则能被看作是各类性幻想的仅有的基础行为。

详细地解释倒错与精神病之间的关系原本对我而言并不是很难,然而我确信我所讲的这些已经可以实现我们的目的了。同时我们也别因倒错的倾向在对症候的说明之中占据了主要位置,而对人类这种倾向的普遍性与猛烈性产生过高的预估。你们早已明白,正常状态之下的性满足的缺失能够导致精神病。事实上因为这种缺失,性需求便迫不得已让性冲动寻找变态的释放方式。这件事的具体过程,你们日后就能有所了解。不管怎样,你们总归能明白这种"侧面的"抑制显然会让倒错冲动的能力激增,因此倘若正常状态之下的性满足其实并未遭受阻碍,那么倒错冲动的能力必然会相对微弱。除此之外在显著的倒错状态之中还能发现一种极为相似的起因。以无数例子来说,性本能或许是因为一时的阻碍,或许是因为长久的社会制度的阻挠,从而难以得到正常状态之下的满足,于是倒错状态就会随之出现。以别的例子来说,倒错的倾向与这类要素之间完全没有联系;它们就如同某个人的性生活的原始形态。

或许你们暂时会认为这番话根本无法对正常性生活与倒错性生活之间的关系进行充分的说明,反倒是徒增混乱。然而你们务必要熟知以下的这个论点。假设性满足的真实阻碍或者缺失,的确可以让那些本来不会将倒错倾向暴露出来的人们在此时呈现出如此的倾向,因此,我们就不得不肯定在这类人身上非常容易出现倒错的症候;或者换言之,在他们的身体之中隐藏着倒错的倾向。如此一来我们便抵达了之前所提及的第二类新线索。依据精神分析的结论,我们已经明白儿童的性生活同样具备分析的必要性,由于对症候进行研究而导致的回忆与想象往往能溯源至儿童时期的最初阶段。因此而察觉的所有,近年来早已逐一被在儿童身上所进行的直接观察加以证明。所以,我们便明白了所有倒错的倾向都来源于儿童时期,儿童不但具备倒错的倾向,还存在倒错的动作,刚好与他们还未成年的程度完全吻合;总而言之,倒错的性生活其实便是指婴儿时期的性生活,仅仅在范畴宽窄与要素繁简方面存在些许差异而已。

如今你们能够彻底转化视角来审视这些倒错状态,而无须再忽视它与人类性生活之间的联系了;但是,这类耸人听闻的新知或许会让你们产生不悦的感受!首先,你们必然会否定所有——对儿童身上同样存在所谓的性生活加以否定,对我们观察的真实准确加以否定,对儿童举止与之后的倒错行为间存在联系的论证加以否定。如今首先对你们反驳的目的进行解释,而后再将我们通过观察获得的事实简略地表述出来。你们若是认为儿童并不具备性生活——比如性冲动、性需求、性满足等,仅仅是在十二岁至十四岁这个阶段才猛然获得,这与全部的观察结果并不相符,同时在生物学领域也毫无价值,正如假设他们一生下来就没有生殖器,仅仅是在青春期才逐渐勃发一般荒诞无稽。实际上,青春期出现的其实是生殖机能,当这个机能发挥效用以后,便会凭借身体与精神之中早已存在的资料来实现其本来的目标。你们的失误是无法分辨出性生活与生殖,所以,无法对性生活、倒错症候以及精神病有所理解。这种失误同时蕴含着一种意义。尤为怪异的是,这种失误的成因便是你们自身也都曾当过小孩,并且在孩童阶段都接受过教育的熏陶。教育最主要的一个社会工作便是让充当生殖机能的性本能处于个体的管束与支配(这就是社会的条件)之下。因此,社会为保全自身的幸福,便要求儿童的完全发展进行暂时的延迟,等他在理智成熟方面具备一定的程度以后再做探讨,原因在于可教育性其实是伴随性本能的彻底发动而停滞下来的。反过来,性本能若是失控,必然会决堤而无法控制,那么用心良苦打造出来的文化组织便会被一扫而空。然而想要加以控制并非是一件容易的事;控制的成功往往不值得一提,只不过偶尔又会嫌弃过于强大。社会的基本目的归属于经济领域;原因在于倘若社会的每个个体都失业了,那么社会就没有办法来延续他们的生活,因此社会总是期望失业的个体可以越来越少,并且都能将精力从性活动中抽离出来从而用在工作上。——这种自原始时期就已存在的长久的生存竞争在今天依然可见。

通过经验的结论,教育家已经明白对儿童的性意志的熏陶务必要尽早着手,我们理应在青春期到来以前对儿童的性生活加以管控,而不应该是在其本能势力完全释放以后。所以,但凡是属于婴儿的性活动都被制止,同时让儿童感到不悦;教育的理想便是让儿童的生活转变成"无性"(asexual),长此以往,甚至是科学也都确信儿童并不存在性生活。为了不让已经存在的信仰以及目标和事实发生冲突,儿童的性生活便因此而被忽略了——顺口说一句,这并非是个小成果——则科学同样为保自足而开始自圆其说。因此小孩便被假定为纯真的、幼稚的；哪个人敢说出一声"不"，那个人便是讥议圣人、诽谤法度的造谣者。

唯有孩子们才会对这一套常理置若罔闻；他们都自然而然地将自己的野性暴露出来，由此可知人们所说的"纯真的天性"其实是通过学习获得的。尤为古怪的是，那些对儿童性生活持否定态度的人们，却极不情愿对通过教育来管控儿童的性的工作有所松懈；虽然他们不肯认可儿童存在性生活，却依然会以十二分的严谨态度来对儿童的每一种性的呈现加以处理。此外仍有一层，那完全可以与"儿童并无性生活"的成见相矛盾的便是五六岁的阶段，而这也正是大部分人都会忘记的一个阶段；尽管唯有分析的研究才能将这一阶段的意识召唤回来，但却依然具备成梦的可能性。这从理论上来说也是颇有兴致的。

此刻我便要对儿童的最为显著的性活动进行表述了。我觉得你们最好先对"里比多"（libido）一词加以注意。里比多与饥饿一样，同样是一种能量，也是本能——此处是性本能，处于饥饿状态时便是营养本能——也就是通过这种能量来达成它的目的。其他词语比如性冲动与性满足等便无须具备定义。对精神病的说明大多数与婴儿的性活动相关，那对你们而言轻易便能获知；你们自然也会将此当作是反驳的理由之一。这个说明是建立在分析的研究之上的，从某一个症候出发来探寻它的成因。婴儿的第一次性冲动仿佛会与其他主要的生活机能发生紧密的联系。正如你们所知，幼童的大部分兴致集中在营养的吸收；当婴儿于怀抱之中安然沉睡并颇感满足时，他脸上那副备感舒服的神态与成年后体验到性满足以后的神态相类似。这些自然还无法得出结论。然而，我们都清楚婴孩们都乐于重复吸收营养时所进行的必不可少的举动，但实际上并未吸收丝毫养分；因此他们并非是因饥饿才被迫如此。我们将这类行为称之为"lutschen"或者"ludeln"（这两个单词的德语意思是因为吮吸而吮吸的享受——比如吮吸橡皮质地的乳头[a rubber "comforter"]）；婴儿做出这类举动后就会再次安然入睡，由此可知吮吸动作本身已足以让婴儿体验到满足。而且倘若婴儿预先没有这类吮吸行为便不会安然入睡。那位名叫林德纳的布达佩斯的儿科医生是首个宣称这种行为包含了性意味的人。尽管保姆与照顾婴儿的人们都不会谈论理论知识，但却似乎都对这类因为吮吸而吮吸的行为抱有相同的看法。他们全都确信这种行为的唯一目标便是寻求快感；并且将这类行为称之为幼童的"小把戏"；倘若幼童无法主动消除这类行为，他们便会通过严厉的方式来强制其放弃。所以，我们便由此获知婴儿的行为除了寻求快感并无其他目标。同时我们坚信这种快感一开始是在吸收营养的时候获得的。只不过用不了多久婴儿便会发现这种快感在脱离营养之后同样能够获得。这类快感的实现主要集中在嘴与嘴唇的位置；所以，我们将身体的这类位置称之为性觉区（erotogenic zone），并觉得从吮吸之中获得的快感包含着性的意味。而这个名词的使用方法，我们依然需给出一定的理由。

假如婴儿可以将自身的想法表达出来，他必然会承认躺在母亲的怀中吮吸乳汁是他生命之中最为重要的事，原因是幼童的这类行为，的确能同时让生命中的两类最为主要的欲望获得满足。通过精神分析的研究，我们再次有些诧异地发现，这类行为在精神层面的至关重要是怎样永久保存而不丢失的。吮吸乳汁其实是全部的性生活所由而生的立足点，也是之后各类性满足的最初形态；等到需求出现时，幻想常常会借此来获得自慰。吮吸乳汁的欲望在实际上包含了对母亲胸乳的渴求欲；因此母亲的胸乳便是性欲的首要对象，而这个首要对象在之后的各类对象的筛选中有多重要,以及对其他各不相同的精神生活怎样通过改造、取代来产生巨大影响,我便无法一一详细赘述了。然而一旦婴儿可以因为吮吸而吮吸,这个对象便会立刻被丢弃并用自身的某一部分取而代之;婴儿便会开始吮吸自己的拇指或者口舌了。因此他便同样可以得到快感而无须求助于外部事物,并且将亢奋的区域延伸至身体的第二类区域,以此提升快感的强度。性觉区可以出现的快感原本不会有相同的强度;正如林德纳医生所言,婴儿四处抚摸着自己的身体,感到生殖器官所在的位置尤为刺激,所以便会放弃吮吸而开始手淫,因而这是一种至关重要的经历。

这类对吮吸乳汁行为的属性的评判,此刻已经将我们的注意力引至婴儿性生活的两个核心要义上。婴儿为让自身机体的基础欲望获得满足,于是便出现了一种自淫动作,这便是说,他在自己的身体上寻求着性对象。营养的吸收是显而易见的,某种程度上排泄作用同样无一例外。于是我们便判定婴儿在大小便之中都会获得快感,并且用不了多久他们就会故意做出这类举动,以此期望从这类性觉区的皮膜上随之出现的亢奋,能够让他们获得最大限度的满足。然而,正如卢·阿德里安所言,外部压力绝不容许幼童具备这类渴求快感的欲望并进行干预——因此幼童便第一次隐约地感受到成年人才会体验的内外矛盾。他不能肆意排泄,排泄时间也必须要经其他人指定。成年人为让他舍弃这类快感,便对他说,与大小便相关的所有都是"不雅观"的,因此不得不忌讳。于是他才迫不得已舍弃自身的欢愉来换取其他人内心的价值。实际上,一开始他本身对排泄的态度并非如此。原本他的粪便并不会让他本人感到嫌恶;原本他将粪便当作是自己身体的一部分而不想丢弃,并且将它视作第一类"礼品",打算赠送给自己最喜爱的人。甚至是在经受教育的熏陶并且舍弃了这类倾向后,他依然将粪便看作是"礼品"与"黄金",至于撒尿同样仿佛是一件非常引以为豪的事。

我晓得你们很早就想中断我的言论,并且大喊道:"简直是乱说!肠道的蠕动居然被婴儿当作是性满足的快感的根本所在!粪便居然会变成极具价值的东西,并且肛门居然变成了生殖器官的一类,我们怎么可以相信呢?只不过,我们却由此明白儿科医生与教育者为何要这样坚定不移地反抗精神分析及其理论了!"彻底是错误的,你们只是暂时将我刚刚想对你们说的婴儿性生活的事实与性倒错的事实之间的联系遗忘了。难道你们并不晓得有很多成年人,不管是同性恋或者异性恋,的确都曾在性交的时候用肛门来取代阴道吗?难道你们同样不晓得有很多人一生留存着排泄时的快感并将其看作是重要之事吗?或许你们曾从那些年纪稍长且能探讨这类问题的孩童那里听到过,宣称自己对大便抱有如何的兴致,并且观看其他人大便时又会有何种的快慰。倘若一开始你们习惯性地对这类儿童加以恐吓,他们当然会明白不能再有这类言辞了。而那些你们不愿相信的其他事宜,我便会要求你们翻阅精神分析的有关证据以及所有与儿童相关的直接观察的汇报,你们要晓得对这个问题若想不被偏见蒙蔽同时又能拥有与众不同的观点,便需具备非常卓越的才力。你们认为儿童的性活动与成年人的性倒错之间的联系的确会让人感到惊诧,而我并不会因此感到遗憾。这种联系原本便是自然存的,原因在于儿童除了一丝丝模棱两可的迹象外,并不具备将自身性生活转化成生殖机能的本事,因此倘若儿童具备一类性生活,那这类性生活必然是倒错属性的。并且舍弃生殖目的其实是所有倒错的共同特征。性活动倒错与否,其衡量标准在于它是不是停止在性满足,而并非将生殖作为目标。你们由此必然会知道,性生活的发展核心就是对生殖目标的顺从。但凡是尚未发展至如此地步的，以及凡是不想顺从这个目标而只是想要获得满足的所有性活动，都因享有并不光荣的"倒错"这一称呼，而被众人轻视。

所以，请再次来对婴儿的性生活加以表述。或许我能对其他各类器官进行相同的分析，以此来对之前所表述的两类器官的观察进行补充说明。儿童的性生活皆集中在各种各样的本能活动，这类本能中有的是在本人身上寻求满足，有的会在外部对象上寻求满足，总而言之就是各自寻求，毫无干涉。身体的各类器官之中，当数生殖器官最占优势；有的人从婴孩时期直至青春期或者青春期过后，持续不断地通过手淫来让自己的生殖器官获得快感，而无须别的生殖器官或者对象的辅助。只不过与手淫相关的问题想要一一详述并非易事；原因是它为我们提供的用来探讨的资料涉及的领域相当宽泛。

尽管我希望能对这个探讨范畴加以制约，但务必还是要对儿童对性充满好奇这件事进行简单的说明。这样的窥视是儿童性生活的一种特点，也是出现精神病症候的核心所在，因此绝不能随便说说或是完全不提。儿童很早便会出现对性的窥视，有的时候会在三岁以前。由于在儿童眼中性别差异并无大碍，那么性窥视便无须以异性为目标，所以他们——起码对男孩来说——认为两性都有男性生殖器官。倘若一个男孩无意间发现小姐妹或者小朋友身上的阴户，他便会立即对眼前所见加以否定，原因是他无法想象与自己相同的人为何会没有这种珍贵的器官。之后，他虽明白确有此事，但却依然感到万分惊诧；因此之前对这个小型器官的畏惧之情，此刻便感知到了。继而他便被"阉割情结"（the castration complex）所支配；倘若他可以维持健康，这种情结便是造成他性格的原因所在；倘若他因患病而虚弱，这种情结便是引发其精神病的原因；倘若他接受分析治疗，这种情结便是导致他进行抵抗的原因。而对小女孩来说，我们都晓得她们因没有一个众所周知的阴茎而深感遗憾，因此会对男孩生来就有的优越产生嫉妒之情；正因如此，她们便出现了想要变身成为男性的渴望，倘若之后无法获得一定的女性发展，这种渴望便会在精神病中出现。另有一点，处在儿童阶段之中，女生的阴核便相当于男生的阴茎；原因在于它同样是一个极富刺激的部位，能够被用来获得自求性的满足。倘若女生进一步成长而变身为妇人，便务必要趁早将这种刺激的感觉从阴核移至阴道口。我们所说的性感延迟的妇人，便是由于她们的阴核往往留存着这类刺激的感觉。

儿童对于性的好奇点一开始主要集中在分娩的问题上——和潜藏在斯芬克斯古怪谜题之后的问题一样。之所以会对这个问题感到好奇，大多数是因自我的个人利益以及对其他婴儿诞生的恐惧。育儿室往往会对这个问题做出如此的回答：小孩子是被鹳鸟叼来的，只不过小孩子对这番言论的质疑程度往往出乎我们的意料。由于儿童明白成年人通过谎言来哄骗自己，因此他们便想自行解决。然而这并非易事。由于他的性结构尚未完善，因此对这种问题的理解力会大打折扣。一开始他认为儿童是将某种独特的物质与消化食品混杂在一起而构成的；同时他并不晓得唯有女性才可以生育。之后他又明白这是错误的，因此儿童是由食物组成的这种想法便被丢弃了，尽管神话中依然保留着这样的观点。随后他再次以为父亲与创造小孩之间必然存在联系，然而究竟是怎样的联系，他却无法获知。倘若他在不经意之间发现了父母的性交活动，他同样会将此看作是男性意图控制女性，抑或是一番搏斗。这全是在用虐待说明性交，自然难免会有所偏颇；然而他并不清楚这种行为与生小孩之间的联系；倘若他在母亲的床上或者内衣上发现了血迹,那他就会将此当作是父亲伤害母亲的证据。等若干年过去以后,或许他会猜测男性的生殖器官在孕育小孩方面具有至关重要的作用,但却依然不清楚这个器官除了排尿还具备其他机能。

但凡是儿童一开始都会对孩子是因肠道而诞生的说辞深信不疑;换言之,小孩的形成正如同一堆粪便似的。对肛门区的好奇心一直到彻底减弱以后,儿童才会抛弃这种观点,而用另外一种假设取而代之,认为肚脐或者两个胸部之间的区域便是用来生小孩的。因此而循序渐进,便对性的事实略知一二,除非是由于毫无学识而对这类事实不加留意,一般来说是在青春期到来以前获得了一种不够透彻且不真实准确的印象;而这往往就是导致他日后发病的创伤性原因。

此刻你们或许已经明白,在精神分析家的手中,"性的"这一词语会毫无缘由地扩充内涵,旨在维持精神分析的全部观点不落伍,也就是与精神病的性起因以及症候的性意义相关的说法。这样的扩充究竟是否合理,此刻你们总能自行判定了。我们对性的内涵进行扩充,仅仅是想将倒错者与儿童的性生活囊括在内;换言之,我们早已复原了性意义的最初范畴。而除了精神分析以外的人们所说的"性",只不过是运用在生殖机能所有的狭义的被称作是正常状态的性生活。

第二十一讲 里比多的发展与性的组织

我明白自己还没有让你们确信性的倒错在与性生活相关的理论中有多重要。所以,此刻我想竭尽全力地对我已说过的与这个问题有关的言论进行完善与补充。

我们之所以对"性"的内涵进行修正以至于引发强烈的反驳，你们千万不要就此认为这仅仅是由于倒错现象的存在。事实上，有关儿童的性的分析与此有着更为深厚的联系；并且性的倒错与儿童的性之间的一致性颇值得我们特别注意。尽管婴儿的性表现在之后几年的儿童阶段中一目了然，但它最初的形式却似乎在缓慢消失，无法入手。倘若你们不想对演化的真相与研究结果进行观察，便会对儿童的种种表现包含着性的意味做出否定，因此会认为它们只有其他模棱两可的性质。你们要明白一种现象能否包含性的意味，并未形成统一认可的标准，除非生小孩的机能也能被看作是一种标准——然而用生殖来对性下定义，未免太过于狭隘，因此我们早已不采用。由弗里斯提出的生物学标准，比如二十三天与二十八天的阶段性，同样引发了激烈的讨论；或许性的历程具备某些独特的化学属性，只不过这类属性依然没有被人察觉。而成年人的性的倒错现象却显而易见并早已证实。它们之中包含了性的意味，这是毫无疑问的；不管是你们所谓的退化现象或者其他，终归无人敢否定它们并非是性的现象。即使单单以这类现象而论，我们同样能充分地宣称性并不等同于生殖机能，原因是性的倒错可以对生殖目标进行阻碍。

此处存在一种平行的事实需要我们特别留心。大部分人都认为"心理的"的意思就是"意识的"，然而我们却对"心理的"这一词语的内涵进行扩展，从而包含了心灵的非意识的内容。对"性的"这一词语来说，也是这样的；很多人认为这个词语与"生殖的"——抑或是更为准确的表达，与"生殖器的"——具备相同的内涵，而我们却将生殖器之外的以及与生殖相关的各种事件都看作是"性的"。这两件事虽仅是在形式上相类似，但却同样具备深远的含义。

然而,倘若性的倒错现象在这个问题上具备如此充分的存在理由,为何没有人能尽早完成这项工作以对这个问题做出解答呢?对此我并没有什么想法。对我而言,性的倒错早就已经变成一个独特的禁区,无形之中产生了一种观念,以至于对科学关于这种题材的判定造成干扰。仿佛任何人都晓得倒错现象不仅会让人感到厌恶,而且还是荒诞恐怖的,他们仿佛散发出一种惹人注目的能量,本质上存在一种神秘的嫉妒想要对那些亲近倒错者的人处以绞刑——这类感情恰好和闻名的讽刺诗,也就是 Tannhäuser 中的那位坐而判定的伯爵的坦白一样:

在爱神的山顶之上,良心、义务全都这样被忘却!
注意,此事和我毫无干系!

事实上,性倒错的病人简直如同一只不幸的虫子,为了获得无法轻易得到的满足,他迫不得已做出巨大的牺牲。

尽管性的倒错仿佛具备不恰当的对象与目标,但却很明显包含了性的意味,原因是实现倒错欲望的行为,最终往往也能抵达色情的顶点以至于会出现泄精。这固然是从成年人的角度来说的;儿童既不具备色情的顶点,同时也无泄精的可能性,尽管他们会用一种类似的动作取而代之,但是这种取代同样无法被看作是性的。

此外我仍需做几点说明,以便让我们更为准确地理解性的倒错。尽管这类现象会被普通人轻视,不同于正常状态之下的性活动,但却能从简单的观察中发现,即使是在一般人的性生活中,未免同样会存在这样或者那样的倒错现象。比如一开始或许可以将接吻称之为一种倒错行为,原因在于那时两者是在性觉区进行触碰,而并非是生殖器。但是,从未有谁会将接吻谴责为倒错行为;在剧情之中,这件事被看作一种具有美感的性行为。只是接吻的确易于变成一种绝对的倒错行为——比如在其强烈的刺激之下,以至于出现色情的顶点与泄精，这种现象同样是司空见惯的。再比如某人想要享受性的乐趣，便务必要凝视以及爱抚他的对象，而另外一个人处于性的异常亢奋之中，必然会出现手捏口咬的动作；另有一些人的色情的极端亢奋，并非是因对象的生殖器，而是因为对方身体的别的部位而导致的，如此种种举不胜举。当然我们绝对不可以将仅仅具备这类特殊癖好的人从正常人的范畴中排除出去，而是将其归类于倒错者的行列；实际上倒错的本质，并非是性目标的改变，也并非是对生殖器的取而代之，甚至也并非是对象的更换，反而只是通过变态的现象获得满足，并彻底排斥将生殖作为目标的性交活动。至于那些因增强或是准备实现正常性交而出现的倒错动作，其实已经不属于倒错。根据这类事实，能够大幅度地减少正常的性与倒错的性之间的差异；同时很明显能做出推测，正常的性生活其实是从婴儿的性生活演变而来的，这个演变过程首先是对某些毫无用处的要素进行删减，而后将其他要素组合在一起以让其归属于一种崭新的目的，也就是生殖目标。

这种与倒错现象相关的看法，此刻能被用来对婴儿的性生活问题进行更为深刻与准确的分析；只不过在还未进行这样的分析或者解释以前，请先对这两者间的一个主要差异加以注意。简单而言，倒错的性生活是相当集中的，它的所有活动全都集中在一个——大部分是仅有的——目的；存在一个占据了核心位置的独特部分的冲动(component impulse)；或许仅是这种冲动，有可能因为自身的目标而对其他冲动加以控制。单凭这一点，倒错的性生活与正常的性生活在实际上是彼此相一致的，只不过是其占据优势的某些冲动与性目的之间存在差异罢了。两者全都各自组成了一个极富组织的系统。仅仅是进行统治的势力之间存在差异。而婴儿的性生活大体上欠缺如此的集中与组织，他体内的各类冲动具备相同的效力,能够各自单独地寻求自身的欢愉。从这类集中(在儿童时期内)的欠缺与(在成年人阶段中)的存在来看,由此可知正常性生活与倒错性生活全都来自婴儿的性生活。此外仍有很多倒错现象更类似于婴儿的性生活,原因是它们之中包含了很多"部分本能"(component instincts)以及目的,全都各自单独进行以至长久地留存下来。但是仅从这类现象来看,与其叫作性生活的倒错,倒不如叫作性生活的稚嫩病,反而更为准确。

依据这类准备,如今我们可以进一步对早晚会出现的疑惑加以探讨。比如说:"关于成年人的性生活所经历的儿童阶段的行为表现,既然你已认可它们是不确定的,为何一定主张它们属于性呢?又为何不满于只是对它们的生理层面进行描述,不满于只认为婴儿早就具备了因为吮吸而吮吸以及迷恋粪便等行为,以此表明他们是在器官之中寻求快感的呢?如此一来,你便无须宣称婴儿同样具有性生活以至于会导致人们的嫌恶。"对于这个,我仅能做出如此的答复,"在器官之中寻求快感"这句话当然只能称作是并无异议;我本就明白性交的巅峰快感同样仅是身体所体验到的一种欢乐,来自于生殖器官的活动。只不过你们可否向我说明,这种身体上的原本无关紧要的欢乐,究竟是在何时才可以具备之后发展所应包含的性的意味呢?比起有关性的知识,我们是否对这种"器官欢乐"具备更多的知识呢?你们的答复认为在生殖器官发挥效用的时候,才能具备性的意味;性仅仅预示着生殖器的。以至于你们会对倒错现象这种阻碍避而不谈,认为倒错虽然无须用手来触碰生殖器官,但大多时候总是通过生殖器官来抵达性欲的顶点。倘若你们因为倒错现象导致的结果,而对生殖与性的本质特点之间的联系加以否认,并着重声明生殖器官,那么你们所在的立场便会进一步发展。到那个时候,我与你们之间的分歧便会减少很多；这仅仅是生殖器官与其他器官之间的争辩而已。用来证实其他器官原本可以取代生殖器官而获得性满足的证据非常之多，比如正常的接吻，淫乱的倒错生活，或者是癔病的症候，你们到底是怎样处理的呢？对癔病来说，原本理应归属在生殖器官中的刺激状况，感受，冲动，以至于生殖器官的勃起等，往往移至身体的其他器官（比如从下往上转至头部与脸部等）。正因如此，你们看作是性的核心特点的东西，全都消失无踪了。因此你们便不得不决定，顺着我的做法来对"性的"这一词语的内涵进行扩充，从而让其包含婴儿阶段所存在的意在追求"器官欢乐"的所有行为。

此刻再增补两点内容来对我的学说加以辅证。你们都晓得婴儿阶段出现的追求快感且不够准确的行为，我们将其称作"性的"，原因是在研究症候且倒退至这类行动时，我们所采用的资料毫无疑问全都是"性的"。暂且假设它们自身并不一定会由此而为"性的"；只不过请允许我们通过一个比喻来说明吧。假设存在两类完全不同的双子叶植物——比如苹果树与豆科类植物——我们的确不能对它们从种子得以生长的过程进行观察；然而倘若我们假设这两类植物都能从完全发育的植物回溯到它们的发展历程，直至最初作为双子叶的种子。对双子叶来说，难以进行分辨；这两类植物的双子叶在视觉上几乎无异。然而我可否由此判定它们一开始本就完全一样，仅仅是在之后的生长过程中出现了种类的不同呢？或者能否从生物学的角度更加确信，尽管这种不同无法从双子叶中看出，但其原本便已蕴藏在种子植物之中了呢？我们将婴儿寻求快感的行为称之为"性的"，便是同样的道理。至于能否将每一种器官所获得的快感都叫作"性的"，又或是除了"性的"以外，是不是依然存在其他无法称之为"性的"的快感，对于这些我不能在此处进行探讨。对于器官快感及其要求，我们确实是知之甚少；因此从回溯研究的结果来看,此刻还无法对最终得到的起因进行准确的分类,这便毫不奇怪了。

另有一点:即使你们能让我确信婴儿的活动并不包含性的意味,然而简单来说,你们并没有多少证据可以对你们急于宣称的"婴儿并没有性生活"的说法加以证实。原因在于婴儿从三岁开始,便显而易见地拥有了性生活。生殖器官在那个时候早已表现出亢奋,抑或是周期性的手淫或在生殖器官中寻求满足的行为。而性生活的精神与社会层面同样不可小觑:对象的筛选,比如只喜爱某个人,或是对某一性别情有独钟,以及妒忌等全都在进行精神分析之前而被公正的观察加以证明,这种状况是众所周知的。你们会反驳道,你们原本并不否定儿童很早便能表露情感,只不过是对这类情感包含性的意味感到质疑罢了。三岁至八岁的儿童,的确已经晓得掩藏自己感情之中的这种成分;但是倘若你们仔细留意,便能搜集到足够的证据来对这种情感包含着"肉欲的"(sensual)色彩加以证实;而你们无法留意到的各点,便能通过分析的研究来彻底地加以说明。这个阶段的性目的与之前提到的性的窥视之间存在非常紧密的联系。由于儿童在这个时候还不明白性交的目标,因此这类目标的倒错症之中的若干,同样是儿童还未发展完善的组织的必然结果。

从六岁或是八岁开始,儿童的性发展就会出现一种停滞或者倒退的状况,这确实是一种实现高度文明的标准,这个阶段便能被叫作潜伏期。潜伏期偶尔也能完全缺失;同时在整个阶段内,性的活动无须彻底停下来。在潜伏期出现之前的一切心理经验与冲动,在那个时候大多都会被渐渐遗忘;而这就是之前早已进行过探讨的幼儿时期的经验丧失,也正因此我们才无法再对最为年幼时期的经历有所回忆了。任何精神分析的目标,旨在将这种被淡忘的阶段重新唤回记忆之中；我们不得不假设这个时候发生的性生活其实是这种淡忘出现的动机；换言之，这种淡忘便是由压抑作用导致的。

儿童从三岁开始，他们的性生活与成年人的性生活之间已经存在很多相似点；有所区别的，便是：(1)由于生殖器官还未成熟，因而导致缺少稳固的组织；(2)存在倒错现象；(3)所有的冲动力比较微弱；这些全是我们早已了解的。但是处于这个阶段之前的性发展的各个时期，抑或是我们所谓的里比多发展(libido-development)的各个时期是理论上最富有趣味的。由于这个发展非常迅速，因此并非是直接的观察所能掌握的。只不过因为精神分析对精神病研究的辅助，我们才得以将里比多的发展回溯至最初的状态而对其属性有所了解。这类状态原本只是通过理论推测而知，然而在进行精神分析时，你们就会明白这些推测确实各自具备需求与价值。并且能进一步明白一种病态的状况往往会让我们理解正常状态之下极易忽视的那些状况。

所以，我们便能就此判定儿童在其性冲动处于生殖器控制以前，其性生活所采用的方法了；在潜伏期出现以前的婴儿阶段的初期中，这种控制势力早已具备基础，自青春期开始便已有了持久的组织。在最开始的时候有一种零散的组织，可叫作生殖前的(pre-genital)，所以这个时候占据优势的并非生殖的若干本能，反而是虐待狂的与肛门的(sadistic and anal)。雄性与雌性之间的差异在那个时候并未占据优势位置；而是主动与被动之间的差异占据优势，可将这种差异看作是性的"两极性"(sexual polarity)的先驱。这个阶段以生殖器的观点而言，一切雄性表现都易于变成支配的冲动，并且偶尔易于变成虐待行为。而包含了被动目标的冲动大多会与这个阶段的非常重要的肛门所在的性觉区相关，偷窥欲与好奇心同时占据了绝对优势;而生殖器官只具备排泄尿液的机能。这一时期的部分本能同样具备对象,只不过这类对象无须集中在一物。这种虐待的,肛门的组织正好便是生殖区进行管辖之前的一个时期。依据更为严谨的分析,还能发现这种组织究竟在日后得以完善的架构中留存了多少,而这类部分本能又被迫通过怎样的方法以在崭新的生殖组织(genital organization)中占据优势。从里比多发展的虐待的肛门阶段之后,还能发现一个以口部的性觉区作为核心部分的更为原始的发展阶段。通过猜测可知,因为吮吸而吮吸的性活动便归属于这一阶段。试着观察古代埃及人的艺术作品,画作中的儿童全都将手指含在口中,即便是神圣的贺鲁斯(注:也就是埃及的鹰头神灵)亦是如此,其对人性的领悟不得不让人叹服。近来由阿伯拉罕出刊发行的一本书,认为这种原始的位于口部的性感受在往后的性生活中仍旧存在。

我晓得你们必然觉得最后这番与性的组织相关的言论,与其称作知识,倒不如说是胡言乱语。或许我再次说得过于详尽了;但是,请你们稍作忍耐。方才你们听到的言论日后会大有用处。这个时候,你们务必要明白性生活——我们所谓的里比多机能——并非刚一出现就具备最终的形态,也并非沿着它原本状态的途径得以扩展,反而经历了一连串迥然不同的形态;总而言之,它经历了无数变化,与毛毛虫蜕变成蝴蝶所经历的一切变化相差无几。这种发展的核心便在于让所有与性相关的部分本能处于生殖区管辖势力的控制之下,并且同时让性生活归属于生殖机能。在这种变化出现以前,性生活似乎是某些单独的部分冲动的独自活动,每种冲动都在独自寻求器官快感(也就是在身体的某一器官中寻求欢乐)。这种无政府的形态由于意图实现"生殖前"(pregenital)的组织而有所缓解,生殖之前的核心组织便是虐待的肛门阶段,在这之前还存在口部阶段,而这也许便是最为原始的时期了。除此之外另有各种各样的历程,我们对这些历程知之甚少,由于这类历程的存在,因此一种组织才得以发展为更为高级的组织。里比多发展所经历的无数阶段究竟对理解精神病有什么样的意义,阅读下文就能明白。

今日我们还能更深一层地对这种发展的另外一面加以阐述——这便是性的部分冲动与对象之间的联系;然而我们仅能对这一发展部分进行飞快的观察,以便留出更多的时间来对其之后出现的结果进行分析。性本能的一切部分冲动,有的从一开始就存在一个对象,并且持续不变:比如被控制的冲动(施虐狂)以及偷窥欲。有的与身体的某一个独特的性觉区存在联系,仅仅是在一开始依附在那些归属于性之外的机能的时候,才存在一个对象,直至从这类机能之中摆脱时,才会舍弃这个对象。比如嘴部区域的性本能的首个对象便是母亲的胸部,原因在于胸部能够满足婴儿的营养需求。在由于营养而进行吮吸的时候,这种性爱的要素原本同样能获得满足,然而在因为吮吸而吮吸的行为之中,便已舍弃了体外存在的人的对象而以示独立,取而代之的是小孩自身的某一部位。因此嘴部的冲动便成了自淫的(autoerotic),正好与肛门以及其他性觉区的冲动最初就是自淫的相近似。大概而言,这之后的发展总共包含两个目标:第一个,便是停止自淫,而后再用身体以外的一个对象取代自身所拥有的对象;第二个,便是把每个冲动的不同对象组合在一起,从而形成一个独立的对象。这当然是能实现的,这个独立的对象只需是完整无缺的,如同本人一般拥有一个完整的身躯;然而倘若自淫的冲动无法将它的某些毫无用处的成分加以舍弃,那这也并非轻易就能实现。

追寻对象这件事同样非常繁复,至今无人能彻底理解。为达成我们的目标,可以侧重于如下的事实:倘若在儿童阶段的潜伏期出现以前,这个历程便已处于某一阶段,那么它所挑选的对象,基本上与它嘴部的快感冲动因为营养而挑选出的首个对象相一致;这也就是说,尽管并非母亲的胸部,但对象就是母亲本人。正因如此,我们将母亲称之为爱的首个对象。我们谈论的爱侧重于性冲动的精神层面,暂且不涉及或者暂且将冲动的物质或是性方面的条件舍弃。大概在将母亲作为爱的对象时,儿童因受压抑作用的影响,早已将自身性目标的某一部分遗忘了。这种将母亲作为爱的对象的筛选被称为俄狄浦斯情结,它在对精神病所进行的精神分析的说明之中占据着举足轻重的地位,或许早已成为众人用来反驳精神分析的一个同等重要的理由了。

有一则发生于欧战时期的故事能够在此加以叙述。在波兰境内的德国前线阵地上,有一位信奉精神分析的医生。由于他往往会对患者产生意料之外的影响,因此颇受同事们的瞩目。当有人询问他的时候,他承认自己运用的是精神分析的手段,同时毫不犹豫地答应会向同事们传授相关知识。所以,军营之中的医生以及他们的同事与上级官员等人,每天晚上都会聚集在一起静静聆听他对精神分析的演说。最初,一切全都进行得非常顺利;然而在他谈及俄狄浦斯情结的时候,有一位高级将领起身说他无法相信,演说人将这样的事情诉说给为国牺牲的英雄以及为人父亲的人,如此举动难免显得低贱,所以,他被禁止举行演说。最终,这位研究家只能转移至前线的另一区域。然而在我看来,倘若德国军队的胜利是依附在如此的科学的"组织"之上,那便并非是一种好的迹象了,更何况处于这样一种组织之下,德国的科学是无法得以兴盛的。

这个耸人听闻的俄狄浦斯情结到底包含着怎样的意义,此刻恐怕你们急不可耐地想要了解吧。实际上，根据它的名称就能理解其含义；你们肯定都知道希腊神话中那则与俄狄浦斯王有关的故事。虽然他的命运注定是要杀父娶母，但他却依然竭尽全力来摆脱神谕预示的命运，然而当他察觉自己竟然在无形中同时犯下了这两大重罪，深感悔恨，于是便亲手刺瞎双眼。索福克勒斯依据这个故事编写了一部悲剧，我深信你们之中的许多人都已被这部剧所深深打动。按照他所撰写的剧本，俄狄浦斯犯下这两大重罪以后，由于持久的巧妙的审问以及不断找到的新证据，这件事便慢慢被揭露出来；其审问过程与精神分析的方法大致相似。他的母亲约卡斯达因引诱而变成妻子，因此交谈之中不应进行持续不断地审问；她提到很多人都会梦见娶母亲为妻，但是，梦终归是无关紧要的。然而对我们而言，梦却是尤为重要的，特别是很多人经常会有的极为典型的梦；我们确信约卡斯达所谓的梦与神话中的恐怖故事之间存在非常紧密的联系。

　　索福克勒斯所创作的悲剧并没有引发听众的谩骂，这是令人诧异的，然而倘若他们开始谩骂，理应要比那位愚笨的军医更加有理。原因在于这终归是一部并不道德的戏剧，讲述的是由一种神力来对某人所应犯下的某种罪行做出规定，尽管会因道德本能而对犯罪行为进行抵抗，但却全都于事无补，最终导致个体无法对社会法律负起责任。也许我们可以认为作者是想通过这则神话故事来将他对命运与神的指控表达出来，也许在非难神的欧里庇得斯手中确实存在如此的指控。但是对虔诚的索福克勒斯而言绝对不会存在这样的意图；他认为神虽对我们所应犯下的某种罪行进行了预设，我们务必要遵从他们的意旨，如此才算得上具备了最为崇高的道德；由于存在这样的宗教顾虑，他便对句中的疑问进行了解答。我并不相信如此的道德便是这部剧的一种美德，并且也不至于对剧本造成的影响进行削减；观看戏剧的人并不会由此备受感动；他产生反应的地方并非在此，而是在于神话自身所隐含的意义与内容。他们所表现出的反应似乎是通过自我分析而察觉自己的心中同样存在俄狄浦斯情结，因此明白神谕预示的意志其实便是他自身潜意识的荣耀的伪装物；仿佛他想起自己同样存在弑父娶母的渴望，但却不能不对这种想法感到厌恶。在他来看，索福克勒斯仿佛是在表达："即使你曾否定过这种想法，抑或是即使你曾自诩如何反抗这类邪恶的想法，但最终都是徒劳无获的。只不过你依然是有罪的；原因在于你根本无法消除这类邪恶的想法；它们依然会停留在你的潜意识之中。"这的确是心理学的真谛所在；尽管一个人已将邪恶的想法抑制在潜意识之中，并因自认为这类邪恶的想法不会再次出现而深感宽慰，然而，尽管他无法看出这种罪恶的基础，但却依然难免会有负罪感。

精神病患者往往深感愧疚的负罪感，很明显是将俄狄浦斯情结作为它的一个主要原因。除此之外，我于1913年撰写的一本名为《图腾与禁忌》(Totem und Tabu)的书，公布了一种与最为原始的宗教以及道德相关的分析，那个时候我便开始质疑人类有史以来所感受到的所有负罪感，也许便来自于俄狄浦斯情结并成为宗教与道德的成因所在。至于这一点，原本我打算多讲一些，然而最好暂时讲到此处；这个问题一旦被提及，就无法轻易放下，我们务必要回过头来谈谈个体心理学。

儿童在潜伏期出现以前进行对象筛选时，倘若我们对他们进行直接的审视，那么他们的俄狄浦斯情结到底会有什么样的呈现呢？我们并不难发现小孩想要霸占母亲而无视父亲；看到父母拥抱在一起便会感到忐忑，而看到父亲离开便会满心欢喜。他往往会坦诚地表达出自己的感情，并对娶母为妻表示默许；此事仿佛并不能与俄狄浦斯的故事相提并论,然而实际上却足以相比拟了;这两件事的核心思想是一样的。偶尔同一个小孩也会对父亲有所喜爱,而这往往会让我们感到无比疑惑;只不过这种相违背的——或是两极性的(ambivalent)——感情或许会在成年人中引发矛盾,但却可以在小孩之中长久并行存在且毫不相悖,这与此类感情日后在潜意识之中持续存在的状态完全一样。或许你们会反驳,认为小孩的举动处于自我动机的控制之下,根本无法用来证实俄狄浦斯情结;至于母亲则须照顾孩子的所有需求,为让孩子获得幸福自然无法将精力分散在其他事情上。这番话自然非常正确,然而对这种或者其他相似的情况来说,自我兴致只不过是为爱的冲动提供了适当的机遇。当小孩子明目张胆地对母亲表露出性方面的好奇,或者是想在晚上与母亲一起睡觉,或者是想在室内观看母亲更换衣物,或者以至于表现出一种诱奸的动作——这是身为母亲往往能发现且笑着表述的——的时候,这种对她所抱有的性爱的意思便毋庸置疑了。另有一点,我们同样不能轻易忽略;这便是,母亲照顾女孩与照顾男孩之间并没有什么差异,但却绝对不会出现相同的结果;父亲往往也会不逊色于母亲而对男孩进行细致入微的照顾,但却无法获得孩子对待母亲那样的待遇。总之,不管怎样批判,都无法将这种状态中所包含的性爱色彩消除掉。从儿童的自我利益主张来看,倘若他只允许一个人而并非两个人进行照顾,这样岂不是太过于愚蠢了吗?

　　你们需要明白我只是对男孩与其父母之间的关系进行了描述,反之对女孩而言,亦是这样。女孩子往往会对自己的父亲形成迷恋,想要将母亲推翻并取而代之,偶尔还会模仿成年人进行撒娇,或许我们仅仅认为她是可爱的,但却忽视了因为这种状况而导致的严重结果。身为父母常常同样能引发孩子的俄狄浦斯情结,原因是他们对孩子的喜爱同样会存在性别上的筛选；比如父亲会宠爱女孩，而母亲会宠爱男孩。然而即使是这样的宠爱也无法对婴儿的俄狄浦斯情结的自发性产生巨大影响。等到又一个小孩诞生时，俄狄浦斯情结便扩展为一种家庭情愫。由于其自我利益遭受阻碍，因此难免会对新生的小孩形成一种嫌恶之情，以至于出现去之而后快的欲望。简单而言，相比于父母的情结存在联系的感情，这种怨恨的情愫会更加坦诚地表露出来。倘若这种欲望被满足，用不了多久这个新生的孩子必然会去世，则之后的研究会证明，这种去世对儿童来说是一件大事，但却无须留在记忆里。倘若他的母亲生下另外一个孩子，从而让他处于次要位置，那么他便会与母亲之间出现隔阂并且很难宽恕她；这个时候存在于成年人内心中的能够被看作是痛恨的感情，都会出现在他的心中，并且往往会变成永久隔阂的基础。而性的窥视以及它的结果往往与这类经验之间存在联系，我们已经讲过了。当这群新添的弟弟妹妹慢慢长大时，这个孩子对待他们的态度会出现一个至关重要的转变。一个男孩子或许会将自己的妹妹当作爱的对象以此来取代他那个并不忠心的母亲；倘若若干个哥哥共同抢夺一个小妹妹的爱，则在日后生活中占据主要位置的敌视情感便会在育儿室内出现。当父亲不再像以前那样温柔地对待女孩的时候，这个女孩同样会让自己的哥哥取而代之；又或者她会幻想将小妹妹暂且当作是自己为她父亲而产下的孩子。

此刻倘若对儿童进行直接的审视并对他清晰记得的事情进行探讨，同时不受分析的影响，便能发现无数相似的事实。除了这类事件，你们还能推测出儿童在兄弟姐妹中的排列顺序，对他日后的生活同样无比重要，但凡是在编写传记时务必要将这个因素考虑进去。然而尤为重要的是：这类论点唾手可得，倘若你们阅读以后能回忆起从科学角度对亲属之间禁止相奸进行说明的理论，则难免会忍俊不禁。为了对这件事有所了解，任何方法都尝试过了！听闻，处于同一个家庭中的异性成员由于从年幼时便已习惯于住在一起，因此异性之间不会再出现性的引诱；又因为生物中存在反对纯种繁衍的趋势，因此会在心理层面上对乱伦感到恐惧！殊不知倘若人们确实具备自然的屏障以用来对乱伦的引诱进行反抗，则法规与习俗就毫无必要制定严厉惩罚规则了。然而真理却位于相反的位置。人类进行性对象筛选的首个对象往往便是亲属，比如母亲或者姐妹，若要阻止这种稚嫩的倾向变为事实，就务必要有最为严苛的惩处。便以如今依然存在的野蛮的与原始的民族来说，他们的禁止乱伦的条令要比我们的更为严苛；近日赖克在他的作品中提及，野蛮人将青春期当作是"重生"（rebirth）的象征，在青春期进行的仪式，意在表明那个孩子已经从对母亲乱伦的迷恋中脱离出来，并重获了对待父亲的感情。

神话证实，尽管人们对乱伦深感恐惧，但却毫不犹豫地准许他们的神灵拥有这种权利。阅读古代历史以后，你们就会明白，兄弟姐妹之间的乱伦婚嫁其实是君王们的神圣职责（比如埃及与秘鲁的君主），这是一般人无法拥有的特殊权利。

杀父娶母便是俄狄浦斯所犯下的两大罪行。图腾制度是人类首个社会的宗教制度，而它完全忌讳这两种罪行。此刻请再次从与儿童有关的直接观察出发，进一步探讨与患有精神病的成年人有关的研究。研究所得的结果对俄狄浦斯情结的知识具备怎样的贡献呢？对于这个问题，我们能马上做出回答。因此而察觉的情结与从神话中看到的情结恰好一致；这些精神病患者中没有一个人并非是俄狄浦斯，或者换言之，他们在表现这种情结的时候全都变为哈姆雷特。通过分析而察觉的俄狄浦斯情结要比婴儿所具备的更加宽泛且明显,他们并非是对父亲有一丝埋怨,而是希望他去世,很明显对母亲的感情旨在娶母为妻。难道儿童阶段的感情果真这样浓烈吗？还是在研究的过程中偶然引入了一个新成分从而让我们蒙受欺骗了呢？实际上这种新成分并不难察觉。不管是什么时候,不管是什么人,若是要对过往的一件事进行表述,即使他是个历史学家,也难免会在不经意之间让往日的阶段混杂着现代与近日的色调,所以,往日的事情难免会丢弃它原本的真相。对精神病患者来说,用现在来对过去进行说明是否彻底形成于无意之中终归值得怀疑;未来我们还能明白这件事同样有它自身的动机,至于这个"回溯往日的幻想"(the retrogressive phantasy-making)的问题,也务必要进行分析。同时我们能马上明白对父亲的愤恨,由于来自其他关系的各种各样的动机而肆无忌惮；对母亲的性爱渴望同样采取了儿童意想不到的方法。只不过倘若我们想凭借"回溯往日的幻想"与日后所引发的动机,来对整个俄狄浦斯情结进行说明,难免会徒劳无获。尽管这种情节存在些许之后加入的要素,但它幼时的基础依然岿然不动,而这可以通过对儿童的直接观察进行证明。

所以,通过研究俄狄浦斯情结而获得的临床事实,在实际上显得尤为重要。我们都晓得当性本能处于青春期时便会竭力寻求其满足,它反复将亲属作为对象从而释放里比多。婴儿对对象的选取虽只像出于儿戏,但它却为青春期的对象筛选找到了方向。处于青春期,存在一种非常猛烈的情感表露以呈现俄狄浦斯情结;然而由于意识早已晓得严格防卫,因此这类情感的大多数不得不在意识以外停留。一个人自青春期开始便不得不致力于从父母的管束之中逃脱出来,唯有这种逃脱具备一定的成就以后,他才会变成社会的一员,而不再是一个孩子。对男孩来说,这项工作旨在让性的欲望对象不再是母亲，而是从外部环境中另外寻找到一个真实的爱的对象；除此之外倘若他依然对父亲存在敌对情绪，则他必然会竭力寻求和解；倘若他由于反抗无效而彻底服从，那他必然会竭力从其控制之中摆脱出来。此类工作是每个人都无法避免的；但是完成得较为理想的，也就是在心理以及社会层面获得圆满解决的，屈指可数，这是值得留意的事情。而对精神病患者来说，这样的逃脱是彻底失败的，身为儿子会一生屈服于父亲，无法指引他的里比多转移到一个崭新的性对象。反言之，对女孩亦是如此。从这层意义来看，的确可以将俄狄浦斯情结看作是精神病的主要成因。

你们需晓得有关俄狄浦斯情结，在实际以及理论中依然存在很多尤为重要的事实，我仅能进行并不完善的记录。而对于其他各种各样的变式，我全都省略而不再叙述了。有关它的并不够直接的结果，我仅打算列举一个，然而这个结果会对文学创作产生深刻的影响。兰克曾在他所撰写的一本极具价值的著作中讲过，各个时期的戏剧家大多都会从俄狄浦斯与乱伦的情结以及它们的变式中选取题材。另有一点同样值得探讨：这便是，早在精神分析出现之前，俄狄浦斯所犯下的两大罪行早已被人们看作是无法控制的本能的真实呈现。百科全书派的学者狄德罗在其作品中有一段非常出名的对白，叫作《拉摩的侄儿》，被著名诗人歌德翻译为德文。以下的几句话你们需加以注意：假设这个小野人（注：也就是小孩子）自以为是，维持着他所有的缺陷，而在孩童时代缺少理性以外，同时加上三十岁成年人所具备的激情，那么他难免会将父亲的脖子扭伤，从而与他的母亲一起睡觉了。

另外仍有一件事，不得不附带加以叙述。俄狄浦斯的妻子也就是他的母亲，实际上能被用来解释梦。你们忘记了梦的研究结果,那么成梦的期望往往会带有倒错以及乱伦的意味,或者对心爱之人流露出始料不及的怨恨吗?那个时候尚且没有对这种邪恶的想法的起源做出说明。如今你总算能理解了。它们全是里比多的倾向,也即里比多在其对象上所进行的"投资",尽管发源很早,且在意识生活中早已被舍弃,然而进入夜晚后却依然会出现,并且具备相当的活动力。由于这类倒错的、乱伦的、杀人的梦不只是精神病患者所独有,同时是普通人所共同拥有的,因此我们能推测出,如今的普通人曾经也必然拥有过倒错现象以及俄狄浦斯情结;有所区别的,仅仅是从普通人的梦的研究中所察觉的感情,会在精神病患者的身上肆无忌惮罢了。我们之所以将梦的分析当作精神病症候分析的线索,这同样是缘由之一。

第二十二讲　有关发展与退化——病原学

里比多机能需要经历诸多领域的发展,而后才能发挥正常的生殖机能,这是之前已经提到过的。此刻我想表明这个事实对精神病的成因而言尤为重要。

从一般的病理学原则来看,我们能够认为这样的发展包含两类风险,也就是停滞与退化(inhibition and regression)。换言之,由于生物的发展历程原本就存在变异的趋向,因此无须都从出现、成熟以及消失这样一个阶段接一个阶段地经历;有些位置的机能或许会长久地在早期阶段中停留下来,最终在一般的发展以外,同时存在若干种停滞的发展。

我们还能通过其他领域的事实来对这种过程进行模拟。假设有一个民族准备远离家乡以寻找一片新领地(这是人类早期历史中常常发生的事情),必然无法全部抵达新领地。除了由于别的原因而去世的人,这群移民之中终归会有一些人在中途停留下来并定居,其他人则会继续往前走。抑或是,再就近找个比拟吧,你们全都晓得精液腺原本位于腹腔深处,对高级的哺乳动物来说,他们的精液腺会在胚胎发展的某个阶段中出现一种活动,最终移至盆腔顶部的皮层下方。部分雄性动物的这对器官或其中的一个,或许会在盆腔中停滞,又或许会在它必须经过的腹股沟管之中被永久阻碍下来,抑或是当精液腺经过以后,这个原本应该闭合的腹股沟管却并没有闭合起来。在我还是学生的时候,我在布吕克的指引下开始进行科学探究,观察的对象是一个非常古式的小鱼的背部脊髓的神经根的发源。这类神经根的神经纤维产自灰色体后角内的大细胞,这种状况无法在别的脊椎动物身上观察到。然而,我在之后发现位于后根脊髓神经节之上的灰色体外全都具备相似的神经细胞,所以,我便因此判定这种神经节的细胞是通过脊髓顺着神经根活动的。根据进化的发展,还能推测出如下的事实:便是这只小鱼的神经细胞中,同样会有很多神经细胞在必经路线的中途停留下来。然而这类比拟的缺陷,只需进行更为仔细的分析便能立刻发现。所以,我们只能认为各类性冲动的独立部分全都能在发展的早期阶段中停留下来,尽管余下的部分仍能同时抵达目的地。由此可见每一种冲动都能被看作是一条河流,自从生命伊始便持续不停地流淌着,同时这种流淌能被假设为各种持续往前的活动。你们认为这类概念仍需进行更为深入的解释,这是正确的,只不过难免会过于偏题。如今暂且将部分冲动在其早期阶段内的停留称之为(冲动的)执拗(a fixation)。

  这类分阶段进行的发展还存在第二类称作退化的风险。那些早已往前发展的部分同样很容易倒退回到早期阶段的发展。倘若一类冲动相对发展的机能遭遇外部强劲的阻碍,致使它无法获得满足，它仅有的方法便是往后转。我们还能假设执拗与退化彼此互为因果；在发展过程中执拗的地方越多，则其机能也会越易被外部阻碍攻克并倒退回到执拗之上；换言之，越是近来获得发展的机能，便越是无法抵抗发展过程中的外界阻碍。比如一个处于迁徙的民族，倘若大部分人都在中途停留下来，则那些继续前行的人，假设在路途中遭遇强劲的敌人或是被敌人打败，必然很容易倒退回来。同时，他们前行过程中在中途停留下来的人越多，便越会有被打败的风险。

你们若要理解精神病，尤为重要的是理应将执拗与退化之间的关系铭记于心，而后才可以对精神病的成因（或者病原学）进行更为可信的分析，这是不久之后我们所要谈及的。

现在我们暂时以与退化相关的问题为界。你们已经大致地了解了里比多发展，所以，你们能由此推出退化大概有两类：(1) 倒退回到里比多的第一类对象，我们早已知道这类对象往往具备乱伦的属性；(2) 性的全部组织倒退回到发展的早期阶段。这两类皆出现在"移情的精神病"（the transference neuroses），并且在它们的机制内都发挥着至关重要的影响。至于第一类退化特别是精神病患者所常有的状况。倘若对另外一种自恋精神病（the narcissistic neuroses）进行探讨，则对于里比多的退化将会有更多想表达的内容；然而此刻我们并不想多言。这类病况既能给予我们与里比多机能的其他发展过程相关的还未提及的结论，又能向我们呈现可以与这类过程相等同的新的退化方法。只不过我认为这个时候你们最好对退化作用与压抑作用之间的差异加以注意，并且要对这两类作用之间的关系有所理解。你们自然记得，一类心理层面的举动原本能变成意识的（也就是说它原本属于前意识的体系），但却被抑制成潜意识而坠入潜意识的体系，这个过程便是压抑。再比如潜意识的心理行为,在意识领域的门口被检查作用排斥在外,由此无法进入前意识的体系,我们将这个过程同样称作压抑。因此,压抑无须与性产生联系,这一点你们务必要尤为注意。压抑作用完全是一种心理过程,甚至可以看作是具备位置性的过程,这里的位置性,便是我们在内心中所假设出的空间关系;抑或是倘若这类粗浅的概念依然不能有助于创立学说,那我们尝试着变换一种说法,便是指关于若干类精神系统之中的一种心理装置的构造。

方才所讲过的比拟表明,我们所使用的是压抑一词的狭义用法,而并非是其广义。倘若我们从其广义的用法入手,以此来指发展阶段从高级降至低级的过程,则压抑作用同样会归属于退化作用之下;由此同样可以将压抑作用视为一种心理行为发展中的一切退回到较为早期或者较为低级阶段的状况。只不过压抑作用的倒退方向是无关紧要的,原因在于当一种心理过程从潜意识的低级阶段摆脱出来以前,若是停留下来且不再继续发展,我们可以将其叫作动的压抑作用。因此,压抑作用是一种位置上的动力的概念,而退化作用便完全是一种表述的概念。然而,我们之前曾讲到的与执拗作用一同进行探讨的退化作用,其实特指的是里比多倒退至发展停滞之处的一类状况,这便是说,从实质上来看它的属性与压抑作用之间存在很大差异或是并没有什么关系。我们绝不可将里比多的退化作用完全称之为一种心理过程,同时也不清楚这种退化作用究竟在精神机制之中处于什么位置;原因在于尽管退化作用能对精神生活造成很大的影响,但其中机体方面的成分依然极其明显。

这样的探讨非常容易让人产生无聊之感;所以,我们可以通过列举临床上的实际事例以此形成一种更为清晰的认知。你们早已知道移情精神病包括癔病与强迫性精神病两类。对癔病来说,尽管它的里比多常常会倒退至以亲属为主要性对象的阶段,但却很少或者以至于并未倒退至性组织的较早阶段。所以,在癔病的机制之中压抑作用占据了至关重要的位置。倘若我能通过推测来对这种精神病的已有知识进行补充,或许可对其情境进行如下的表述:处于生殖区管辖之下的部分冲动早已聚合在一起,但是这种聚合的结果遭遇了与意识相联系的前意识系统之中的抗力。因此,生殖的组织能被运用在潜意识中,但却无法运用在前意识,同时前意识对生殖组织的抗拒最终导致一种与生殖器统治之前所相似的状态。只不过事实上却又有所不同。从这两类里比多的退化作用来看,这之中倒退至性组织的前一个时期的那类退化作用,其实更让人感到诧异。原因在于这类退化作用无法在癔病中发现,但我们有关精神病的所有观念却又会受到目前与癔病相关的分析的过度影响,因此我们认可里比多退化的重要性远远位于压抑作用之后。倘若日后会在癔病与强迫性精神病以外增加有关其他精神病(比如自恋精神病)的探讨,那么我们的主张或许会有更进一步的发展与修正。

而对强迫性精神病来说,里比多倒退至之前虐待的肛门组织的时期,的确是一种最为显著的因素,并且对症候所应具备的形式加以判定。爱的冲动务必要在此时伪装成虐待的冲动。"我想杀了你"的这种强迫的观念(当它从一些附带的且无法忽略的要素之中脱离出来)的意思便是"我想拥有你的爱"。倘若你们再次想起,当这种冲动又倒退至原来的核心对象之上,并且唯有最为亲密且心爱的人才可以让这种冲动获得满足,你们必然会知道由于这类强迫想法患者将会产生怎样的恐惧,以及这类想法又是如何无法用他的意识加以说明。只不过在这样的精神病机制之中,压抑作用同样占据一定的地位,同时这种地位并非一瞬间的观察就能解释清楚的。里比多的退化作用若是毫无压抑作用，必然无法导致精神病，而只能造成一种倒错状态。你们由此可知，压抑作用其实是精神病最为主要的特点。若是有机会我可以跟你们讲讲与倒错状态的机制相关的知识，到那个时候你们就会明白这类状况远不如我们从理论角度进行的推测那么简单了。

倘若你们将对里比多的执拗作用以及退化作用的解释看作是精神病病原学的最初研究，那么你们或许会马上接受这种解释。对于这个问题，我已经告诉你们的仅仅是片段化的知识：这便是，倘若人们不具备让自己的里比多获得满足的可能性，便极易患上精神病——因此我们认为人们是因为被"掠夺"而患病的——并且他们的症候其实是对丢失的满足的取代。这自然并不是说当任何一类里比多被掠夺后都会导致人们患上精神病，而仅仅是从已经被分析的所有精神病来说，掠夺作为一种成因是众所周知的。所以，这句话绝不可反言之。想必你们肯定明白这句话的用意并非是要揭露精神病病原学的一切奥秘，而仅仅是用来对一个重要的且必不可少的因素进行强调罢了。

此刻为对这个命题进行更深一层的探讨，我们还不确定应该是从掠夺的本质谈起，还是从被掠夺者的独特性格谈起。掠夺原本并非囊括所有的必然会致病的因素，倘若想要引发疾病，那么被掠夺的必须是那个人所期望的且是仅有的满足方式。简单而言，人们能够用很多方法来对里比多无法获得满足进行忍耐并以此避免患病。我们还晓得有很多人可以自行抑制欲望以避免其害；那个时候他们虽有可能无法开心地生活，或有可能忍耐着无法满足的欲望，但却绝对不会因此而患病。因此，倘若我们能用"弹性"一词的话，那么我们必然会判定性冲动非常富有弹性。这种冲动可以用来取代另外一种冲动，倘若这种冲动在实质上无法获得满足，则另外一种冲动往往能提供完全的满足。它们之间的关系仿佛是一组灌满了液体的水管,彼此连接形成网状结构,尽管它们全都处于生殖欲望的控制(这种经受控制的要素并非是想象就能轻易得出的)之下。同时性的部分本能与将这类本能囊括在内的统一的性冲动之间,能够将彼此的对象进行调换——换言之,也就是全都可以调换到一种易于获得的对象;这种彼此调换以及快速接纳取代物的能力,自然会对掠夺的结果造成一种强劲的反作用。这类抑制疾病的历程之中的一种,在文化发展方面占据了至关重要的位置。由于具备这种历程,因此性冲动才可以舍弃之前的部分冲动的满足或是生殖满足的目标,反而采用一种新目标——这个新目标虽然会在形成上与第一个目标之间存在联系,但却不再被看作是性的,从性质上务必要将其称作社会的。这个历程被称为升华作用(sublimation),也正是由于这个作用,我们才可以将社会性的目标上升至性的(或者绝对的利己主义的)目标上。附带补充一句,升华作用仅仅是一个特例,用以说明性冲动与其他非性冲动之间的联系。对于这一点,待日后再做探讨。

倘若你们认为对性的不满足存在如此之多的忍耐方法,则对性满足的掠夺便是一个无关紧要的成分了。然而并非如此,它依然具备导致疾病的能力。尽管应对性的不满足的方法有很多,但却往往感到不足以在实际中加以运用。毕竟普通人所能忍受的里比多的不满足程度有一个限度。里比多的弹性以及自由灵活性并非是我们每个人都可以完整保留的;很多人的升华能力都是微不足道,这自然不用多说,纵然是有升华能力也只不过是对里比多的一部分进行释放。这类限制之中,很明显有关里比多的灵活性是尤为重要的,原因是一个人所能寻求的目标与对象的数量极其有限。你们要明白里比多的并不圆满的发展,会让它执拗于较为初期的性组织以及(大多是在实际中无法满足的)对象的选取,这类执拗的范畴非常广泛(有时候数量同样很多);因此里比多的执拗便是第二个强劲的要素,与性的不满足一起构成精神病的成因。对于这一点,我们可以简述如下:精神病的成因之中,里比多的执拗象征着内心层面的原因,而性的掠夺象征着来自体外的偶然因素。

我想借此奉劝你们不要在毫无意义的争辩中发表言论。对于科学的问题,人们往往会将真理的一个方面视为全部的真理,而后由于对真理的这一因素的赞成,便对真理的其余部分产生怀疑。精神分析活动中若干部分早已被这样肢解了;有些人仅仅认可自我冲动但却对性的冲动加以否定;另有一些人只能发现生活中实际事业的影响,但却忽略了个体过去的生活,类似这样的还有很多,此处不再一一详述。除此以外仍有一个还未得到解决的两难的问题:这便是,精神病究竟是发源于内呢还是发源于外呢?——换言之,精神病究竟是某类身体结构的必然产物呢,还是因个体生活中的某些"创伤"(traumatic)经验而导致的结果呢?将范围缩小一点来说,精神病究竟是因里比多的执拗与性的结构而出现的呢,还是因性被掠夺的压力而出现的呢?这个疑惑的滑稽感仿佛正好类似于以下的这个疑问,这便是,小孩究竟是诞生于父亲的生殖行为呢,还是诞生于母亲的孕育?也许你们会觉得这两个条件都是必不可少的。虽然精神病的条件与此有所区别,但却同样非常相似。从原因的观点来看,精神病可以排列为一个绵延不绝的系列,这个系列之中的两个因素——也就是性的结构与经历的事件,抑或是你们若是同意,便将它们称作里比多的执拗与性的掠夺吧——倘若有一个占据了优势地位,那么另外一个便会依照比例退而居其次。位于这个系列的一端存在这类可以用以举例的极端事例:由于里比多的发展这类人和普通人之间有所区别,因此不管存在如何的境遇或是经验,抑或是不管生活怎样舒适,最终难免会患病。而在这个系列的另外一端,便存在另外一些极端事例——倘若生活并未让他们承受各种各样的负担,他们便不至于因此患病。位于这两者之间的事例,即倾向的因素(也就是性的结构)与生活中的有害经验之间会彼此增减从而按照比例进行混合。倘若他们并不具备某类经验,那么他们性的结构便并不足以导致精神病;倘若他们的里比多存在各类结构,那么生活的改变同样并不足以导致他们患病。在这个系列之中我可能会更偏重于性的结构这一因素,只不过这也取决于你们究竟是在什么地方为神经过敏划分界限。

此处我想让你们明白这个系列可以被称为互补系(complemental series),另外仍要提前告知你们,在别的方面同样会存在这样的互补系。

里比多常常会执拗于独特的出路以及对象并保持不变,而这便称之为里比多的"依附性"(the adhesiveness of the libido)。这种依附性仿佛是一个单独的因素,因人而异,虽然它的决定性要素还没有被我们周知,但它在精神病病原学方面的重要性却是毋庸置疑的。与此同时,它们彼此之间同样存在非常紧密的联系。在很多情境之中,正常人的里比多同样会具备相似的依附性(而究竟是何原因却仍未获知)。在精神分析出现以前,同样有人(比如比纳)察觉在这类人的记忆之中,常常会清晰地记起儿时所具备的变态本能的倾向或者是对象选取的印象,之后里比多就会依附在此,终身无法得以逃脱。为何这种印象会对里比多产生如此有利的诱惑力,常常难以说明。我想以我亲自观察过的一个人举例说明。面对女性的生殖器官以及其他所有的迷惑,这个人皆表现得非常冷淡且置若罔闻,然而唯有某种样式的穿着鞋子的脚,能够引发他无法抑制的性欲;他依然记得六岁时发生的一件事,致使他的里比多形成了这样的执拗,那个时候他正坐在保姆身旁的一个椅子上,而保姆在教他朗读英文。她是一个年迈的普通妇女,眼睛湛蓝且湿润,鼻部扁塌且往上仰,当天由于一只脚受伤,她便穿着呢绒质地的拖鞋并将脚置于软垫上方,而腿部非常优雅地掩藏起来。而后便进入青春期,他在暗自进行了正常的性活动以后,唯有近似于保姆的瘦弱却又强劲的脚才能充当他的性对象;倘若还有其他特征能够让他回忆起那位英国保姆,那么他会更深入地被其所诱惑。只不过这种里比多的执拗并不足以让他患上精神病,而仅仅是让他出现倒错。我们就此认为他变成了一个脚的追崇者(a foot-fetichist)。你们由此可知虽然里比多的过度的还未完善的执拗是精神病必不可少的条件,但是它的影响力却早已超出精神病的范畴以外;只不过仅仅以这个条件并不一定会引发疾病,这与之前所提及的性的掠夺一样。

由此,精神病的起源仿佛更加繁复了。实际上,通过精神分析的研究我们已经发现一个崭新的因素,只不过这个新因素还没有在病因中加以讨论,仅仅是显著地存在于因猛然患上精神病而丧失健康的人们身上。这类人往往会表现出和欲望背道而驰的或者精神矛盾的症候。他人格之中一部分会维护某类欲望,而另外一部分便会进行抵抗。但凡是精神病必然都会存在这样的一种冲突。这仿佛并无什么独特之处;正如你们所知我们每个人的精神生活之中往往都会存在亟待解决的冲突。因此在这类冲突可以引发疾病之前,仿佛必然会预先存某些独特的条件有待达成;如今便能追问这类条件究竟为何,内心中究竟会有哪些能量加入到这类致病的冲突之中,并且这类冲突又与别的致病因素之间存在怎样的关系。

尽管难免会有些失之简略,但我依然希望可以对这类问题进行勉强让人满意的答复。冲突之所以是因性的掠夺而出现,原因在于当里比多无法获得满足时,便不得不去寻找其他的出路以及对象。但是这类出路与对象能够让人格的一部分产生反感,因为形势有所限制,因此新的满足便无法达成。而这就是症候出现的立足点,日后还会再进行说明。性的欲望一旦被制止,便会选择一种曲折的出路向前行进,并且想要冲破这种阻力还务必要经历各种各样的伪装的方式。所谓的曲折的出路其实是对症候的形成来说的;症候便是由于性的掠夺而引发的崭新的或是取代的满足。

精神冲突的内涵还能有另外一种表述,这便是:外部的掠夺务必要在内部的掠夺的辅助之下,才能引发疾病。倘若这两者是相辅而行的,则外部以及内部的掠夺必然会和不同的出路以及对象之间彼此联系;外部的掠夺消除了满足的第一类可能,而内部的掠夺又会将另外一类可能消除掉,而这第二类可能便正好成为精神冲突的症结所在。我之所以会这样表述,同样存在一种深意;这便是说处于人类发展早期之中的内部阻碍,原本是因实际中的外部阻碍导致的。

但是对性欲所需的能量加以制止或是引发疾病的另外一组冲突,究竟从何而来呢?从广义的角度而言,我们可将它们看作是一些非性的本能,能被囊括在自我本能(ego-instincts)一词之下。对于移情精神病的研究,本来并未向我们提供可以对这类本能进行更为深入的研究的机会;顶多也只是从患者的抵抗研究中粗略地发现这类本能的属性。因此,引发疾病的冲突便是自我本能和性本能之间的冲突。一系列的病例之中,各不相同的纯粹性的冲动之间仿佛同样存在一种冲突;只不过在出现冲突的那两类性的冲动之中,往往会有一类被自我认同,而另外一类便会被自我抗拒。归根结底,这其实还是同一件事。因此我们依然能称之为自我与性之间的冲突。

在精神分析将心理历程看作是性本能的一种呈现后,学者们全都怒不可遏地反复表示抗议,认为除了性本能与兴趣,精神生活中必然存在其他本能与兴趣,同时还认为我们不可以把所有事情都追溯至性;诸如此类。实际上,一个人只需与对立者表示赞同,那同样会是一种真正的开心。精神分析始终并未忘却非性的本能的存在这一事实;精神分析原本便是在性本能与自我本能之间的严格区分上建立起来的;不管人们如何反驳,它却依然认为精神病是由自我与性之间的冲突引发的,而并非是因为性。尽管它会对性本能在疾病以及日常生活中所处的位置进行分析,但却并未打算对自我本能的存在或是重要性加以否定。有所区别的,便是精神分析将对性本能的分析当作自己的首要任务,这是由于在移情精神病中这类本能是最易分析的,同时还在于精神分析必然是对人们忽视的事件进行研究。

由此,我们就不可以说精神分析完全不顾人格所具备的非性的部分。从自我与性之间的差异来看,很明显自我本能的主要发展必然依赖于里比多的发展,同时对里比多的发展同样存在一定的影响。我们对自我发展的认知,其实远不如对里比多发展的认知全面,原因在于我们唯有具备有关自恋精神病的分析,才有可能了解自我构建。然而费伦齐(参见他所编写的名叫《对精神分析的贡献》一书,英文名为"Contributions to Psycho-Analysis",由琼斯译制的英文版本,第八章,第181页)同样曾致力于在理论上对自我发展的若干阶段进行推断;起码有两点能被我们用来奠定深入分析这个发展的坚实基础。我们必然不会认为个体的里比多兴致,在最初就已与自我保存的兴致之间出现矛盾;实际上,自我在每个时期中都会迫不得已与性组织的对应阶段进行彼此调和以此寻求适应。也许里比多发展的各个时期的延续都具备一个规定的流程;只不过这个流程同样能受到自我发展的作用。我们还能假设这两类发展(也就是自我与里比多的发展)的各个时期之间存在一种并行或者相联系的状况;这种联系一旦被毁坏,就会变成引发疾病的因素。特别重要的便是如下这个问题:倘若里比多在发展过程中强劲地执拗于一个较为早期的阶段,那么自我会持什么态度呢?或许它会包容这种执拗,由此便会导致倒错的,或者是天真的状况;然而它同样能拒绝里比多拥有这样的执拗,最终结果便是倘若里比多具备一种执拗,那么自我必然会形成一种压抑活动。

由此,我们便可得出这样一个结论:引起精神病的第三个因素,也就是对冲突的易感性(the susceptibility to conflict),它和自我发展之间的关系恰好等同于它与里比多发展之间的关系;因此我们对精神病成因的理解便得以扩充了。第一个便是性的掠夺这个最一般的因素,第二个便是里比多的执拗(逼迫性精神病潜入独特的途径),第三个便是自我发展排斥了里比多的独特亢奋,因此便形成冲突的易感性。所以,这个事实并没有你们推测的那样诡秘且难解。只不过我们在这方面的任务依然还没有结束;原因在于仍需补充很多新事实,此外仍有一些已经知晓的事情需要做更深一层的研究。

为解释自我发展对冲突的趋向以至于对精神病形成的影响,我准备用以下的这个例子,虽然这个例子完全来自于想象,但也未必并无其事。我可以用内斯特罗的一部滑稽剧的名字《楼上和楼下》(On the Ground-floor and in the Mansion)来命名它。假定楼下居住的是一个佣工,而楼上住的是富足的主人。两者都有小孩,我们可以假设那位主人准许他的小女儿与佣工的小女儿一起嬉戏且不加以监控：这两个女孩之间的嬉戏极易变成"调皮的"，也就是伴有性的意味；她们假扮为父母亲，彼此窥探大小便或者换衣服的举动，彼此刺激着生殖器官。佣工的女儿或许会扮演迷人的女性角色，原因在于她虽然只有五六岁，但却已经掌握了很多与性相关的事情。尽管这类游戏行为的持续时间非常短暂，但却足以引发两个孩子的性亢奋，并且在游戏结束以后，会存在若干年的手淫行为。尽管她们的经历一样，但最终结果却大不相同。佣工女儿的手淫行为或许会持续直至月经到来，到那个时候停止手淫自然没有什么困难之处；若干年以后，遇到心爱之人，有可能会生下一个小孩；而在生活之中，东奔西跑地寻找出路，或许会变成一位知名的女演员，并以贵族太太的身份度过余生。也有可能她的一生并没有如此卓越的成就，但是不管怎样，绝对不会由于还没有成熟的性活动而有所损害，她不仅不会得精神病，还能非常舒适地生活下去。而那位主人的女儿便截然不同。她在孩童时期，很快便会产生负罪感；过不了多久，她便会竭尽全力想要从手淫的满足中逃脱出来，然而内心却总会感到烦闷。待年龄稍长且对性交有所了解时，便情不自禁地产生莫名的恐惧，期望最好什么都不知道。或许她会再次感觉到无法控制的手淫冲动，然而她并不想告诉别人。在她准备结婚的时候，精神病会猛然发作，致使她排斥结婚与生活的乐趣。倘若我们通过研究而对这种精神病的过程有所了解，便会明白这个接受过良好教育的、聪颖的、完美的女孩早已彻底将性的欲望压抑下去；只不过这类欲望能够无意识地依附在她小时候与玩伴共同拥有的些许邪恶的经历之上。

尽管这两个女孩子拥有一样的经历，但却有不一样的结果，之所以这样，是由于一个女孩的自我获得了一种另外一个女孩所不具备的发展。对佣工的女儿来说，不管是在她的孩童时期或是成年以后，性的活动仿佛都是自然的且毫无害处。由于主人的女儿接受过良好的教育，于是便会用她所接受的教育标准进行衡量。当她的自我遭受这样的刺激以后，便会出现一种女性的圣洁无欲的理想，这和性行为无法并列存在；同时她所接受的理智训练又会让她对自身的女性责任感到蔑视。处于她的自我之中的这类崇高的道德与理智的发展，则会让她和性需求之间彼此冲突。

有关里比多的发展仍有一点，我准备在今日进行讨论，这不只是因为这样能够开阔眼界，同时还能证实我们在自我本能和性本能之间规定的严谨且难以理解的分界线，证明其具备一定的合理性。此刻倘若要对自我与里比多的发展进行探讨，务必要尤为注意之前所忽略的一个方面。坦白讲，这两者皆因为遗传，皆是全人类由远古以及史前进行演化的缩影。对里比多的发展来说，这样的种系发展历史的源点在我看来是一目了然的。试想部分动物的生殖器官与嘴巴之间存在紧密的联系，部分动物的生殖器官与排泄器官之间并没有界限可言，部分动物的生殖器官其实是其运动器官的组成之一；波尔希在其名作中对这类事实的描述颇有趣味，可用来当作参考。由此可以这样讲，动物由于性组织的表现形式而具备各种各样坚不可摧的倒错状态。对人而言，这样的种系发展历史并不是非常明显，原因在于大体上凡是遗传的属性全都需要个体再次习得，而这或许是由于原本能够引发这类习得的要素，此刻依然存在且对个体有所影响。我认为它们原本会造成一种新反应，如今则是导致一种倾向了。除了这些，任何个体已定的发展方式同样会由于外部印象的影响而加以改变。然而让人类不得不出现这类发展并且如今依然可以持续不变的势力，便是我们早已知晓的；这便是现实所提出的掠夺作用；抑或是倘若我们想要为它冠上一个真名，便可将其称之为必要性，或者生存竞争。必要性仿佛是一个严苛的女教师，传授给我们很多知识。但精神病患者却是这种严苛所造成的恶果；不管是哪一种教育都难免会存在这样的风险。这种将生存竞争作为进化动力的理论，无须对"内部的进化趋向"（inner evolutionary tendencies）的重要性进行删减，假设存在如此的趋向。

当性本能与自我保存的本能与现实生活中的必要性相遇时，它们所呈现出的行为大不相同，而这颇值得我们加以注意。自我保存的本能与所有归属于自我的本能全都比较容易加以控制，很早以前便处于必要性的控制之下，并且致使其自身的发展顺应了现实的要求。这是能被理解的，原因是倘若它们不顺应"现实"的要求，则无法获得其所需要的对象，同时个体若是缺少这类对象，难免会因此死亡。而性的本能则相对难以管控；原因是它们始终不会有缺少对象的感觉。它们仿佛既依附在其他生理机能之上，同时又能从自身之中获得满足，因此它们一开始就不会受到"现实"必要性的教育作用；对大部分人来说，他们的性本能可在各个方面终身保持如此的固执性，或者是"无理性"，不会遭受外部影响。并且一位年轻人的可教育性，大致在性欲突然出现之时已经宣告结束。对于这一点教育学家全都明白，同时还晓得怎样应对；然而或许他们会愿意接受精神分析结果的作用，从而将教育重点转移至吸奶阶段开始的幼童。小孩在四五岁的时候，往往已经变成一个完整的生物个体，只不过是在日后才将他们的天赋异禀渐渐表现出来而已。

倘若我们想对这两组本能的内涵进行充分的理解，就务必要略微偏离主题，反而将那些能被看作是经济的某一方面同样囊括在内；这便是精神分析的一个至关重要的，同时又是最难理解的部分。或许我们可以提出如下的一个疑问：心理器官的活动有无主要的目标？我们给出的答案便是认为其目标旨在寻求欢乐。我们全部的心理活动仿佛都是在决意去寻求快乐而逃避痛苦，并且自愿接受唯乐原则（the pleasure-principle）的调控。我们迫切想要了解的便是什么样的条件能够引发快乐，什么样的条件能够导致痛苦，然而如此的知识恰是我们缺乏的。我们仅能通过推测：心理器官之中的刺激成分减弱、降低或是消失不见，便能充分地引发快乐；而当刺激的分量得以增加，便能充分地导致痛苦。毋庸置疑的是，考虑到人类所能具备的最为猛烈的快乐，其实就是性交时所获得的快乐。由于这类快乐的过程便是在心理中的亢奋以及能力的分配，因此我们可以将如此的考虑称为经济的。我们仿佛可以在偏重寻求快乐以外，通过其他较为一般的文字来对心理器官的行为进行描述。到那个时候，我们便能说心理器官其实是用来对依附在自身之上的刺激分量或者纯粹的能量进行控制或者释放。很明显性本能的发展一直以来都将寻求满足作为目标；这种机能能够永久地维持不变。自我本能一开始亦是这样；只不过由于遭受必要性的影响，便马上明白通过其他原则来取代唯乐原则。由于它们觉得逃避痛苦的任务与寻求快乐的任务具备相同的重要性；因此自我便明白偶尔务必要放弃直接的满足，推迟满足的获得，忍受某种痛苦，以至于不得不对某类快乐的源泉加以舍弃。当自我接受如此的训练以后，便会成为"合理的"，不会再遭受唯乐原则的调控，反而服从于唯实原则（the reality-principle）。这种唯实原则究其根本同样是在寻求快乐——只是其所寻求的是一种被推迟的、缩减的快乐，由于与现实相契合，因此不易消退。

从唯乐原则转变至唯实原则，其实是自我发展过程中的一个至关重要的进步。我们早已清楚性本能之后同样会随之勉强地度过这一时期；随后还能晓得人的性生活之所以获得满足，仅仅是由于具备了外部现实的薄弱的基础，最终将会出现怎样的结果。此刻在结论之中同样能提出与这个问题相关的一句话。假设人类的自我存在类似于里比多的发展，那你们若是听闻自我同样具备退化作用，便无须感到诧异，同时还会渴望知道在精神病之中，自我倒退至发展的早期究竟会占据怎样的地位。

第二十三讲　症候的形成过程

从普通人的角度而言，症候就是疾病的本质所在，痊愈便表明症候消失不见了。而在医学领域中，非常有必要将症候与疾病区分开来，也就是说，症候的消失并不意味着疾病的痊愈。只不过当症候消失以后，人体内残存的能够形成新的症候现象的能力，便是疾病中仅有的可以研究一番的部分。所以，我们便可以暂时采纳普通人的观点，认为倘若我们对症候的基础有所了解，便等同于知道了疾病的本质。

症候——此处探讨的必然是心理方面的（或者说是心因性的）症候以及精神疾病——对一个人的各种各样的活动而言，都是百害无一利，或者起码可以说是没有益处的；患者也常常会对可恨的症候深感苦痛。症候在患者身上造成的损害，主要体现在它对人体所必需的心理能量的耗损，同时病人也不得不耗损更多的能量来与症候做抗争。倘若症候的范围非常广泛，那么患者最终会在这两种能量耗损下变得心力枯竭，以至于无法应对自己生活中的重要事宜。简单而言，最终结果主要是依人体所耗损能量的多少而判定，因此你们便可以明白从本质上来说，"疾病"是个非常实用的概念。只不过倘若你们并不关心这个数量有多少，而只是从理论的角度来看待的话，那便可以说我们或多或少都有些神经质了，原因是症候出现的先决条件存在于每个正常人身上。

以精神病的症候为例，我们早已明白它是某种冲突的结果，而这种冲突则源于患者在追求里比多的时候获得了一种崭新的满足。这两种彼此冲突的能量会在症候里再次相遇，并且会因在所形成的症候中相互妥协而获得彼此调和的效果。正因如此，症候才会具有如此的抵御力；至于它可以继续维持并且不消失，则是得益于两种能量之间的相互抗衡。此外我们还晓得在这两种彼此冲突的成分中，有一方是没有获得满足的里比多，也就是由于"现实"排斥而不得不寻找其他的满足方式。倘若"现实"是非常无情的，那么即使里比多用另外一个目标来取代那个无法触及的目标，最终的结果依然是倒回原处，它不得不去之前挣扎过的组织或是早已丢弃的目标中寻求满足。因此，里比多倒退回到之前经历过的那些驻足不前的执着的地方。

倒错过程与精神病的病程之间存在非常明显的差别。倘若这些退化效用并未引发自我的反抗，那最终便不会产生精神病；里比多依然能够获得某种虽不正常但却真实存在的满足。但是，倘若自我不但控制着意识，并且控制着运动神经的分配以及心理冲动的达成，同时假设它并不认同这样的退化，那最终便会出现冲突。由于里比多被遏制，所以迫不得已寻求另外一条可以释放能量的途径，以此符合唯乐原则的标准。总之，它务必要远离自我。然而此刻在倒退回到过去的途中所经历的执拗点——在此之前这些执拗点曾被自我借助压抑而加以遏制——此时恰好可以用来躲避自我。于是里比多倒退回去并且再次来到这些曾被遏制的"地方"，因此从自我以及自我法规的统治之下逃离出来；只不过在这期间也将以前在自我指挥下获得的所有训练都丢弃了。倘若里比多在此刻获得满足,便会比较容易管控;然而倘若它遭受到内外剥削的双重压榨,便会变得非常顽强且难以驾驭,同时会对往日的美好时光产生依恋。而这便是它最为核心、恒久的本质所在。由于里比多在这个时候所依赖的观念归属于潜意识体系,因此它同样具备这个体系所独有的过程——也就是凝缩作用与移置作用。所以,它出现的前提非常类似于梦境出现时所具备的前提条件。在潜意识中,里比多所依赖的观念(也就是人们所说的"里比多的象征"[libido-representatives])迫不得已要和前意识中的自我能量进行彼此间的抗衡,就像是隐梦一般,一开始当它在潜意识之中由思想本身产生以此来满足潜意识所构想的渴望时,便会出现一种(前)意识的行为对其进行检测,仅仅只允许它在显梦之中形成和解性的建构。尽管自我对里比多有如此强烈的反抗,但后者依然需要采取一种独特的呈现方式,以便让两者的抵抗力都能有比较不错的发挥。所以,症候便表现为潜意识中的里比多的渴望获得多样化的满足,同时也是彻底矛盾的两种意义的绝妙筛选的混合。只不过对后者来说,梦的出现于症候的出现存在一定差异;梦境形成时的一切前意识旨在维护睡眠的完整性,不允许那些对睡眠造成干扰的刺激进入意识之中;然而对于潜意识中的渴望与冲动,它并不会严令制止。之所以它会显得相对柔和,原因在于当人处于睡眠状态时危险系数较低,而且进入睡眠的要求本身便能充分阻止渴望变为现实。

你们要晓得当里比多遭遇冲突时,它之所以依然可以逃脱,正是由于执拗点的存在。既然里比多倒退回到了这些执拗点,因此便非常敏捷地躲开压抑的影响,同时在维持妥协的状态下,得到某种发泄——抑或是满足。它正是采用这种迂回曲折的手段,并且利用潜意识与以往的执拗点,最后终于顺利地得到了一种真实存在的满足感，尽管这个满足非常局限，并没有什么好说的。至于这个层面，仍有两个需要注意的地方。首先，一方面你们要留心观察里比多与潜意识之间到底存在什么样的亲密的关系，另一方面也要注意自我、意识以及现实之间的关系，尽管它们彼此间一开始并没有这种关系；其次，凡是我已经阐释过的以及未来还会提及的这个问题，都只是指癔病而已。

里比多到底是在什么地方寻找到它所需的执拗点并以此来逃离压抑的影响呢？那便是在婴孩时期的关于性的活动与经历之中，以及在儿童时期被抛弃的某些倾向以及对象之中。正是在这种地方里比多获得了宣泄。儿童时期具有双层含义：一方面，天生拥有的本能倾向在那个时候第一次显现；另一方面，其他本能由于遭受着来自外部的作用以及偶发性的情况，所以才第一次引发活动。在我来看，这种双层的区别是非常合理的。我们本来就没有否认倾向能够在外部显露出来；但是因为最终的分析与查证结果，让我们不得不假设处于儿童时期的完全偶发的经历同样可以引发里比多的执拗。在这一层面上，我丝毫无法看出有什么理论方面的困难。天生拥有的倾向自然是从先辈祖先那里继承而来的；它们同样是在某个阶段内习得的；倘若这种习得性并不存在，那所谓的遗传也就不复存在了。这种习得的特殊天性，本来是可以传承给后辈的，哪里会料想到刚一到后辈这里便突然遗失了呢？然而因为我们常常关注于先辈的经验以及成年人的生活经历，但却彻底忽略了儿童时期的经历的重要性；实际上儿童时期的经历更值得加以重视。原因是它们在还未彻底发展的时刻出现，会更容易形成重要的结果，但正是由于这个缘由，也才更轻易便能导致疾病。从鲁氏等人关于发展机制的研究理论来看，往一个正处于分裂状态的胚胎细胞团扎上一针，便能对发展造成非常严重的干扰；

与此相反，倘若幼虫或是生长期的动物遭受到相同的侵害，便能够彻底安然无恙。

之前已经指出，成人里比多的执拗是造成精神病体质的原因所在，如今还能再划分为两种类别：也就是天生拥有的倾向与在儿童时期学习获得的倾向。由于学生们全都倾向于用表格的方式来进行记录，因此这些关系便能以如下的列表方式呈现出来：

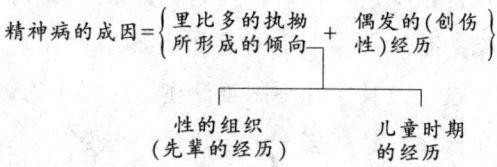

由于遗传的性的结构的侧重点有所不同，所以会呈现为无数各不相同的倾向，偶尔会因这一部分产生冲动，偶尔会因为那一部分产生冲动，偶尔仅仅只因一种，偶尔则混杂成无数种。性的组织与儿童时期的经历混合成另外一种"互补体系"（complemental series），这与之前所讲到的由成年人的倾向与偶发经历组合形成的系列非常类似。任何一个系列中都各自具备非常类似的极端事例，同时每个成分间也存在相似的程度与关系。这个时候理应对两类里比多退化中较为明显的一类（也就是退化恢复到更为早期的性的组织）提出疑问，是不是处于遗传构造成分的控制之下；然而最好是将这个疑问的答案暂时放在一旁，等探讨完更加多样的精神病的表现形式之后再做讨论。

此刻需要更加专注于这样一个事实：也就是通过分析与研究可知，精神病患者的里比多是依附在他们孩童时期的性经验上的。如此可知，这样的经验在成年人的日常生活以及疾病中占据着非常重要的位置；这个举足轻重的地位即使是就分析以及治疗过程来说，同样并未减少。然而从另外一种观点来说，我们很容易便能发现这一层或多或少存在被误解的风险，这样一种误解会导致我们彻底以精神病情境的观点来审视生命。倘若我们只要想起里比多是从新位置离开之后才倒退回复到婴儿时期经历的，那么婴儿时期经历的重要性便最终会降低。并且通过这个或许可以获得矛盾的定论，认为里比多的经验在其出现时本来就不是很重要，其之所以重要仅仅是由于之后的退化作用。要知道，之前当我们讲到俄狄浦斯情结的时候，也曾探讨过诸如此类的问题。

想要解决这一点其实并不困难。在退化作用的影响下，儿童经验之中的里比多快速增多——与此同时也提升了致病力；此话自然是毫无疑问的，然而倘若仅以此来作为决定性因素的话，同样会导致误解。其他观点也需要进行论证。首先，通过观察的最终结论，能够确信的是幼儿时期的经验具有其独特的重要地位，这一点在儿童时期早已表现得非常显著。实际上，在儿童中同样会出现精神病患者；由于精神病是紧随创伤性经历之后出现的，所以对儿童精神病来说，很显然时间上的颠倒成分肯定会大幅度降低，或者可以说是彻底消失不见了。对于婴儿精神病的研究分析，能确保我们对成年人的精神病不存在误解的风险，这便如同我们通过儿童的梦来了解研究成年人的梦一般。儿童的精神病是非常显而易见的，比我们平时所预想的更为普遍。我们将儿童的精神病视为是顽劣的举止或是表现，因而往往将其忽略，并在幼儿园生活中以绝对权威进行压制。但是仔细回想一下，便会发现这类精神病通常很轻易便能被识别出来。它们常常以焦虑性癔病的形式呈现；至于其意义所在，日后便可知晓。当精神病在较为年长的年龄阶段出现时，通过分析的结论可知这类疾病是幼儿时期精神病的直接延续，只不过幼儿时期或许以更为形象且隐蔽的方式呈现出来；然而之前早已阐释过，对某些实际的事例来说，儿童身上的神经过敏性同样可以持续一生。以为数不多的事例来说，我们自然是可以在精神病的情境下去研究分析一个孩童，然而更多的则是我们务必从成年患者出发去推测儿童所患的精神病，唯有在推测过程中做到谨慎之至，方能避免失误的出现。

其次，倘若儿童时期并无任何能对里比多产生诱惑的东西，那为何里比多会常常倒退回到儿童时期呢？这一点非常难以理解。处于发展中的某些阶段的执拗点，唯有我们假设它包含一定程度的里比多的时候，才具备意义。最终，我依然能这样讲，婴儿时期以及之后经验的强度与病原之上的重要性之间存在一种相互补充的关系，这与之前研究的另外两种系列间的关系非常相似。在某些实例中，发病的起因全都在于儿童时期的有关性的经验；毫无疑问这类印象具备一种创伤性的作用，仅仅只需在普通的性的组织以及不完善的发展的辅助之下，便能导致疾病发生。另外的一些实例中，发病的起因全都集中在之后出现的冲突之中，而分析更偏向于儿童时期的印象，似乎只是由于退化作用的影响所致。所以，我们可以拥有两个特别的例子，——也就是"停滞的发展"（inhibited development）与"退化作用"（regression）——然而在这两者中又存在各色各样的不同程度的混合。

部分人认为倘若教育能够及时对儿童的性的发展进行干预指导，就能够预防精神病的发生；对以上所述的各类事宜他们抱有非常强烈的兴致。坦白讲，倘若一个人以为只需关注婴儿时期的性的经验，或者是认为只需将性的发展减速，同时孩童不会因为这类经验而产生动摇，便是做到了防止精神病发生的大事了。然而我们都知道诱发精神病的因素远远要比这复杂得多，同时倘若我们只关注其中一个条件，必然不会获得成效。由于先天的条件的确是非常难以掌控的,所以在儿童时期的严苛的监督观察依然是毫无收效的。更何况进行控制并不像教育专家们所设想的那样简单,并且由此而引发的两类新风险更是不可小觑。或许控制得太过严密了,儿童若是过度地抑制自身的性欲,最终总是弊大于利,并且无法应对在青春期才出现的对于性的强烈的渴求。所以,在儿童期内进行精神病预防是不是有益,或者是一种已经转变了的对待现实的态度是不是更容易产生效果,全都是值得深思的。

如今请再来探讨一下症候。症候能够让患者萌生在现实中欠缺的满足;由于里比多与退化是无法分割地密切联系在一起,所以满足的手段便是让里比多倒退回到以往的生活,即倒退回到对象选择或者性组织的稍早前阶段。前边我们已经了解到,精神病患者往往无法从以往生活的某一个阶段逃离出来;如今才晓得这个存在于以往生活中的阶段恰好是他的里比多获得满足与欢乐的时期。他持续不停地回想以往的生活经历来追求这一阶段,以至于仅仅凭借记忆或是想象,以此渴求退回到吃奶的时候。症候在某种程度上再次实现了婴儿早期的满足方式,尽管在冲突造成的检察作用的影响下,这类方式不得不进行化装,抑或是偶尔转化成一种痛感,同时包含致病经验的因素。对于伴随着症候出现的满足,患者不仅不会感到满足,反倒会感到深深的痛苦,只想尽早脱离出来。这样的转化发源于精神冲突,症候也正是在这样的冲突之下产生的,因此以前感到满足的,如今却会造成他的抵抗或是惧怕了。至于与这类情感变化有关的简洁而又富有趣味的例子,便是我们每个人都熟知的:一个孩子原本非常喜欢吮吸自己妈妈的乳房,然而若干年以后,便会对乳汁表现出非常强烈的嫌恶,即使经受训练也无法消退;倘若在乳汁或是其他富含乳汁的液体表面出现一层薄膜,那这种嫌恶便最终会变成恐惧。这层薄膜或许会让他想起之前强烈喜爱的妈妈的乳房;与此同时他在断乳期所遭受的创伤性经历也会对其产生一定的影响。

此外还存在一层同样会让我们对症候是满足里比多的方法之一感到怪异且无法理解。日常生活中我们能够视为是满足的事物中,没有一个是在症候中显现的。由于大多时候症候都不依赖于对象,所以其与外部现实并没有直接接触。我们都清楚这便是丢弃唯实原则而退回到唯乐原则的后果;不过这也是退回到一种扩大化的自淫病,即一种最为早期的能够满足性本能的手段。它们并不会去改变外部的环境,而只是在体内寻求一种变化,也即通过内部行为来取代外部行为,通过适应取代活动——以物种史的观念来看,这同样是个非常重要的退化影响。倘若我们将其与一个在症候出现的研究之中发现的新成分合在一起进行探讨,这一点或许会更为明白。另外,我们都知道症候的形成过程与梦的形成一样,同样存在潜意识历程的影响,也就是凝缩作用与移置作用。与梦一样,症候同样象征着一种稚嫩的满足,然而或许是由于极端的压抑,这种满足能够转化成一种独立的感受或是冲动;又或许由于多重的移置作用,这种满足可以从整个的里比多情节中变换成一小部分细节。所以,我们无法轻易从症候中发现里比多的满足,也便不奇怪了,尽管我们时常可以证明其存在。

前面已经讲过了,我们还需要探讨一个新的因素,这的确是个让人感到诧异的因素。你知道通过对症候的研究分析,已经让我们对里比多的执拗以及从症候中出现的幼儿经验有所了解。然而奇怪的便是这些婴儿时期的经验未必全都真实可信。实际上对大部分实例来说,它们全是不可信赖的,偶尔甚至会与历史事实背道而驰。你们要明白跟其他所有事实相比较而言,这件事更容易让我们对得出这个结论的分析产生怀疑,抑或是对精神病的研究分析与分析得以形成的患者本身产生怀疑。除了这个,另外还有一件事让人感到迷惑不已。假设通过研究分析而看到的婴儿时期的经验全都是真实存在的,那我们便会感到拥有了坚固的基础。假设它们全来自于患者的虚构与想象,那我们便不得不将这种不可信的立足点摒弃,以寻找另外一条出路。但实际上两者皆不是,原因在于我们所知晓的是从研究分析中回想起来的儿童时期的经验,偶尔的确是虚构的,偶尔却又真实可信;对大部分实例来说,全是真假混杂在一起的。因此症候所象征的经验偶尔是真实可信的,我们可以确信它对里比多的执拗产生了巨大的影响;偶尔它象征的仅是患者脑海中的幻象,我们肯定不能将这种幻象视作是发病的缘由所在。此处想要寻求到一种妥当的方法确实非常不容易。或许可以在以下相似的事实中获得首个线索。在开始分析之前,在意识里边时常存留着与儿童时期相关的隐约的记忆,同样能被仿造,甚至是真假混杂在一起;由于这其中的错误之处随时随地都能被发现,因此我们起码能确信,患者或多或少要对这个意外的失望承担责任,而并非是分析。

我们稍加思考,便很容易明白这个疑问的怪异之处到底是什么。实际上,这便是对现实的蔑视以及对现实与幻象间的区分的疏漏;患者以随意编造的故事来耗费我们的时间,确实会让我们感到愤怒。对我们而言,幻象与现实之间不仅仅是天与地的差别;我们对其分别给予不一样的价值。当患者的思想处于正常状态时,有时同样会持有相同的态度。当他提供某些能够将我们引至其所期望的情境(也就是在儿童时期的经验上建立起来的症候基础)的资料时,我们分析研究的到底是现实还是幻象,便相当值得怀疑了。想要将这一层解决掉,唯有依据之后的某些征兆才有实现的可能性,并且那个时候我们还需要想方设法地让患者明白真实的结论，哪一部分是幻象，哪一部分是现实。这件事非常难办。原因在于倘若一开始我们便告诉患者，说此刻他所回想起来的便是他曾经用来掩饰儿童时期经验的幻象，就如同是每个民族都将很久以前早已遗忘的历史混杂上各色各样的神话传说，那或许他对这个问题的兴致会猛地就此降低，——他同样想要通过追求事实来轻视想象——最终的结果难免会让我们感到失望。然而假设我们暂时让他坚信我们研究分析的正是他早些时候的真实经历，等到研究完成的时候再说，那我们便要承担之后出现失误的风险，并且他会嘲讽我们如此轻易便上当了。他务必需要很长时间才能明白这个观念，也就是幻象与现实能够平级而论，并且一开始被分析的儿童时期的经历到底是归属于哪一类，根本无关痛痒。很显然这同样是对他的幻象持有的唯一正确观念。实际上幻象也是真实存在的一类事实。患者编造出来的这种幻象的确是事实，对精神病来说，这种事实的重要地位一点儿也不比他真实经历过的别的事实逊色。这种幻象象征的是与物质现实相反的心理层面的现实。我们慢慢了解到在精神病领域中，心理层面的现实是唯一核心的要素。

精神病患者在儿童时期常常出现的境况中有几个独特的含义，所以我觉得有特别观察的必要。对于这些，我打算举出以下事例：(1) 偷看父母的性交过程，(2) 被成年人诱惑，(3) 对阉割的恐惧。倘若你觉得这类事情绝对不会在现实中发生，那你就彻底错了；实际上，稍微年长一些的亲人们便可以证实这件事，毋庸置疑。比如当一个年幼的孩子开始摆弄自己的生殖器官，同时还不晓得需要将这种举止隐藏起来时，他的父母或者是保姆通常会恐吓他，警告说要将他的生殖器割下来或是将他那双罪恶的双手砍掉。由于父母认为这样的恐吓是其义务所在，所以当询问此事时他们常常会承认自己的所作所为；对于这样的恐吓，有很多人还会在自己的意识之中产生无比清晰的记忆，特别是当这件事在儿童期的后期发生时。假设发出恐吓的人是妈妈或其他女性，她常常会将父亲或是医生描述为这项惩处的执行者。以前在法兰克福有一位名叫霍夫曼的儿科大夫，他曾创作了一本叫作《斯特鲁韦尔彼得》的非常著名的图书，其之所以如此有名便是由于作者本身对儿童的性以及其他情结有着非常透彻的认识。在这本书中，你们会看到作者所提出的用割掉大拇指来惩处吮吸指头的行为，实际上这就是用以取代阉割理念的。通过对精神病患者的研究，阉割的恐吓似乎是非常普遍的，只不过实际上并非如此。我们不得不认为由于受到成年人的示意，儿童明白自淫的满足是不会被社会所容许的，又由于发现女性生殖器的构造并受到影响，因此便以这种知识作为捏造以上所讲到的恐吓的基础。同时存在可能性的是，尽管一个年幼的孩子不曾拥有什么理解与记忆，但却极有可能目睹父母或是别的成年人的性交过程——我们有理由确信他之后便可以明白那个时候所遭受的印象从而引发一定的反应。然而倘若他可以非常详细地描述出性交的动作，但事实上他从来也没有看到过，抑或是倘若他将这种动作描述为从后边发力，毋庸置疑，他脑海中的这种幻象肯定来自于对动物如同狗的交配的观察，并且他的产生动机正是儿童处于青春期而未被满足的偷窥欲望。至于想象他在母亲肚中观看父母的性交过程，那实在是极富想象空间的事情了。

至于引诱的幻象则更具独特的趣味，原因在于这常常并非幻象，反倒是事实的记忆；然而庆幸的是，它变成事实并不像由研究分析的结果所设想的如此普遍。经受年龄相仿或者较为年长的孩子的引诱要比经受成年人的引诱多得多；假设女性表述自己孩童时期经历的这件事,往往会将父亲视为引诱人,她出现幻象的性质以及动机都不再可疑了。倘若在儿童时期并未经受引诱,那他往往会以幻象来掩盖那个时候的自淫行为;他会因为手淫而感到深深的愧疚,以至于在幻象中认为那个时候确实有一位喜爱的对象。但是你们千万不要认为儿童遭受近亲引诱的事情纯属虚谈。大部分研究者在其所进行的临床治疗中,都确实存在这样的病例情况,毋庸置疑,然而这些事其实原本归属于儿童后期,只不过是在幻象中转移到儿童早期罢了。

但凡以上种种都只能引发这样一种印象:那便是这种在儿童时期形成的经验是精神病必不可少的要素。倘若它们确实曾以事实的形式出现,难道不是非常棒吗?但是倘若事实中并不存在这样一些经验,那它们必然是发源于暗示且由意匠管理的产物。最终的结果横竖都是一样的;在这些经验之中占据非常重要的位置的,不管是幻象或是显示,我们此刻也无法从结果中寻找到一丝差别。此处又是之前探讨过的那些呈互补关系中的一类;只不过是最为怪异的一类。这些幻象的必然性以及为它们提供的资料到底是来自何处呢?毫无疑问是源自本能;但是相同的幻象总是由相同的成分组成的,这又该做何解释呢?关于这个疑问,我倒是有个答案,对你们而言,这个答案或许有些太过荒诞了。我坚信这类原始的幻象(primal phantasies,这个名词是我用来专指这类幻象以及其他别的幻象的)是所有物种共有的。一旦个体处于以自身的经验无法应对时,便会采用先辈曾拥有的幻象。据我所知,但凡是今日在研究分析的时候所讲述出来的幻象,比如在儿童时期出现的引诱,看到父母性交时引发的性的亢奋,以及对于阉割的恐惧——抑或是对阉割本身而言——在人类史前的时期全都是真实存在过的;同时儿童在幻象中只能算是采用史前时期所真实存在的经验来弥补个人的实际经历。因此我们再次产生疑惑：与不管是哪一类学科相比较而言，精神病的心理学都能给予我们更多的与人类发展的最早模型有关的知识。

既然我们已经提及这些事实，便需要更为细致地探讨一下人们所说的"幻象形成"这类内心活动的发源与意义所在。正如你们所知，尽管幻象在心理生活中所处的位置并没有人知晓，然而粗略而言同样是非常重要的。对于这一点，我可以进行如下的详细解释。你们需要明白的是，由于人类的自我经受外界需求的训练而慢慢认识到现实的价值所在，因此渴求唯实原则，并且由于明白要如何进行，所以迫不得已暂时或是永恒地舍弃各种各样的寻求欢愉的对象与目标——不单只是与性有关的。然而放弃欢愉往往是非常艰难的；想要达到这一境地，势必渴求能有某种补偿。所以，他慢慢形成了这样一种内心活动，在这类活动中但凡是先前被抛弃的欢愉的源头以及获得满足的方法都被允许持续存在着，从而摆脱了现实的要求或是从人们所说的"检验现实"的行动中逃脱出来。任何一种渴望全都立刻转变为满足的念头；即使明明知道这并非现实，但在幻象中寻求渴望的满足固然是可以产生欢乐的。正因如此人们依然可以在幻象中不断地感受着不受外界干扰的自由，而事实上这已经抛弃了自由。因此他频繁更迭地演变，偶尔成为寻求欢乐的动物，偶尔又成为极富理性的人类，原因是从现实中获得的少之又少的满足是无法缓解饥饿之感的。正如丰唐所言，"拥有某种作为便会出现连带而来的收获"。在幻想的精神领域中出现的产物与这类情境完全相似，也就是在那些由于农业、交通以及工业飞速发展而丧失原始地貌状态的地方，能够形成一种"保留地区"与"自然花园"。这种保留地区存在的目的，旨在保护那些每个地方之前存在的但却出于必要性而不幸牺牲的事物能够肆意地繁衍成长，无论它们是毫无用处的或是存在害处的。幻想的精神领域同样是从唯实原则手中抢夺而来的保留地区。

白日梦是我们曾遇到过的最为人熟知的幻象的产物，是雄心、夸张以及性欲的幻象得以满足的产物。事实上越是需要谦虚，在幻象中会显得越发傲慢自大。如此可知，幻想中的幸福在本质上其实是回到一种不受制于现实束缚的满足。我们都晓得这类白日梦其实是夜梦的主要部分与初步模型；夜梦差不多也只是白日梦而已，也就是在夜晚通过内心活动的肆意蜿蜒，同时又通过夜晚出于本能的亢奋释放自由从而变成可能。我们已经知晓白日梦不一定是意识范畴内的，潜意识之中的白日梦同样是非常普遍的，所以，这种潜意识之中的白日梦是夜梦与精神病症候的根本所在。

在症候形成过程中幻象所表现出的重要性，你们阅读完以下的文字后便可知晓。之前我们已经讲过由于受到了掠夺，里比多才会退化到之前已离开但却依然包含少许能力的阵地上。对这番话我们并不打算取消或是改动，仅仅是打算在中间增加一个连环枢纽。那么里比多到底是怎样退回到这些执拗点呢？实际上被里比多丢弃的那些对象与途径，并非彻底被丢弃了，这些对象或是其附属的产物全都停留在幻象之中，并或多或少地保留着原本的韧度。里比多只需要倒退回至幻象之中，便能够顺着道路重新回到之前被抑制的执拗点。这些幻象原本都是被自我容许的；虽然它们与自我背道而驰，但是两者间并无实质上的冲突，所以自我便由此得以发展，这种原本依赖于某种要素恒定不变——这其实是一种数量上的要素，如今却由于里比多重新倒退回复至幻象之中而被搅乱了。由于幻象具备附加进入的能力，所以便义无反顾地渴望成为现实；到那个时候，幻象与自我之间的冲突便无可避免了。虽然这类幻象之前是属于前意识或是意识之中的，但如今难免要遭受自我的抑制,同时也会受到潜意识的引诱。里比多便是通过潜意识的幻象而深深潜入到潜意识之内的幻象的根本所在——也就是再次返回至里比多原先的执拗点上。

里比多回复到幻象其实是症候形成的一个中间过程,我们理应为它取一个独特的名字。荣格曾经想出了一个非常合适的名词叫作"内向"(introversion),只不过他将这个名词滥用在别的事物上了。然而我们仍会坚持这个观点:倘若里比多偏离真实的满足,反而过度地在之前原本并无害处的幻象之上积蓄的话,这样的过程便是内向。尽管一个内向的人还算不上是精神病患者,然而处在这样一种非常不稳定的情境中,倘若他那正处于转移之中的能力遭遇干扰,便足以造成症候的出现与发展,除非他可以为已被压抑的里比多寻找到其他的出路。精神病得以满足的虚妄性与其对幻象以及现实的区分疏漏,便是由于里比多在这个内向过程中停留而导致的。

你们都明白在最后几句话中,我在病因的线索中引入了一个崭新的因素——那便是一个与数量有关的因素;对于这个因素,我们不得不时常加以观察,与病因有关的一个完全的质的研究是不彻底的;抑或者可以这样讲,与这些过程相关的一个完全的动的概念是不充分的,此外仍需有经济方面的主张。我们要明白尽管两类彼此相反的力已经具备实质性的要素,同样不会出现冲突,除非两者都具备差不多的韧度。再者先天的要素之所以可以导致人患病,同样是由于他体内的一些本能拥有比其他更为强势的原因;以至于我们可以这样讲,从本质上来说每个人的倾向都是一样的,只不过是存在量上的差别而已。以对精神病的预防能力来说,这个量上的因素同样显得非常重要;一个人之所以可以避开精神病,便要视他体内一切还没有发泄出来的同时可以自由维持的能量的多少，并且这之中到底会有多少可以从性的方面得以升华并转移至非性的对象上。从本质上来说，心理活动的最终目标，可以看作是一种寻求欢乐躲避苦痛的奋斗，从经济的角度来看，便呈现为将心理器官中仅有的兴奋或是刺激的分量进行分配，让它们分散开来以免造成苦痛。

有关精神病症候的形成，我早已说了很多。然而我依然要跟你们说，今日所言仅是针对癔病的症候而已。尽管在本质上大致类似，但强迫性精神病的症候仍存在巨大差别。对癔病而言，自我早已对本能满足的标准表现出抗拒，这类抗拒在强迫性精神病中表现得更为明显，同时在症候中占据了非常重要的地位。至于别的精神病，不同之处显得更加广泛，只是我们还未对那些与精神病症候形成有关的机制进行完全的分析。

在这次讲解告一段落之前，我依然想让你们留意到一种所有人都颇感兴致的幻象生活。幻象也拥有一条能够重返现实的途径，这就是——艺术。与精神病患者相差不多，艺术家同样具备一种向内探求的倾向。他同样是被过于强烈的本能需求逼迫着；他渴求着荣耀、权力、财富、声名以及女性的爱恋；只不过他欠缺能够获得这类满足的方法。所以，他与每一个拥有欲望但却无法获得满足的人相同，远离现实，将他全部的兴致与里比多进行转移，从而在生活中形成欲望。这类幻象原本就非常容易导致精神病；它之所以未患病，必然是由于无数成分集结在一起共同抵抗疾病的侵袭；实际上，艺术家同样会由于染上精神病而让自己的才华遭受部分阻碍。或许他们的天赋异禀具备某种顽强巨大的升华力，同时可以在出现冲突的压制中具备某种弹性。由艺术家探索出来的重回现实的过程简述如下：依靠幻象度日的人并非只有艺术家；幻象的世界是被人们所共同允许的，不论是哪个拥有愿望但却未能实现的人,都可以在这种幻象里获得安慰。只不过毫无艺术素养的人们,想从自身的幻象之中获得满足是非常困难的;由于他们的压制作用非常冷酷残忍,因此除了能够变成意识的白日梦以外,无法获得丝毫幻象上的欢愉。然而真正的艺术家并非如此。首先,他清楚该怎样修饰自己的白日梦以让其失去个人色彩,从而被其他人赏识;同时他晓得怎样去彻底地完善,以避免不道德的根本被人们探知。其次,他同时具备一种诡秘的可以解决特殊资料的能力,直至可以原原本本地将幻想之中的观念表现出来;他还晓得怎样在幻象之上附着强烈的欢愉,至少能够暂时控制压抑作用以使其无法发挥影响。倘若他可以将这类事务全部做完,那他便可以让其他人一起感受到潜意识的欢愉,以此激发他们的感激与赞扬;到那个时候他就——以自己的幻象——来获得之前仅能在幻象中获得的东西,比如荣耀、权力以及女性的爱恋。

第二十四讲 一般的神经过敏

在之前的讲解中,我说了很多难以理解的东西,此刻可以暂时脱离这个话题,来听听你们有何看法。

我明白你们并不满意。你们原本认为的精神分析引论与我方才所讲的,截然不同。你们所期待的是现实生活中的真实事例,而并非理论知识;也许你们会对我说,那则楼上楼下两个孩童的故事或许能被用以解释精神病的发病原因,可惜的是这只是我臆想编造出来的,并非是真实的事例。或许你们依然会对我说,在一开始我阐述那两类症候(我们同样希望着并非臆想)的发病过程以及它们与患者生活的联系的时候,症候的意义的确因此而显得略微清晰了,你们也曾想让我如此说下去。只是我并未如此,反而对你们阐述了无数冗杂且难以理解的理论知识,并且这类理论永无休止,始终需要进行补充说明;我探讨了很多之前并未向你们阐述的概念,我舍弃了阐述的讲解,而是采用动态的观念,接着又将动态的观念舍弃,换用了一种称作经济的观念;如此相互调换只是出于动听罢了,你们很难理解这类学术用语到底包含了多少相似的内涵。同时我列举了无数不切实际的概念,比如唯乐原则、唯实原则以及物种繁衍的遗传作用等,还未进行解释便再次将它们丢弃得无影无踪了。

我要阐述精神病,为何不先来讲讲你们每个人都晓得的并且颇感兴致的神经过敏,或者是患有神经过敏的患者所具备的特性,比如在待人处世方面的难以理解的反应,以及他们身上所表现出的亢奋性、不可靠性与办事的无能性。为何不从日常生活中简洁易懂的神经过敏着手讲解,以此慢慢过渡到那些无法领会的尤为独特的表现呢?

以上这些,我自然无法辩驳,同时也无法将责任推卸到你们身上。对于我自身的表达能力,我尚且没有达到如此夸夸其谈的境地,竟会幻想每个缺点都有其独特的用意所在。原本我以为变换一种方式进行讲解或许会对你们产生益处,坦白讲,这确实是我的本意。只不过一个人常常无法将一个合乎常理的计划施展下去;资料往往猛地介入到部分事实之中,从而让他悄无声息地改变了最初的目的。尽管对资料非常熟悉,然而讲解起来却无法道尽作者的本意,常常话都已经说完了,却在事后感到困惑不已,为何当时未能那样表述。

或许存在这样一个理由可以说明:我所讨论的题目,也就是精神分析引论,并不包含这段对精神病展开的探讨。原因在于精神分析引论包含对过失以及梦的分析;至于精神病方面的理论早已归属于精神分析的本论。在如此短暂的时间内,我并不认为自己可以解释精神病理论所涵盖的所有资料,仅能进行简单的表述,以让你们在上下文中理解症候的内涵以及其形成所需的来自身体内外的要素与条件。而这便是我的职责所在;同样也是如今精神分析贡献的要义所在。所以,我才迫不得已说了很多与里比多以及它的发展和自我发展相关的话,当你们听完最初的一些讲解后,便已知晓精神分析法的核心原则以及潜意识与压抑(抵抗)作用等概念的大致含义。在接下来的讲解中,你们便会明白精神分析究竟是在哪个环节上发现了自己的有机联结。同时我曾清清楚楚地讲过,我们获得的一切结论都只是来自于对一组精神病——也就是移情的精神病——的分析,并且对这一组来说,我也只是详细阐述了癔病症候出现的机制。尽管你们或许并未获得非常透彻的领悟与详细的知识,但我却始终期望你们可以对精神分析工作的手段以及它必须解决的问题与理应表述的结论有所了解。

你们期望我在最初讲解精神病的时候,便能先讲讲精神病患者的举止,包括他是怎样患上这种疾病的,怎样想方设法地进行反抗,以及怎样想方设法地获得适应。这的确是个非常有趣的话题,既具备分析的价值,又并非难以阐述;只不过我们同样有很多缘由致使我们无法由此入手进行研究。它的风险就在于潜意识会因此而被忽略,里比多的重要地位也会因此而被降低,同时所有事宜都会依照患者的自我观念加以判定。然而患者自我的不可靠与偏袒是众人都知晓的。由于自我总是否定潜意识的存在,因而使其遭受压制;由此在与潜意识相关的问题上,我们又怎能相信自我的忠诚呢?更何况遭受压制最猛烈的便是已被否定的有关性的要求;因此以自我的观念必然无法理解这类要求的范畴与内涵,这是再明显不过的了。倘若我们明白了压抑作用的本质所在,便不会准许自我,也就是赢家,来担任这场争斗的判决员了。我们务必要提防自我对我们所说的话,千万别被蒙骗。倘若是它本身提供的证据,那它似乎一直处在主动的位置,因此当症候形成时,也同样仿佛是出自它的渴望与意志;我们明白大多时候它显得非常被动,而这也正是它竭力想去掩盖的真相。只不过它无法长久地维护这种虚假的局面——当处于强迫性精神病的症候时,它不得不承认自身遭遇了某些需要竭力反抗的力量。

倘若一个人对这类警示置若罔闻,反而甘愿受骗于自我的表层价值,很明显所有的一切都能如愿进行了;精神分析偏重于潜意识,因此对于由性生活以及自我被动性所引发的反抗,他全都能从中幸免了。阿德勒曾讲过,神经过敏是精神病的起因所在,而并非是其结果,如此他也能赞同了,只不过他无法对一个梦或是症候形成过程的某个细节进行阐释。

如果你们问我:我们是否可以做到一方面看重自我在神经过敏以及症候形成过程中的效用,另一方面又不会完全忽略通过精神分析而得知的其他成分呢?我给出的答案是:自然是具备可能性的,早晚都会这样,只不过眼下精神分析需要进行的分析,不适合以此为开端。当然我们可以提前将这一点指出,同时将这个分析囊括在内。有一种名叫自恋精神病的疾病,与我们之前所分析过的其他精神病相比,它与自我之间存在更为深厚的联系。通过对这些精神病的研究,可以让我们更加准确且可信地预计自我在精神病中占据的位置。

然而,在自我与精神病之间存在一种非常明显的一开始便能知晓的关系。这种关系仿佛是各种各样的精神病所共有的,特别是在创伤性精神病(对于这种精神病,我们知之甚少)中最为明显。你们要清楚的是在各类精神病的起因与机制中存在相同的成分,只不过对这种精神病来说,这种成分在症候的形象之中显得十分重要,但对另外一种精神病来说,又会是另外一种成分占据核心位置。就如同剧团里的演员似的,每个人都担当了一个独特的角色——比如主角、知己、恶人等;每个人都会选择不一样的角色以此来满足各自的表演特色。因此,造成症候的幻象并不会表现得如同癔病之中那般显著,然而自我的"反抗"或是抵御当数强迫性精神病首屈一指;至于妄想狂(paranoia)所表现出的妄想,其特色则以梦中修饰的机制呈现出来。

对创伤性精神病,特别是对因为战争而导致的创伤性精神病来说,其所表现出的自私自利的目的性与自保以及为了个人利益的奋斗,为我们留下了独特的印象;仅仅靠这些尚不足以导致疾病发生,只不过一旦疾病发生以后,便会依靠它们来持续。这样一种趋势旨在维护自我的安全,以此免受疾病发生的风险;同时它也不想重获健康,除非风险不会再次来袭,抑或是尽管存在风险,但却有一定的回报。

对于其他所有精神病的起因与持续,自我都抱有相似的兴致;我们之前已经讲过有时症候会满足受到压抑的自我,因此同样会受到自我的保护。况且用症候的形成来处理精神冲突,同样会是一种非常方便的手段,并且是最契合唯乐原则的要求的;原因在于症候能够让自我避免遭受精神层面的苦痛。实际上对部分精神病来说,甚至是医生都不得不认可,以精神病来处理冲突其实是一种最没有害处同时最应该被社会准许的途径。当医生偶尔承认自己同样会怜悯正处于治疗之中的疾病时,你们难道不会感到诧异吗?事实上,在不同的生活状况中,一个人原本无须将健康视为是最核心的事情;他同样明白世间除了精神病之外,还存在其他别的苦痛,甚至是个人的需求同样可以导致自身健康的丢失;同时他明白,倘若一个人患了这种疾病,常常便能从很多人所经受的别的各种各样的苦痛中幸免。所以,尽管我们可以说任何一个精神病患者早已逃入疾病之中,却也不得不认可在无数病例中,这类逃脱拥有十足的理由,即使医生知道这类情况,也唯有默认了。

只不过我们可以不用理会这类特殊的例子,依然能探讨一番。简单而言,既然自我已经逃入精神病中,便会在心中"由病得利";在某些状况下,甚至还能兼得一种更为具体的来自外界的好处,在事实中也略微有些价值。以一个最常见的事例而言。比如有一位遭受丈夫家暴的妇女,倘若她具备精神病倾向,此时便会陷入疾病之中。倘若她本人十分怯弱或是保守,因而便不敢通过偷情的方式获得抚慰,倘若她并不是非常坚强,不敢贸然与来自外部的袭击做斗争,从而与丈夫离婚,又倘若她身上毫无独立生存下去的能力以及毫无一丝能找到一个更为优秀的丈夫的希望,又倘若从性的角度而言,她依然深刻地迷恋着这个暴力的男子,那最终除了陷入疾病之中,她别无出路。疾病便是她用来反抗丈夫的手段,既能用来自保,又能用来回击。尽管她没有胆量埋怨婚姻生活,却依然可以在病痛中诉说苦闷;大夫便是她的朋友;原本非常粗鲁蛮横的丈夫如今不得不原谅她,愿意为她花钱,允许她离家,以此来略微减轻自己身上的压力。假设这种因病而获得的来自外界的"偶发的"好处相当明显,但事实上却又无法拥有与之相似的取代物,那你们就不会轻易拥有治愈的希望了。

我之前反驳过精神病是因为自我渴求与自我萌生的说辞,此刻你们肯定会认为方才我对你们所说的"由病得利",又无非是在替这类说辞辩解。只不过我想请你们各位暂且安心静候一阵。也许这话仅有如下的内涵:这便是,自我能够允许自身出现无论如何都无法逃避的精神病,倘若精神病具备一些能够加以利用的地方,那自我便会竭力将其利用起来。这仅是这个问题的一个方面而已。倘若精神病是非常有利益的,自我固然会非常乐意同它和平相处,只是我们仍需注意到利益之中依然存在许多不利的地方。简单来说,很明显自我接纳精神病是存在损失的。它可以解决冲突,只是为之付出的代价太过巨大,与伴随症候出现的苦痛以及在症候之前出现的冲突相比,它的痛苦程度大概与之等量,或许还会更高一些;自我渴望能脱离伴随症候而来的苦痛,但同时又不想舍弃因病而来的好处;这便是它无法两者兼得的事情。由此可知,自我确实不愿像它一开始所设想的一样,需要一直主动地关注着这个问题。这便是需要我们好好记忆的一件事。

假设你们是对精神病患者有很多治疗经验的医生,那你们肯定不会再对那些异常怨恨病痛的人抱有希望,期待他们非常轻易便能接受你们的救助——事实往往与此相反。不管怎样,你们总能明白:但凡是可以增加由病得利的任何一件事情,都能充分强化因压抑而产生的反抗力,最终提升治疗的难度。除此之外,还存在一种由病获得的好处,它并非随症候出现,而是在症候出现以后发生的。如同疾病一般的心理架构,倘若可以维持很长一段时间,便可以得到一种独立的本质;它具备类似于自我生存本能的能力;它形成一种"暂时性的分配",与精神生活的其他能量相互混合,甚至是与之完全相反的能量也囊括在内;它很少会舍弃那些能够反复展现自我优点的机会,因此收获一种第二机能以此来稳固自我的地位。此刻我们不需要从疾病中举例,暂时从日常生活中抽取以下事例:由于工作过程中的意外受伤,一个原本可以劳动的工人变成残疾人。尽管他无法继续工作,却可以因此按时获得为数不多的补偿费用,并且掌握了凭借伤残乞讨度日的技能。虽然他如今的生活显得较为低下,但却正是由于往日的生活被摧毁才能这样维持生计；倘若你将他的伤残治愈，那你便将他赖以生存的方式掠夺了，原因在于如今他是否可以继续从事以前的工作，早已打上了一个问号。假如精神病同样具备这种附加的好处，我们便能将其与第一种好处并列在一起，从而将其称作因病而得的第二种好处。

我想奉劝你们别轻视这种因病而得的利益的重要性，不过倒也不用过分重视它的理论内涵。除了之前已经承认的那个特例外，这个要素往往会让我们记起奥伯兰德尔在那本名叫《飞跃》(Fliegende Blätter)的书中用以阐释动物智商的实例。一个阿拉伯人骑着一匹骆驼行走在高山之上的狭窄的道路上。刚一拐弯便突然发现眼前有一头正打算朝他扑来的狮子。此时他的一侧是深渊，另一侧是悬崖，无处逃匿；躲避与逃跑都不现实；他只能坐以待毙。然而骆驼却并非如此。它用力使身体腾空一跃，与骑在自己身上的人一起坠入深渊——那只狮子只能站在一旁怒目圆睁了。精神病给予患者的救赎或许并不比这好多少；或许是由于以症候的形成来处理冲突，终归只能算是一种自发的过程，并不能充分应对生活提出的要求，更何况一旦患者接纳了这种解决方式，便不得不将他最为出色的才华舍弃。这个时候倘若还有其他的选择，那相对光荣的处理方式便是前去与命运做一番公平的斗争。

我没有将一般的神经过敏当作出发点，到底有何动机呢？关于这一点我仍需解释。或许你们觉得从这说起，想要证实精神病发源于性会显得比较困难；但实际上你们的想法是错误的。以移情的精神病来说，须先对它的症候进行阐释，而后才可以发现它来源于性；至于我们所谓的实际精神病(actual neuroses)的普遍形式，它起源于性生活的事实是非常明显的。早在二十多年前我便已经了解这个真相，那个时候我开始质疑在检查精神病患者时，为何不将所有与性生活有关的事宜列入考察范围呢？由于我对此时的分析与研究,慢慢引发了患者的不满情绪,然而没过多久,我所付出的努力最终让我获得了这样的结论:倘若性生活处于正常状态的话,便不会导致精神病——这里我所说的是实际精神病。尽管这个结论从一方面来说忽视了个体间的差异性,从另一方面来说"正常状态"这个字眼依然缺少固定的含义;但是总体而言,时至今日这个结论依然具备一定的价值。那个时候,我可以在一种神经过敏与一种遭受创伤的性状态间衔接起一种独特的联系;假设我依然拥有类似的资料供我分析,我自然可以将这类联系再现一次。我时常发现倘若一个人满足于一种并不彻底的性方面的满意,比如手淫,便会患上某种实际精神病;又倘若他采用了另外一种相似的并不圆满的性生活手段,这种精神病便会马上转变为其他形式。所以,我能通过患者病情的变化,以此推测出他在性生活手段上的改变。我会始终坚信这个结论,直至患者不会再撒谎并加以证实。然而到那个时候,他们肯定会去对性生活并无兴致的医生那里看病了。

等到那个时候,我或许也会知道精神病的病因并非总是源于性,尽管有的人是由于性的处境遭受破坏才患病,但是同样存在一些因为破产或是某种严重的机体失调而患精神病的人。对于这类转变的说明,等到日后自然会清楚,并且那个时候对自我与里比多之间的关系或许会有更为深刻的理解;并且对这个问题进行越加深刻的分析,我们对其的理解也会越加完整。一个人唯有处于无法依靠自我来解决里比多时,才会引发精神病。自我越是顽强,对里比多的处理也会越加容易;每当自我的能力降低一些,不管出于什么缘由,都可以让里比多的要求增多;从而出现引发精神病的可能性。除此之外,自我与里比多间依然存在别的一些非常亲密的联系,只是此刻还不是探讨这类联系的时机,因而暂且放下不谈。

最需要我们加以关注的是：不管是对哪种病例来说，也无论是怎样的发病环境，精神病得以持续的能量全都来自于里比多，因此里比多的作用也随之失衡了。

此刻我理应对你们讲：实际精神病的症候与精神神经病（psycho-neuroses）的症候存在绝对的差异；我们之前所谈的大部分是与精神神经病的第一组（也就是移情的精神病）相关的。实际精神病与精神神经病的症候全都来自于里比多；也可以这样讲，症候其实是对里比多的变态使用方法，也即里比多获得满足的取代品。但是实际精神病的症候，——比如头疼，痛苦的感受，某些器官的异样，某些机能的衰退或是休止——在内心之中确实毫无"意义"。它们不但常常在身体上呈现出来（比如癔病的症候通常是这样），并且全都是彻底的物质过程；它们的出现与我们已知的烦琐的心理机制并无交叉。因此之前认为精神神经病的症候与心理并无关系；如今实际精神病的症候确实与心理毫无关系了。只不过它们到底是怎样变成里比多的呈现形式呢？难道里比多不正是一种在内心进行活动的能力吗？实际上，这个问题的答案非常简单。如今暂时先将对精神分析的第一个反对理由再次申明一下。持反对意见的人认为我们的理论仅仅是打算以心理学理论来说明精神病的症候，但由于从未有一种疾病是能以心理学说明的，因此我们成功的希望是非常渺茫的。然而这群批判家忽视了性的机能并不完全属于心理层面，就像其并非仅是物质一样。它的影响力可以同时涉及身体与心理方面的生活。我们已经晓得精神神经病的症候是性机能遭受干扰之后的心理结果，如此一来，倘若我们听闻实际精神病是性紊乱在机体上直接出现的结果，便不会感到诧异了。

临床医学为我们提供了一个非常实用的暗示（被无数不同的研究者认可），由此可以理解实际精神病。从它们症状的细枝末节以及身体的系统与机能共同呈现的特点来说,全都与外来毒素所导致的慢性中毒或是猛然消除(也就是喝醉或是戒酒之后的情境)以后呈现的病态具有明显的相似之处。这两类病态可以与巴西多病(Basedow's disease,也就是突眼性甲状腺肿 exophthalmic goitre)的病况进行对比,原因在于这个疾病同样是因为中毒而致,只不过毒素并非来自体外,而是源于体内的新陈代谢而已。我认为通过这类对比,我们便会将精神病视为是性的新陈代谢功能遭受干扰之后才导致的结果,至于它遭受干扰的缘由,或许是因为性的毒素分泌过多,已超出患者所能控制的范畴,抑或是因为体内以至于心理状况拒绝他对这类物质做出恰当的反应。这种对性欲本质的假设,早就已经被远古时期的人们所认可了;比如酒能产生爱,爱能称之为迷醉——这类观点早已或多或少地将爱的源泉移至体外。在这里我们依然能记起性觉区(erotogenic zone)这个名词,同时能回想起各类器官都可以产生性的亢奋。除了这个,与性的新陈代谢或是性的化学有关的疑问依然是一片空白:对于这件事,我们依然不知所以,同时也无法判定性的物质是否包括雌雄两类,或者只是假设一种性的毒素被里比多的各类刺激诱发便可以算作满足了。我们搭建的精神分析大厦在本质上仅是一种上层建筑,早晚我们还需要为它搭建有机的基础;只不过对于这个基础,我们依然缺乏相关知识呢。

  精神分析之所以是科学,它的特色在于其所使用的方式,而并非需要分析的题材。这类方式被用来分析文化史、宗教、神话学以及精神病学时都不会丧失它的核心本质。精神分析的宗旨以及建树,只在于探索内心深处的潜意识。由于实际精神病的症候可能直接发源于毒素的侵害,因此它们并不属于精神分析的范畴;因为精神分析无法对它们做出任何说明,只能将这项任务转移给生物学以及医学进行分析。我的资料之所以以这种方式排列出来，旨在便于你们此刻更好地掌握。假设我打算讲解精神病学引论，首先自然是要对实际精神病的简单形态做一说明，接着再阐述那种因为里比多紊乱而引发的更为疑难的精神病，这样才能算得上是恰当的途径。那个时候，我便需要从各个方面收集与前者有关的理论知识，对于后者来说，便将其视作精神分析导入，以此作为理解这类病态的最核心的途径。然而我公布的题目是精神分析引论；我打算向你们讲授的是精神分析的观点，这比讲授一些精神病方面的知识更加重要；所以，对精神分析研究毫无奉献的实际精神病，便不适宜放在开头进行讲解了。同时我觉得自己的这个决定对你们来说是非常有益的，原因在于精神分析的理论知识值得引起大部分受教育者的关注，而精神病的理论知识只是医学领域中的一章内容。

然而你们期望我能对实际精神病有所注意同样具备一定的合理性；从临床角度而言，实际精神病与精神神经病存在密切的联系，这便更加具备让我们引起注意的必要性了。我要对你讲的是，实际精神病的纯粹形式总共有三类：（1）神经衰弱（neurasthenia），（2）焦虑性精神病（anxiety neurosis），（3）忧郁症（hypechondria）。这种类别划分并非毫无可疑之处；尽管这些名词仍有用处，但它们的内涵却是非常难以确定的。部分医学家认为在精神病患者的混乱不堪的世界里，绝不会存在类别划分，所以，他们会对临床上的一切病症的类别表示反对，以至于对实际精神病与精神神经病的差别加以否认；在我看来他们的行为太过分了，他们所坚持的方向绝对不是朝向前进的道路。之前所描述的这三类精神病的表现形式偶尔是单纯的，但大多时候是彼此相互混杂，同时兼具精神神经病的色调。因此我们无须为此舍弃它们之间的差异。在矿物学中,你们要晓得矿物与矿石之间是存在差异的,矿物能够进行类别划分,毫无疑问部分缘由在于它们是结晶体,并且与环境存在差异,而矿石是矿物的混合物,只不过它们的混合并非偶然,而是具备一定的条件。对精神病理论来说,我们对其发展过程知之甚少,未能具备与矿石相等同的理论知识,只不过倘若我们可以将辨认出来的临床成分——这些成分能够被比作个别矿物——率先提出,也倒能算是一种恰当的分析方法。

实际精神病与精神神经病之间依然存在一种需要加以关注的关系,对后者症候出现的理论知识产生了非常突出的贡献作用。原因在于实际精神病的症候通常是精神神经病症候的主要部分以及早期阶段。在神经衰弱症和移情精神病中的转化性癔病(conversion hysteria)中间,以及焦虑性精神病与焦虑性癔病中间,这种关系都是非常显而易见的;然而也能现身于忧郁症以及我们日后所要探讨的一种精神病,也就是妄想痴呆(paraphrenia,囊括了早发性痴呆[dementia praecox]与妄想狂[paranoia])之间。让我们以癔病所表现出的头疼或是悲痛为例。通过研究可知,这种痛感其实是通过压缩作用与移置作用演变为里比多的幻象或是其记忆的取代满足;然而有时候这类痛感并非是虚造出来的,而是由性的毒素直接形成的症候,同时也是性的亢奋在身体上的表现形式。原本我们并不打算宣扬所有癔病的症候都具备这样一个核心成分,但这常常是一个不争的事实,并且性的亢奋在身上所产生的作用(不管是正常的或是不正常的)都非常适宜用在癔病症候的形成上。它们仿佛便是一粒沙土,被牡蛎用来当作生产珍珠的原材料。但凡是性交过程中出现的一切性的亢奋的短暂呈现,都能成为精神神经病最为合适且方便的原材料。

此外在病情诊断以及治疗上,还有一种显得非常有趣的过程。

尽管有的人具备精神病的倾向,但大部分人并未演变为精神病,只不过倘若他们一旦出现病态的机体状况——可能是发炎或是受伤——便往往能让症候自此出现;因此实质上的症候,立刻被那些正打算有所展示的潜意识幻象所利用。处于这样一种状况之下,医生会首先采用一种治疗方法,接着再使用另外一种治疗方法;抑或是想方设法地将症候赖以存在的机体基础消除,却并不会询问其是否具备精神病的倾向;抑或是对早已形成的精神病进行诊治,而将机体的刺激置之不理。这两类处理方式中,偶尔是这一种能产生效果,偶尔是那一种能产生效果;对这种混杂在一起的病况来说,依然没有所谓的一般原则可以遵循。

第二十五讲 焦虑

对于我之前有关一般神经过敏的讲解,你们肯定觉得是最不圆满的一次。对此我非常清楚,并且大部分神经过敏患者都会为"焦虑"而感到怨愤不已,认为这便是他们身上最恐怖的重负。然而我却独独未曾提到焦虑,这或许便是最能让你们感到诧异的了。事实上,焦虑或是恐惧都会肆无忌惮地发展,最终变成乏味无趣的杞人忧天的借口。对于这个问题,我期望至少不要草草了事;我打算竭力将神经过敏的焦虑问题清清楚楚地提出来,并加以详细探讨。

焦虑(anxiety 或者是恐惧[dread])其实并没有描述的必要性;不管是哪个人都曾偶尔亲自体验过这种感受,或者更准确地说,这种情绪。然而在我来看,为何神经过敏患者会比别的人更容易感到焦虑,对于这个疑问我们还没有进行细致的探讨。或许我们会认为他们本应如此;"神经过敏"(nervous)或者"焦虑"(anxious)仿佛具备相似的含义，因此两者可以彼此互用，但实际上这是不正确的；有的人时常会感到焦虑，但却并未患上神经过敏，反倒是拥有许多症候的精神病患者并未表露出焦虑的倾向。

不管怎样，有这样一个毋庸置疑的事实：那便是，焦虑是任何一种主要的问题的核心所在，倘若我们能将这个哑谜解题，就能对我们的全部心理生活有个明确的掌握。尽管我并不认为自己能为你们提供一个完美的处理方式；但你们依然能对精神分析抱有希望，期待它可以采取与学院派医学不同的一种方式来分析这个问题。学院派医学将注意力放在由于焦虑引发的解剖过程。我们发现延髓遭受了刺激，因此告诉患者他是在迷走神经上得了某种精神病。延髓的确是一种出色的目标物，我依然记得之前当我研究延髓的时候，同样耗费了很多时间与精力。然而此刻我不得不这样讲，倘若你们想要对焦虑的心理学有所了解，最无关紧要的肯定是与刺激经历的神经通路有关的知识莫属了。

或许一个人耗费了许多时间来探讨焦虑，并且觉得它并不是神经过敏。为了与精神病的焦虑有所区别，我将这种焦虑叫作真实的焦虑，这样一来你们便会马上明白我的用意所在了。对我们而言，这种真实的焦虑或是恐惧仿佛是一种最为自然而又合乎常理的事情；我们能够将其称作是对外部险情或是预料之内的损伤的知觉反应。当它与逃避反射相互结合在一起，便能视作是一种出于自我保护的本能表露。至于造成焦虑的对象与场景，大多时候都是伴随个体对外部知识与势力的感觉存在差异。野蛮人会对炮火或者日食、月食现象感到惧怕，而在相同的情况之下，文明人既可以发射炮弹，又可以观测天象，因而便不会感到恐惧了。有时候会因为具备相关的知识，所以能预测险情临近，因而知识反倒引发了恐惧，比如当一个野蛮人在丛林中发现足迹时，会因为害怕而选择逃避，然而白种人对此根本不以为然，原因是他并不晓得这些足迹预示着野兽就在附近。再比如当一个经验丰富的航海家发现天边挂着一小块乌黑的云朵时，便会知道暴风雨马上就要来临，因而感到十分惊恐，但是对乘客来说，这仿佛并没有什么古怪之处。

真实的焦虑确实是合乎常理而又有利的说辞，只不过认真分析一下的话，也的确存在加以改善的必要性。危险临近的时候，首先唯一能做的便是以冷静的大脑来估测自己能够自由支配的能量，以此来与眼前的险情进行对比，接着再从逃避、防卫或是攻击中选择出最为有效的方法。至于恐惧其实根本无济于事，丧失恐惧反倒能获得非常不错的效果。你们甚至还晓得过度的恐惧其实是最为糟糕的；到那个时候任何行动都已被麻痹，甚至都无法迈步逃脱了。通常在面对险情时所表现出的反应包含两部分，也就是恐惧情绪与防卫行动，受到惊吓的动物感到惊恐并且退避，实际上在这之中对生存有益的部分是"退避"，而非"惧怕"。

所以，我们肯定会认为焦虑对生存而言确实并没有什么益处；然而唯有对可怕的情境做出更加详细的研究以后，我们才有可能在这个问题上获得更加深刻的领悟。需要加以注意的第一件事便是对险情的"准备"，那个时候知觉会变得非常敏锐，同时筋肉也会显得异常紧张。很明显这种预期的准备是对生存有益的。倘若没有这样的准备工作，或许会出现非常严重的后果。紧随着准备出现的，一是来自筋肉的举动，大部分都是退避，高级一点的便是防卫行动；二是人们所说的焦虑或是恐惧之感了。倘若恐怖之感的持续时间非常短暂，短到只能充当一瞬间的信号，那么焦虑的准备状态也会更容易过渡为动作状态，因此整件事的发展对个体的安全也会更加有益。因此在我看来，我们所说的焦虑或是恐惧中，焦虑的准备仿佛是有益的部分，而焦虑的发展却是无益的部分。

至于从一般的习惯上来说，焦虑、恐惧、惊悸等这样一些名词是否具备相似的内涵，我暂且不做探讨。对情境来说，我觉得焦虑并不会过问对象，而恐惧反倒会将注意力集中在对象上，至于惊悸，它仿佛含有自身独特的内涵——同样只是就情境而论，然而一旦危险猛然降临，它并不会有焦虑的准备。所以，或许我们可以这样讲，焦虑存在的话，便能毫无惊悸之忧了。

对于"焦虑"这个词语的使用方法，你们难免总会觉得其中存在某种飘浮且不明了的地方。简单来说，这个词语常常被用以描述当知觉感到危险临近时所产生的主观状态；这种状态便是情感。既然如此，那从动的意义上来说，情感到底是什么呢？它的本质固然是非常烦琐的。一方面，它具备某类运动神经的控制或是发泄；另一方面，它具备某种感觉，通常可以分为两类，也就是早已实现的动作的知觉，以及直接引发的高兴或是痛苦的感觉，这类感觉为情感提供了主要的情调。只不过我绝对不会认可如此的表述已经深入到情感的本质。对某些情感而言，我们似乎能对其拥有较为深刻的理解，并且知道它的核心以及整个烦琐的构造全都是过往的某种独特经验的再次重现。这类经验在很早之前便已出现，具有一般的性质并且归属于物种史，而非归个别史所有。为了让你们更加清晰地理解，我或许可以这样表述，一种情感状态的内部构造与癔病非常相似，两者皆是记忆的累积。所以，癔病的出现，可以看作是个体新萌发的一种情感，至于正常的情感则可以看作是一种已经变成遗传的常见的癔病。

对于方才我向你们讲解的与情感相关的言论，你们千万不要将其视作是正常心理学的共有财产。事实上，这类概念是在精神分析的土壤中生长的，仅是它的产物。心理学关于情绪的研究理论——比如鲁姆士-朗格所讲的——在精神分析学者的眼中，根本没有什么意义存在,也毫无探讨的价值。然而我们也不觉得自己拥有与情感相关的知识是无可非议的;这仅仅只是精神分析在这个模糊的领域中进行的首次尝试。接着往下讲吧,对于在焦虑性情感中再次发现的这个过往的印象,我们确信自己知道它的正体究竟为何。我们认为是与出生相关的经验——这类经验包含着疼痛的情绪、亢奋的发泄以及身体上的其他感觉等,它们足以组成生命遭遇危机时的经验的原型(prototype),并且能在恐惧或是焦虑的状态里再次出现。出生的时候之所以会产生焦虑经验,其原因在于新血液一经停止供给(内部呼吸),刺激便会因此而猛烈激增——因此焦虑毒液的第一次出现是具备毒性的。Angst[焦虑]——angustiae,Enge 的意思是狭小的地方,抑或是窄路——这个词语偏重于呼吸的紧凑感,而这种使劲地呼吸其实是由一种非常具体的情境(也就是子宫出口等)引发的结果,之后基本上总是伴随着一种情感而出现。同时第一次的焦虑是因为要与母亲的身体分别而出现的,这同样非常值得回味。当然我们需要坚信在历经无数代的繁衍生息之后,有机体早已完全具备再次引发第一次焦虑的倾向,因此没有谁可以从焦虑性情感中幸免;即使他如同传奇中的那位很早便从母胎中脱离出来的麦克杜夫一样,无法体会到出生的动态过程,也不足以变成特例。至于除哺乳动物之外的其他生物,它们焦虑经验的原型到底是怎样的性质,我们万不可随意胡说;我们也无从知晓其究竟具备怎样烦琐的感受,会与我们感受到的恐惧相类似。

我将出生视作是焦虑性情感的起源与原型,也许你们会急切地想要了解我究竟是怎样萌生这样一个观点的。这并非出于幻想,而是从人类直觉中获得的启示。很多年以前,许多家庭医生坐在餐桌四周,这之中包括我。有一个在产科医院做助理的人向我们讲述了一些发生在助产士毕业测试中的乐事。考官提问倘若生产的时候发现羊水里含有婴儿的粪便,这预示着什么呢?一个考生马上答道"是由于婴儿受到惊吓了"。她被嘲讽了,并因此没有通过测试。然而我却暗自怜悯她,并因此才怀疑这个不幸的完全凭借自身直觉的女人,她以自身精准的知觉发现了一个极其重要的联系。

如今可以再来探讨精神病的焦虑。精神病患者的焦虑到底具备何种独特的表现与状态呢?此处有很多需要说明的。首先,这种焦虑之中包含着一种非常普遍的叫作"浮动着的"(free-floating)的忧虑,它很轻易便能依附在任何一种恰当的思想上,从而对判断力造成影响,诱发期待,专门等候可以自圆其说的时机。可以将这种状态叫作期待的恐惧(expectant dread)或者是焦虑性期待(anxious expectation)。得了这种焦虑的人往往会将各种各样的潜在的灾难纳入思虑之中,将任何一件偶发的或是不定期的事情全部视作不祥之兆。虽然很多人在别的方面并不能算是有病,但却常常具备这种害怕灾难来临的倾向;可以将这类人视作是多愁善感的,或者是悲天悯人的;只不过属于实际精神病所有的焦虑性精神病,总是会将这种过分期待的焦虑作为其永久不变的属性。

此外还存在第二种焦虑,它与上述的这类焦虑完全相反,是在心里受到一定的限制,往往依附在一定的对象与情境上这也是各种各样独特的恐惧症表现出的焦虑。知名的美国心理学专家,也即斯坦利·霍尔,近来曾采取了某些荒唐的希腊词语来为这类恐惧症命名。它们听起来与埃及的十疫(the ten plagues of Egypt)十分相像,只不过它们的数量远远超出十个罢了。你们需要明白恐惧症的对象或是目标大致有如下:黑暗、天空、空地、猫咪、蜘蛛、毛毛虫、蛇、老鼠、雷电、刀剑、血液、围场、人群、独自居住、过桥、行走或者出海航行等。或许可以将这些杂乱不堪的现象划分为三类。很多对象与情境即使是对我们正常人而言,同样是无比凶险恐怖的,它们确实与危险存在一定的联系;尽管这类恐惧症的呈现强度看起来有些夸大,但却依然可以彻底理解。比如当我们看到蛇的时候全都会惊恐地逃避。可以说对蛇所持有的恐惧症在人类身上是共同存在的。达尔文也曾说过当他发现被拦截在一块厚玻璃板之后的蛇朝他扑来时,同样会感到万分恐惧。归属于第二类的对象与危险之间依然存在联系,只不过这类危险往往会被我们忽略;绝大部分的情境恐惧症都归属于这一分组。我们都晓得待在火车里要比待在屋中更容易发生危险——比如火车碰撞也时有发生;同时还晓得当船只翻沉时乘客肯定会遭受致命的灾难;只不过我们并未将这类危险牢记于心,以至于在游玩过程中乘车坐船时都不会感到担忧。又比如正在桥上行走的时候,桥梁突然断裂塌陷了,我们并不一定会立即掉入水中,只是这类事情的发生概率很小,因此它所造成的危险性便无须过分注意了。再比如独自居住同样是具有危险性的;尽管在某些情况下我们不想独自居住,但这并不是说在任何一种情况之下都不喜欢独居。其余的比如人群、围场、雷雨等皆是这样。我们在这些恐惧症中无法领悟的,与其说是它们的惧怕内容,倒不如说是它们的恐惧程度。伴随着恐惧症出现的焦虑是根本不能描述出来的。反之,对那些会让我们产生焦虑的情境,精神病患者却丝毫不会感到惧怕,尽管他们也将这些称为恐怖。

除此之外的第三类,便彻底不是我们可以掌握的。比如一个健硕的成年人居然惧怕从本市内的一条街道或是广场上经过,一个健康的女性居然会因一只从身边经过的猫或是一只在房中飞速跑过的老鼠而受到惊吓,险些丧失知觉,对于这类人所担忧的危险,我们又怎样看得出来呢?对这类"动物恐惧症"来说,并非是在普通人的畏惧之上将强度提升了;比如有很多人看不到猫咪还好,一旦看到便会忍不住抚摸它以此吸引它的注意力。老鼠原本是大部分女性感到畏惧的动物,只不过它也同时被用来代表一个亲昵的称呼;尽管很多女性乐于被自己的爱人称之为"小鼠",但是一旦发现这种小动物便会忍不住大声尖叫起来。一个人害怕从桥梁与广场上经过,其举止便如同幼童一般。幼童是在成年人的教导之下才会明白这种情景所隐含的危险性,然而对空间恐惧症患者来说,倘若有个友人可以指引他从空地上经过,他所感受到的焦虑也会因此而降低。

这两类焦虑,一类是"浮动着的"期望的恐惧,一类是依附在某种事物上的恐惧症,两者彼此独立存在,并没有什么联系。这一类并非是另一类向前发展的后果,它们基本上不会合在一起,就算是合二为一,也是非常偶然的状况。最为强烈的普遍性担忧同样不一定会引发恐惧症;反之,一生处于空间恐惧症之中的患者同样不一定会抱有消极的期望的恐惧之感。很多恐惧症,比如惧怕空地、惧怕乘火车等,全是在成长过程中获得的;此外还有一些恐惧症,比如惧怕黑暗、雷电、动物等,仿佛是生来就有的。前一种情况是非常严重的病态,后一种情况则是个体的怪癖;不管任何人倘若患有后一种情况,便能怀疑他兼有同类的其他情况。此外我仍需说明一点:这一切的恐惧症全都归属于焦虑性癔病;换言之,我们认为它们与转化性癔病之间存在非常密切的联系。

第三类精神病的焦虑是个未解之谜;它的焦虑与危险并不存在非常显著的联系。这种焦虑偶尔在癔病里出现,并且是与癔病的症候同时出现;偶尔起源于不同的刺激条件,原本我们从这种条件可知定会有某种情感出现,只是并未想到竟然是焦虑性情感;抑或是与任何一种条件毫无干系,仅是一种毫无缘由而出现的焦虑病,不仅我们不明白,而且患者也觉得不知所以。尽管我们进行了多角度的分析,却依然无法看出丝毫的危险或是危险遗漏的一丝痕迹。从这类自发性的病症来看,可知我们所说的焦虑的烦琐状态能被划分成很多部分。整个病症同样能以一个独特发展的症候作为代表(被取代)——比如战栗、衰退、心跳、呼吸急促等——而那些被我们视为是焦虑的普遍情感,反倒无影无踪了。只不过这类症状可被称作"焦虑的等同物",它与焦虑本身具备一样的临床性与成因。

此刻出现了两个问题:真实的焦虑是面对危险时所表现出的一种反应,而精神病的焦虑却与危险几乎并无关系;这两类焦虑之间到底有没有可能存在相互联系呢?精神病的焦虑又该怎样去加以了解呢?此刻我们暂且希望,但凡产生焦虑,必定是有其感到恐惧的东西出现。

临床观察提供了各种各样的线索,可以用来对精神病的焦虑进行分析理解,现在可做以下的探讨。

(1)不难发现,期望的恐惧或是普遍的焦虑与性生活的某些过程——或是里比多的某些应用方法——存在非常密切的联系。对于这件事,可以将那些亢奋受阻碍的人作为最简单且意味深远的例子。此时他们猛烈的性的亢奋经历着不完全的发泄,但却欠缺圆满的结束。比如男人在订婚以后,也就是成亲以前,女人由于丈夫在性方面并无十足的能力,或者是为了避孕而潦草完成性交行为,便会出现以上所述的经验。这种状况中,里比多的亢奋消失得无影无踪,反倒是焦虑随之出现,有可能引发期望的恐惧,有可能引发焦虑等同物的症状。男性的焦虑性精神病大多时候是以不尽兴的交合(coitus interruptus)为由而产生,女性亦是如此,因此当医生诊断这类疾病的时候，必须先分析是否有可能存在这种成因。许多事例都表明倘若性方面的失误能被改善，那么焦虑性精神病便会消失不见。

根据我目前所了解到的，性的克制与焦虑之间的联系早已被人们认可，即使是一直以来对精神分析感到厌恶的医生们，对此也不再否认了。只不过他们依然打算扭曲这种关系，认为这类人原本就具备缩手缩脚的倾向，所以，在对待性这件事时难免会倍加审慎。然而对女性而言，却拥有完全相反的证据，由于她们的性机能在本质上处于被动位置，因此性的进行完全由男人的态度而决定。倘若一个女人越是喜欢性生活并且能从中获得满足，便会越容易对男人的无能或是不尽兴的交合产生焦虑；而就那些本身对性缺乏兴趣或是性需求较弱的女性而言，尽管遭受了相同的待遇，但却不至于造成惨重的后果。

大多医生如今早已热情地主张性的克制或抑欲，然而倘若里比多并没有获得满足的途径，一方面它会力求发泄，另一方面又没办法得以升华，那么所谓的抑欲便只是引发焦虑的因素而已。至于会不会就此得病，则常常变成一个与量的成分相关的问题了。抛开疾病不说，仅以性格的形成来说，我们同样不难发现抑欲与焦虑以及畏惧常常形影不离，而无所畏惧的探险精神反倒是与性需求的肆意容忍之间存在连带关系。虽然这类关系会由于文化的多重影响而发生改变，但是对普通人来说，焦虑与抑欲之间的亲密关系，是我们无法否定的。

里比多与焦虑在形成中的联系，有许多证据，此处无法一一叙述。比如在某些阶段，例如青春期与闭经期，里比多的分量会迅猛增多，则它对焦虑无法不产生影响。在很多亢奋状态里，我们依然能直接发现性的亢奋与焦虑的混杂，以及最终里比多的亢奋被焦虑所取代。因此而接纳的所有印象全都具备双重意义：一方面，便是里比多增多但却并无正常的使用时机；另一方面，仅是身体历程的问题之一。焦虑究竟是怎样来源于性欲，如今依然没有弄清楚。我们仅能这样讲，性欲减少了，焦虑感便会随之而起。

（2）由对精神神经病特别是癔病的研究，能够获得第二种线索。我们都晓得焦虑往往是这种疾病的一种症候，但是毫无对象的焦虑依然能在发病的时候长时间存在或是呈现出来。患者无法将他真正惧怕的东西讲出来；因此常常借助修饰作用（详见第十一讲）来让其与最恐怖的对象建立起联系，比如死亡、发疯、灾祸等。倘若我们对他的焦虑或是伴随焦虑的症候而出现的情境进行研究，往往不难发现那备受阻碍而被焦虑所取代的到底是哪一种常态的心理过程。换言之，我们可以推测潜意识的历程似乎并未受到压制，没有任何阻挡地进入意识之中。原本这个历程应该伴随一种独特的情感，如今却显得异常古怪，这个原本应该伴随心理历程潜入意识之中的情感，不管怎样都能被焦虑取代。所以，如果我们眼前出现一种癔病的焦虑，则它在潜意识里的等同物既可以是一种本质相似的亢奋，比如担忧、惭愧、困惑不安，也可以是一种"向上的"里比多的亢奋；更可以是一种类似愤怒的抵抗的、攻击性的情绪。因此相似的观点成分每每遭受压制时，焦虑确实是一种可以互用的硬币，可以被当作是所有情感的兑换物。

（3）部分患者的症候采用了强制性的动作方法，仿佛可以很显著地将焦虑去除，我们可以从这类人身上获得第三种线索。若是我们禁止他们做出这类强迫性举动，比如洗手或是其他仪式等，抑或是他们打算主动撤销某种强迫性动作，那便难免会因为遭受过分惊惧的压抑，从而被迫做出这类举动。我们明白他的焦虑在强迫性举动下藏匿着，而他之所以会表现出这种行为，仅仅是为了摆脱恐惧感。因此在强迫性精神病中，原本要出现的焦虑被症候形成所取代；倘若我们再回过头来分析癔病，同样能发现一种大概相似的联系——也就是压抑作用所导致的后果，既可以引发一种纯粹的焦虑，也可以引发一种与其他症候相混合的焦虑，更可以引发一种毫无焦虑的症状。因此从抽象意义上来说，仿佛可以认为症候之所以出现，它的目的只是想从焦虑之中逃离出来。所以，在与精神病有关的问题中，焦虑占据着举足轻重的位置。

依据对焦虑性精神病所做的诊断，我们能得出如下的结论：当里比多丧失自身的常态使用时，则能充分引发焦虑；它的经过实质上是以身体历程作为基础的。通过对癔病以及强迫性精神病的研究来看，依然能得出这样一个结论：心理层面的抵抗同样能让里比多丧失正常的应用，从而导致焦虑出现。所以，对于精神病焦虑的起因，我们了解到的仅仅只有这些。尽管依然不够明确，但目前尚无其他方法可以帮助我们增长与这方面相关的知识。我们工作的第二个步骤，即寻求精神病的焦虑（也就是在变态层面所应用的里比多）与真实的焦虑（也就是对危险所做出的反应）间的联系，仿佛更加难以实现了。也许有人会认为这两者毫无可比性，然而精神病焦虑的感受与真实的焦虑的感受的确很难进行区分。

这个想极力获得的关系，可以凭借自我与里比多的比较关系进行阐释。我们已经明白，焦虑的发展其实是自我在面对危险时做出的反应，以及在逃离前的准备；而此刻我们再往前迈一小步，推测在精神病焦虑之中，自我同样抱有从里比多的要求中逃离出来的打算，并且在面对体内的危险时，它也会如同应对体外危险一般。如此一来，那这个似有所思定有所畏的假设便能被证明了。只不过这个比拟远远不止于此。正如同躲避外部险情时的肌肉收缩，最终能站稳以此采用对等的抵御措施，如今精神病的焦虑的发展同样会促使症候出现，以此来让焦虑获得牢固的基础。

不容易被理解的地方依然另有他种。焦虑本就代表着自我对自身里比多的退避，也就是假设焦虑的起因依然在于里比多。而这不免太难领悟了，我们务必要明白一个人的里比多几乎就是他的一部分，绝不能看作是身体之外的物品。这便是焦虑发展过程中与"形势动力学"（top-ographical dynamics）有关的问题，如今依然没有理解——比如耗费的到底是什么样的精神能量？或者这类精神能量归属于哪一种体系？对于这些疑问，我无法自诩能给出答案；只不过我想另外寻找到两类线索，所以，我们免不了要再次引用直接的诊断与研究来辅助我们进行推测。此刻首先从儿童心理学中寻找产生焦虑的源点，接着再阐述依附在恐惧症的精神病焦虑的起因。

在儿童心理学中，担忧是一种十分常见的现象，我们很难确定它究竟是属于真实的或是精神病的焦虑。对儿童的态度进行分析后，这两类焦虑之间的差别便的确变成问题了。原因在于，一方面儿童对于陌生人以及新颖的事物感到惧怕，这是不足为怪的，我们只需记起他们的软弱与蒙昧，便能很清楚地理解了。所以，我们认为儿童具备一种猛烈的真实焦虑的倾向；假设这种倾向来源于遗传，也仅是为了符合实用要求。儿童仿佛只是在重新演绎史前人类以及现代原始人的举止，这类人由于蒙昧无知，都会对新颖的以及无数熟悉的事物感到惧怕，只是对我们而言这些事物早已没什么好恐怖的了。假设儿童的恐惧症中，起码有一部分可以被视作是人类发展早期的遗留物，便也刚好与我们的预期相契合。

从其他方面来说，仍有两件不容忽视的事情：（1）儿童的怕虑并不等同；（2）那些面对任何对象与情境都会感到极其恐惧的小孩，长大以后常常会变成精神病患者。因此倘若真实的焦虑变得过度,便可视作是精神病倾向的象征之一;怕虑性仿佛要比神经过敏显得更加原始;因而我们可以得出这样的结论,儿童与日后的成年人,他们之所以经历着对自身里比多的恐惧之感,仅仅是由于他们对所有事物都怀有畏惧之情。所以,焦虑发源于里比多的说法将会被撤销,并且依据对真实焦虑要素的分析,当然可以从逻辑的角度获得以下结论:对自身怯弱无能的意识——也就是阿德勒所说的"自卑感"——倘若成年以后依然存在,则是精神病的本质起因。

这番话是如此的简洁悦耳,以至于吸引了我们的视线,原因是我们用以分析神经过敏的观念的确会因此动摇。这种"自卑感"——以及焦虑与症候出现的倾向——仿佛的确能延续到成年之后,只不过在极端病例中竟然产生了所谓的"健康"的后果,于是便务必要做出更丰富的说明。只是对儿童的怕虑性进行严格的诊断,从中我们能获得什么样的知识呢?起初小孩就是惧怕陌生人的,这种情景显得重要的原因,仅仅是由于牵扯到了情境中的人,之后才会涉及物。然而儿童对陌生人感到惧怕,并不是由于他认为这类陌生人心怀恶意,将自身的软弱与他们的强大进行对比,因而觉得他们会对自己的生活、安全与欢乐造成危害。这种认为儿童对外部势力存在疑虑的与儿童有关的学说,确实是一种非常浅显粗陋的学说。实际上,儿童看到陌生人会因为惊恐而退避,只是由于他已经习惯——因而渴望着——一个心爱且熟悉的面容,那便是妈妈。他感到失望,继而转变成惊恐——由于那个时候他的里比多既没有办法消解,又不能长久地储存起来不加以利用,于是便以惊恐的形式进行发泄。这个情景便是儿童产生焦虑的原型所在,也是诞生的时候与母亲分开时所出现的原始焦虑要素的再次出现。

最早让儿童感受到恐惧的情境是黑暗与独自居住;前一种情境往往始终维持不灭;不想与保姆或是母亲分开的欲望则是两者都具备的。我曾经听到一个恐惧黑暗的孩子大声呼喊道:"妈妈,请跟我讲话吧,我实在是太害怕啦。""只是这有何用呢?你并不能看到我。"那个小孩答道:"倘若有人讲话的话,房间里便会显得明亮一点。"所以,在黑暗中感受到的希望便转变成对黑暗的恐惧之感了。我们甚至没有察觉,精神病的焦虑只不过是依附在真实的焦虑之上的独特的一类,与之相反,我们却认为小孩的举止或多或少与真实的焦虑有些类似,同时它的核心特性与精神病的焦虑一样——也就是发源于未能得到释放的里比多。儿童在刚刚诞生的时候非常欠缺纯粹的"真实的焦虑"。那种日后变成恐惧的情境,比如爬山、穿越水上狭窄的桥梁、乘坐火车或是轮船等,对小孩而言却毫无恐惧之感——明白得越少,惧怕的也会越少。我们同样期望他可以通过遗传来获取这些维持生命的本能;如此我们守护他以不被各种各样的危险侵害的照看工作同样能大幅度减少了。但是事实上,你们要明白的是儿童始终过分地高估了自身的能力,由于他根本不知道危险,所以举止中没有丝毫的惧怕。偶尔会顺着河岸奔跑,偶尔会在窗台上坐着,偶尔会摆弄剪刀,偶尔会玩火,总而言之,他所有的举动全都足以对自身造成损伤,并让守护人感到万分惊恐。由于我们不能让他通过苦痛的经历来习得,因此只能彻底依赖训练以让他最终产生真实的焦虑。

假设有的孩子非常轻易就能通过训练感受到恐惧,同时对并未遭受警戒的事情也能预先感知危险,由此我们可以推测与其他人相比而言,他们体内必定拥有大量的里比多需求,不然他们肯定也是坏在幼年时期对里比多的满足习以为常。因此那些在儿童时期同属这一类别的,日后变成神经过敏的人也便不足为怪了。我们都明白倘若一个人无法忍受长时间被抑制的大量的里比多,则他会很容易患上精神病。由此可知,这其中有一种体质方面的因素在发挥作用,对此我们也从未进行否定。我们反驳的,仅是根据诊断与研究的相同结果来看,体质方面的因素原本并无地位可言,或者只是占据一个无关紧要的位置,但是部分学者非要将别的因素排除在外,唯独偏重这一个因素。

此刻将通过对儿童怕虑性诊断而知的结论简述如下:儿童的恐惧与真实的焦虑(也就是面对真正的危险时所感受的恐惧)毫无关系,反而是和成年人精神病的焦虑存在紧密的联系。与精神病的焦虑相似,这种恐惧全都来自于没有得到释放的里比多;一旦儿童丧失了其所钟爱的对象,便会让别的外部对象或是情境取而代之。

此刻你们必然非常乐于知道,对恐惧症研究而得的内容并未超出我们的已知。儿童的焦虑便是这样,恐惧症亦是如此;总而言之,倘若里比多找不到发泄的途径,便会持续不停地转化为一种与真实的焦虑非常相似的焦虑,因此便用外部存在的一种无关紧要的危险来充当里比多欲望的标识。这两类焦虑间的彼此一致并不稀奇;原因是儿童的恐惧不光只是之后的焦虑性癔病所呈现出来的恐惧感的原型,同时还是它的最为直接的先导性因素。虽然每一类癔病的恐惧会由于各种内容而产生各色各样的名字,但是都能追溯到儿童的恐惧并变成它的传承物;差别之处仅在于它们所具备的机制。对成年人来说,即使里比多暂时无法得到释放,但也不至于转化为焦虑。原因是成年人已经晓得怎样去将多出来的里比多储存起来,或者是将其用在别处。然而,假设他的里比多依附在一种受到抑制的心理亢奋上,则与儿童相似——对儿童而言暂无意识与潜意识的差异——的全部状况就会随之再次出现;由于此人已经倒退回到儿童时期的恐惧,因此他的里比多就会非常容易演变为焦虑。对于压抑作用,你们应该记得我早已粗略地探讨过,只不过那个时候关注的只是被压抑观念的处境;当然是由于它更容易被辨认和叙述出来,然而在这个观念上附着的情感最终变得怎样,却被我们忽视了,如今才明白,不管这种情感在正常状态下会具备怎样的性质,但在当下它的最直接结局就是转化成焦虑。这种情感的转化其实是压抑过程中的一个尤为重要的结局。这件事表述起来比较困难;原因是我们还无法断定潜意识情感也会如同之前所讲的潜意识观念一样存在着。不管一个观念属于意识或是潜意识,依然能维持不变;我们甚至能说清楚与潜意识观念类似的东西究竟是什么样的;至于这种情感其实是一种与能量释放相关的过程;倘若我们对心理历程还不具备完全透彻的观察与理解,便无法讲清楚与潜意识情感相似的到底是什么东西——因此同样无法在此处进行探讨。但是,我们需要依然保持已经获得的印象:这便是,焦虑的发展与潜意识体系之间存在紧密的联系。

倘若里比多遭受到抑制,就会转化为焦虑,或者是以焦虑的形式寻求释放,这就是我已经讲过的里比多的最终结局;此刻需要补充如下的一句话:转化为焦虑并非是受到抑制的里比多的仅有的、最终的命运。在精神病里还存在这样一种历程,它旨在阻挠焦虑的形成,并且实现这个目的的方式并非一种。比如对恐惧症来说,很明显可以看出精神病的历程总共有两个阶段。第一个阶段压抑作用得以实现,从而让里比多转化为焦虑,而焦虑指向的是外部存在的危险。第二个阶段是搭建起各种各样的防御壁垒,以此来隔绝与外部危险的碰触。由于自我深刻地感受到里比多的危险性,于是便将压抑作用视作是躲避里比多抑制的方式;恐惧症如同一座城堡,骇人的里比多如同外界的危险,城堡正是用来抵御这类危险的。恐惧症所具备的这种防卫系统之所以存在缺陷，仅仅是由于城堡虽然能抵御外来风险，但却依然无法避免有发自内部的危险；将来源于里比多的危险映射到外部，这是永远也无法产生效果的。因此，其他精神病便会采用别的防卫系统来抑制焦虑出现的可能；这是精神病心理学领域中最有意思的一部分内容。只不过若想探讨这个问题，难免过于偏题，并且需要具备独特的知识充当基础。所以，此刻我仅能简单地讲几句。我之前已经讲过，自我在压抑作用上搭建了一种用来反击的壁垒。这个壁垒务必要完整，而后才能保证压抑作用继续存在。至于反击的任务只是使用各种各样的防卫方式，以此避免压抑以后再出现焦虑。

再来说说恐惧症吧：此刻我期望你们已经领悟到，只是对恐惧症的内容进行阐释以及只分析它们的起因——比如那些引发恐惧的对象或是情境——而不理会别的因素，必然是不充分的。恐惧症的内容的重要性与显梦相等同——仅是一种谜面。我们需要认可的是，不管各类恐惧症的内容中发生怎样的变化，依然存在很多由于物种遗传而非常适合转化为恐惧的对象，这也是霍尔曾说过的。并且这类恐惧的对象与危险本身其实并无联系，除了与危险之间存在的象征性的联系。

所以，我们依然确信焦虑问题在精神病心理学领域中占据了中心位置。同时我们深信焦虑的发展与里比多以及潜意识系统之间存在非常紧密的联系。只不过依然存在这样一个真相：那便是，应当将"真实的焦虑"看作是自我本能用来维护自我的一种表达方式。尽管这个真相毋庸置疑，但是它仅是一个断断续续的线索，同时也是我们整个理论体系中的一个短板。

第二十六讲　里比多说:自恋

对于性本能与自我本能之间的差异,近来我们已经反复演说过了。首先,通过压抑作用,我们可晓得这两种本能之间是如何进行彼此抗衡的,而后性本能又是如何表面臣服,婉转地寻求满足以此弥补损失。其次,由于最初性本能与自我本能便对必要性存在各不相同的关系,因此它们各自的发展背道而驰,同时对唯实原则也抱有各不相同的态度。最后,通过诊断还可确信的是性本能与焦虑感之间比自我本能存在更为紧密的联系——如此的一个结论似乎只在某个要点上存在缺陷罢了。想要证实这个结论,还能举出以下这个颇为重要的事实:为了储蓄自我的两类最为重要的本能,饥渴并没有转化为焦虑,而未获得满足的里比多转化为焦虑则是再寻常不过的了。

我们对性本能与自我本能进行严格区分的缘由,是任何人都无法辩驳的;实际上,将性本能看作是个体所有的一类独特活动,已经对两者间的差别表示默许了。存在疑问的地方是,这个差别到底有何意义,同时我们对其是否持有严谨的态度。回答这个疑问需要从以下两点入手:(1)在身体以及心理层面上,性本能与自我本能所表现出的差异究竟达到了怎样的程度,对此我们是不是可以做出判定;(2)因这类差别而导致的结果到底有多重要。原本我们并未执意追求这两种本能间的实质性差别,并且纵然两者间存在差别,想要做一了解也是非常困难的。由于它们都仅被表述为个体能量的发源地,因此倘若我们要探讨它们在本质上是否是同一类或者两类的时候,绝对不可以只从这些概念出发,而是务必以生物学的事实作为基础。从当前的状况来说,我们对这个领域并不是十分了解,然而我们即便知道很多,对精神分析的研究依然是无济于事的。

荣格认为所有本能都来源于同一个地方。因而,所有来自本能的能量都被叫作"里比多";而这很明显也是于事无补的。原因在于我们所采取的措施并不能将精神生活中的机能排除在外,因此才会迫不得已将里比多划分为两类,即性的与非性的。只不过正如之前我们所使用的似的,里比多这一说法依然适宜保存下来,以用来专指性生活的本能力。

因此在我看来,是否应该对性本能与自我本能进行区分,这对精神分析而言并不是很重要,并且它也毫无资格对此进行探讨。从生物学的角度而言,很明显能从许多角度证实这个差异的重要性。原因是对有机个体来说,唯有性能从中脱颖而出并与外界物种产生联系。这种机能活动往往并不像其他活动能对个体产生益处,并且为在性的方面获得充分的欢愉,偶尔难免会让生命遭遇险情或是毁灭。只不过个体务必要为其后代遗留一部分,因此便出现了一种能够达成这个目标的与众不同的新陈代谢过程。原本个体也觉得至关重要,认为性与别的机能一样,仅仅是个体获得满足的一种方式,然而从生物学的观念来看,相较于永恒的种质,个体有机体的生命非常短暂,仅是物种繁衍过程中的一段,并以种质的栖身之地的形式短暂存在罢了。

然而通过精神分析来阐释精神病,就没有继续深入探讨的必要了。性本能与自我本能间的差异已被视作是理解"移情精神病"的突破点。这种精神病的成因可追溯至某个基本情境,在这个情境之中,性本能和自我本能彼此冲突,或者——用生物学领域的专业用语来表述吧,即使不是非常精确——自我本身以独立有机体存在的资格与其另外一种资格,也就是作为物种繁衍过程中的一部分的资格,两者之间是相互冲突的。或许这种分立是在人类阶段才得以出现的,所以,总体而言,他比别的生物显得优越的原因便在于其具备罹患精神病的能力。人类体内里比多的迅猛发展以及十分烦琐的精神生活(而这似乎是由里比多发展得来的),仿佛形成了导致这类冲突出现的条件。不管怎样,人类已经彻底通过这些条件具备了远超动物的飞速发展,因此人类罹患精神病的能力仿佛仅是文化发展过程中的对立面。然而这些依然仅是我们从当前的课题脱离出来所进行的推理罢了。

我们的整个分析得以继续是建立在这样一个假设之上:性本能与自我本能两者所呈现的是能被区分出来的。在移情精神病中,这样的差异是非常容易获得的。我们将自我对自身性欲对象能力的投资叫作"里比多",而将来源于自我生存本能的其他投资叫作"兴趣";倘若我们对里比多的投资、发展以及它的最终结局做出推断,便能对精神生活中各种各样的力的变化发展有一个初步理解。而移情精神病为这个分析贡献了最出色的资料。然而,对自我——以及它的内部构造与机能本身的各类组织架构——依然没有了解。于是我们不得不相信或许可以通过对其他类型精神病的研究来辅助理解这类疑问。

很早便有人将精神分析方面的概念用在这类情感分析之中了。1908年,在与我进行一番探讨后,阿伯拉罕随即对外宣布了一种观点,认为早发性痴呆(dementia praecox)的核心特点是并未在外物上投资里比多。[参见《癔病与早发性痴呆的精神性欲的区别》(*The Psycho-Sexual Differences between Hysteria and Dementia Praecox*)]。只不过那个时候出现了一个问题:既然痴呆症患者体内的里比多已经从它的外物上脱离出来,那又会怎样结束呢?阿伯拉罕丝毫也不犹豫地认为里比多再次返回到自我之中,同时还认为里比多的这种倒退其实是早发性痴呆中过分的痴念的根本所在。这种过分的痴念恰巧比恋爱的时候更易将对方的身价提高。所以,正是由于我们对精神病情绪以及正常恋爱相处关系的分析,才首次对精神病情绪的特征之一有所领悟。

我想对你们说的是,阿伯拉罕的这个观点依然留存在精神分析中,并且是我们对精神病研究理论的基础。对于以下的这个观点我们已经有所掌握:尽管里比多依附在某些对象上,并表露出一种打算在这些对象身上获得满足的野心,但是仍旧能用自我本身来取代并丢弃这些对象;这个观点慢慢演化得更加翔实。P. 纳基之前曾以自恋(narcissism)这个词语来描述一种性的错置,也就是一个成年人在自己身上进行本应用在恋人身上的拥抱与爱抚。此刻我们将这个词语借过来以对里比多的这类应用进行命名。

只需略加思考一下,我们就能明白倘若世间真有这种对自己身体迷恋的状况存在,则这个状况必然不是完全例外或是毫无意义。或许这种自恋本是普遍存在的原始状态,也正是因为它的存在,继而才会出现对客体的爱恋(object-love)。只不过自恋状态也无须因此就消失不见。我们务必要清楚在"客体里比多"(object-libido)进化的早期阶段,儿童在性方面的无数冲动都会在其身体上获得满足——而这便是我们所说的对自淫的满足——性生活倒退以及它无法遵从唯实原则的原因,便能用自淫能力来进行阐释。所以,自淫仿佛就是里比多在自恋方面的与性有关的活动。

总而言之,我们已经对"自我里比多"与"客体里比多"之间的关系有了一个初步的观点,同时可以引用动物学领域的比拟来对这个观点进行阐明。你们务必要晓得最简单的生物其实只不过是一团还未进行分化的原形物质。这个原形物质往往伴随着人们所说的"假足"(pseudopodia)往外部蔓延;然而仍旧能退缩至这些假足中并再次凝聚为一团原形物质。这类假足的蔓延,正如同里比多对客体的映射,只是更多的里比多却依然在自我之中保存着;按照我们的推测,在正常状态下,自我里比多朝客体里比多的转化并非难以实现,并且客体里比多最终又会被自我所吞噬。

有了这类观念的辅证,此刻便能对整个心理状态做出阐释,抑或是往后退一步来说,同样能用里比多方面的学说来对正常生活中的种种状态进行表述,比如爱情、疾病以及睡眠等。以睡眠状况为例而言,我们可假设它其实是因为从外界逃离出来而聚精会神于实现睡眠的一种愿望。我们早已明白,出现在半夜之中的梦境活动同样旨在维持睡眠,并且完全处于利己主义的操控之下。在里比多学说的辅助下,我们能更深一层地认为处于睡眠状态时,不论是来自里比多或者是利己主义的对外物的所有投资,全都会被撤销并且重新倒退汇集在自我之中。而这难道依然无法让我们对因睡眠而获得的精力以及普通疲劳的本质具备一层崭新的认识吗?既能由此将睡眠与母胎内部生活的相似之处加以证明,同时又可以在心理层面将其意义延伸。里比多分设出来的原型或者原始自恋状态都能在睡眠之中得以再次出现,那个时候,里比多与自我利益共同存在于获得满足的自我之中,合二为一且无法分开。

此处需要附加说明两类观察。第一类,自恋与利己主义之间具备怎样的差别?据我观察所知,自恋其实是里比多对利己主义的增补。我们谈到利己主义时,只是集中于某一个人的兴致而已。而自恋则是与里比多需求相关的满足。在现实生活中,两者可以分别是毫无干系的动机。或许一个人是完全的利己主义者,然而倘若他的自我打算在一个客体上寻求获得里比多的满足,那他的里比多会对客体产生剧烈的依赖感;那个时候,他的利己主义倾向就会让他的自我避免由于对客体的渴望而受到伤害。个体既可以是利己主义的,又可以是过分自恋的(也就是感到不是非常需要的客体),同时这个自恋有时会以直接的性满足呈现出来,有时又会以人们所说的"爱情"呈现出来,因而不同于"肉欲"(sensuality)。从这类情境来说,利己主义是始终显著存在的成分,而自恋则是经常变化着的成分。利己主义的对立面即为利他主义,利他主义并非里比多在客体上投资而来的一个概念;利他主义与里比多的差别表现为它并不具备从客体上寻求性满足的渴望。然而倘若爱情处于顶峰状态,利他主义同样可以在客体上实现里比多所做的投资。简单而言,自我中自恋能被性的客体吸取一部分,因此自我往往会对客体的性产生过度的预估。倘若除此以外又有利他主义的加入,必然会将从恋人那里获得的利己主义引到客体之上,如此一来性的客体则会高高在上,并彻底将自我吞噬。

倘若在结束以上乏味的科学构想过后,通过一段诗来对自恋与热爱之间的差异进行阐明。同时用"经济的"进行比较,或许能对你们产生些许帮助。这段诗摘自歌德的《东西歌女》(West-Östliche Divan),是楚丽卡和她的爱人哈坦之间进行的一段谈话:

楚丽卡:奴仆、获胜者以及平民们全都不约而同地认为,个体的真正的幸福其实在于具备自我。倘若他不会丧失真实的自我,则无须谢绝任何一个人;倘若他始终是他,则能承受任何一种物的受损。①

哈坦:就当你是这样的吧;我则是从另外一条路走来的,在楚丽卡身上,我发现了人世间幸福的汇总。

假如她对我有意思,我可以牺牲所有。假如她抛弃我离去,我的自我也会随之立刻消失不见。到那个时候哈坦的所有也会完全

---

① 这是自恋的表示。——译者注

变成过去式；假设没过多久她便恋上了某个甜蜜的恋人，我唯能在幻想中与他合二为一。①

第二类，便是梦的学说的衍生。梦的成因是无法进行说明的，除了我们假设抑制在潜意识之中的念头早已向自我宣布独立，因此自我为了保全睡眠，虽然已将自己在客体上的投资撤销收回，但是这类念头却依然将自己的活力储存下来，并不受睡眠欲望的控制。唯有这样的假设，方能让我们明白这种潜意识资料到底是怎样通过夜晚查验作用的消退，以此来打造白天残余的经验，最终导致一种并不是本人容许的梦的渴望。反言之，这些残余的经验与经受抑制的潜意识资料原本就已具备一种关联，通过这一关联或许还能形成一种抵抗力，以此来反抗睡眠的渴望与里比多的撤销收回。所以，此刻我们理应将之前所讲解的与梦的构成相关的知识再次加入到这个举足轻重的动力要素中去。

部分条件——比如机体所患的疾病、伤痛侵扰以及身体器官的发炎肿胀——很显然都能让里比多从客体上撤销收回。这样撤销收回的里比多会再次附着在自我之上并对机体出现病痛的地方做出投资。我们可以简述如下，处于这类情境之下，里比多从客体上的撤销收回要比自我兴致从外部对象的收回更加让人感到诧异。这仿佛会对我们理解忧郁症有所帮助；在这个病症中，部分从表层无法发现病痛的器官则会渴求自我予以关注。然而对于这一点或别的能用以阐释客体里比多从自我撤回的状况，便不打算再进行探讨了；原因是此刻我已晓得你们肯定会出现两种反驳。第一种，你们肯定会质问我为何非要在探讨睡眠、疾病等情境的时候坚持里比多与兴致，同时还包括性本能与自我本能之间的差异，然

---

① 这是热爱客体的表示。——译者注

而实际上,想要阐释这类状况,我们只需要假设每个人都具备一种自由自在的统一的能力,既能映射在客体上,又能在自我中凝聚起来,如此便可以实现这一方面的目标,又可以实现那一方面的目标。第二种,你们肯定会质问我为何能这样猖狂,所以才会将里比多从客体的撤回看作是疾病的起因所在,假设这种从客体里比多朝自我里比多进行转化——也可以是普通的自我能力——的过程,其实是一种每天都普遍存在的正常的心理历程。

以下便是我给出的答案:你们的第一个反驳似乎非常合理。从对睡眠、疾病以及爱情等情境的分析来看,或许还不能发现自我里比多与客体里比多,或者是里比多与兴致之间的差异。只不过你们却在这一点上将我们一开始的分析遗忘了,实际上,此刻所探讨的这些心理情境其实都是以这些分析作为依据的。既然我们已经对因移情精神病而导致的冲突有所了解,因而便不得不对里比多和兴致,性本能与自我生存本能进行区分。从这以后,这个差异就会时常引发我们的关注了。并且倘若想要对所谓的自恋精神病做出解释,比如早发性痴呆的谜点,或者想要对它们与癔病以及强迫性精神病的差异做出圆满的阐释,则务必要假设客体里比多具备转化为自我里比多的可能性,或者换言之,务必要假设我们认可自我里比多是必然存在的。接着,我们才能凭借因此得来的毋庸置疑的理论来对疾病、睡眠以及爱情做出阐释。将这些理论运用到各个地方,以此查证到底能在哪一个方面得以成立。而并未直接依据研究的经验仅有一个定论:这便是,不管里比多依附在客体还是自我之上,却依然是里比多而并非会变成自我的兴致;并且自我的兴致同样不会转变成里比多。然而这番话依然仅能表明性本能与自我本能之间存在的差异;我们已从批判的角度对这个差异进行查证,而以启发的观点来看,现阶段它依然有价值,待以后证明它并无价值再做阐述。

你们的第二个反驳同样提出了一个合乎常理的问题,只不过论点难免出错了。倒退回复到自我之中的客体里比多并非都会导致疾病;每天晚上睡觉前里比多会撤销收回,睡醒以后又会再次恢复原状,这些全是毋庸置疑的。比如当原形质的微型生物将假足缩回以后,常常会随即再次伸出。然而倘若存在一种非常确信且强劲的历程逼迫着里比多从客体之上撤销收回,则最终结果会大不相同。因此而转变为自恋的里比多无法再找到重返客体的方法;里比多在自由活动方面遭受了阻碍,于是就不得不患病了。倘若自恋的里比多累积超过某种程度,仿佛便会变得无法忍耐了。或许我们能就此推测它正是由于这个原因才会投射在客体上。于是自我唯有将里比多释放出来,以免其过度累积而导致疾病。倘若我们原本打算要对早发性痴呆做出更加独特的分析,或许我能这样对你们讲,致使里比多从客体之上撤回且无法返回的这个历程,其实与压抑作用之间存在紧密的联系,因此理应被看作是压抑作用中的一类。不管怎样,倘若你们可以理解这些历程出现的最初要素,根据目前我们所获知的,基本与压抑作用相统一,因此你们便会更容易理解这些崭新的事实了。所谓的冲突同样相互类似,并且彼此冲突的力量同样是相等的。只不过它的结果与癔病存在不同的原因,仅仅是由于倾向的差异。这类患者的一切里比多发展的缺陷分布在发展的另外一个阶段上。同时导致症候出现的执拗点同样位于不同的地方,或许位于自恋的早期阶段中;最终早发性痴呆会重新返回到这一时期。总而言之,对自恋精神病来说,在其发展的执拗阶段我们不得不做出这样的假设,它的里比多要比癔病或者强迫性精神病早很多,然而你们早已听闻自恋精神病在本质上要比移情精神病更加厉害,只不过对后者进行分析获得的观念同样能用来阐释前者。这两者间的确存在许多彼此沟通的地方；实际上，它们本为同一种现象。因此，倘若一个人预先没有与移情精神病相关的研究理论，则较难对这类病症（理应归属于精神病学）做出恰当的说明。

早发性痴呆的症状并非如此，它们的出现并不是因为里比多从客体上撤回并在自我之中累积起来，正如自恋一样。它们还有别的呈现状态，能够追溯至里比多重新返回到客体之上并以此来得以恢复的结果。实际上，这些显然才是这种疾病的特点；它们与癔病的症候相似，偶尔会有少部分与强迫精神病的症候有所相似；然而从各个角度来说，依然存在很多不同之处。以早发性痴呆为例，它们的里比多重返客体之上或者是在客体观念上所做的挣扎，仿佛确实不无所获，然而获得的只是原物的影子而已——比如在原物之上依附着的概念或是影像。由于此处篇幅有限，因此对这个问题不再做过多的探讨，只不过据我观察，里比多重返客体所付出的努力是可以被用来理解意识观念和潜意识观念之间的差异的。

目前分析的研究已有望再往前推移一下了。从自我里比多的观念出现以来，对自恋精神病的理解早已具备可能性；如今我们的主要任务便是从这类疾病之中寻找出动力的起因，并且凭借对自我的理解，以此去提升我们在精神生活方面的学识。我们旨在构建起一种与自我相关的心理学，但是自我心理学绝对不能以我们自身的自我知觉所贡献的资料作为基础；同时务必如同里比多心理学一般来将自我病狂的研究作为依据。也许我们认为倘若自我心理学可以建立，那么我们现在所拥有的从移情精神病那里获得的与里比多相关的研究理论便显得无关紧要了。只不过，目前我们还未在这个领域中获得巨大的发展。对自恋进行分析时绝不能使用移情精神病的分析方法,用不了多久你们便能理解其中的缘由。对自恋患者来说,常常当我们走过一小段道路以后,便会遇到阻碍以致无法继续前行。你们都晓得,移情精神病内部同样存在这样的反抗壁垒,只不过这种壁垒能被一部分一部分地撞破。而自恋的反抗力是无法攻克的;顶多只能伸长脖子去窥探从壁垒外边经过的是何物,以此满足好奇心罢了。所以,我们务必要想方设法地改变分析方法,只是如今还未能找到一种改进之后的方法。与这类患者有关的资料并不欠缺,尽管无法充分地为我们答疑解惑,但这些资料的分量依然非常可观。目前我们仅能用从移情精神病分析中获得的知识去领悟他们的言辞。这两类病症间的相似之处已可以充分地确保我们获得了称心的立足点。至于通过这种方式最终到底能获得什么样的效果,便全在日后进行查证了。

除了这些,另外仍有一些其他的艰难阻挡着我们前进的步伐。坦白讲,那些仅对移情精神病进行过研究的人,才有资格去分析自恋精神病以及与自恋相关的精神病。然而精神病专家始终没有去对精神分析进行研究,同时我们精神分析学者对遇到的精神病病例又感觉太过于稀少。目前不得不培养出一批提前接受过精神分析训练的精神病专家。美国早已着手于这个领域了,若干位精神病专家开始对学生进行与精神分析学说相关的演说,医院以及精神病院的主任医师同样打算在精神分析理论的指导下对患者进行观察。偶尔我们同样可以发现隐藏在自恋之后的某些奥秘,所以,此刻我们准备向你们讲述一些与这类疾病相关的见解。

妄想狂(paranoia)属于慢性精神错乱的一种,从当今精神病学的分类角度来说,具有非常不确定的划属。然而毫无疑问的是它与早发性痴呆存在紧密的联系;我之前早就提到过,两者理应一起划属在妄想痴呆(paraphrenia)的类别之下,妄想狂的表现形式会伴随着不同的幻想内容而具备不同的名称,比如夸张的幻想、被压抑的幻想、被嫉妒的幻想,以及被宠爱的幻想(erotomania)等。我们必然不期望精神病学可以对这些现象做出解释。试举一个不是很恰当的旧例吧,精神病学也曾想通过理性的奋斗来用这些症候进行相互阐释:由于患者坚信自己是被人所害,于是便推测自己必然是一个至关重要的人物,因此慢慢出现骄傲自满的幻想。然而根据我们研究的观念,这类过度的幻想其实是因为里比多从客体之上撤销收回,从而导致自我膨胀,这便是第二阶段的自恋(a secondary narcissism),也是幼稚形式的初期回复。但是通过对被迫害患者幻想的观察,我们从中获得了一个可以用来理解的线索。首先,我们晓得对大部分事例来说,迫害者与被迫害者属于同一性;原本这可以有比较好意的阐释,然而对部分已经遭受严密分析的例子来说,当患者处于健康状态时原本非常亲近这个同性伙伴,只不过当病症出现以后,才会将他视作是迫害者。同时这种病症又会因为联想而得到发展,从而将一个被爱的人换作另外一个,比如将父亲换作严厉的老师或者绝对权威者。从这类众人往往认同的观察来看,我们认为一个人由于想对一种强烈的同性恋冲动做出反抗,于是便会将被迫害妄想狂当作自己的安全符咒。一旦爱转变成恨,恨又会对既爱又恨的对象的生命造成危害,这个变化与里比多冲动转化成焦虑基本相似,皆是压抑作用时常产生的后果。试用一个近日时常能看到的例子进行阐释。一个年纪轻轻的医生不得不从他的住处离开,原因是他曾在那个地方恐吓过一位大学教授的儿子。原本这个人也是他最为亲密的朋友之一,此时他认为这个友人具有超乎常人的魔力以及邪恶的企图;他认为这些年来发生在家中的所有不幸以及自己于公于私所存在的困惑,全都出自他手。并且除了这些,这个可恶的朋友又与他的父亲出现争斗,从而导致边疆地区被俄国人侵袭;他们曾经使用过各种各样的方法来对他的生命造成伤害;因此他坚信若是这个可恶的人不去世,那么世界将会动乱不堪。然而事实上,他依然深沉地爱恋着他,以至于虽然有机会将他一枪打死,但却因为手软无法实施。当我与患者进行短暂的会谈后,才明白这两个人之间深厚的友情是在校园中作为同学时而产生的;在某个夜晚他们俩曾拥有过一次完整的性交活动,因此两人之间的情谊至少有一次早已远超友情的界限。从患者的年龄以及品性来说,那个时候两人都应该对女人有爱慕之情,只不过他一直没有表露出这种意思。他之前曾与一个漂亮而又富足的女孩订下婚约,只是她嫌弃他太过于冷酷无情,所以最后解除了婚约。许多年以后,恰值他第一次可以为一个女人带来性满足时,他便得病了。当她怀着感谢与挚爱的情感将他抱住时,他突然体验到一种神秘的痛感,如同锋利的刀刃切割头颅一般。之后,他描述那个时候的感受,仿佛是在解剖尸体的时候将头颅切开似的;由于他的友人是病理学解剖专家,因此他逐渐认为唯有这个友人会用女人来诱惑他。因此对之前来自这个友人的别的迫害,他也可以更加清楚地理解他的诡计了。

然而迫害与被迫害两者之间偶尔也会呈异性,如此说来这种疾病对同性爱充满了反抗,难道不正与事实相冲突吗?我曾有幸对这种状况之下的疾病进行诊断,从表面来说尽管与这种说法相冲突,但其实二者彼此可以相互辅证。一位年轻女性幻想自己处在一个男人的迫害之下,而这个男人曾与她有过两次亲密行为;实际上,起先她对一位妇女感到非常怨恨,而这位妇女或许可以看作是这个年轻女子妈妈的顶替者。直到与他进行第二次幽会以后,她才将自己的被迫害幻想从那位妇人身上转移到这个男人身上;因此对这个病例而言,迫害者与被迫害者的性别一致观点依然成立。然而当患者对律师以及医生进行描述的时候,却对初次的幻想只字不提,所以从表层来看,这与我们通过分析妄想狂而得的理论相互矛盾了。

与将异性选作对象相比而言,将同性选作对象本就和自恋之间存在密切的联系;因此,一旦同性恋的激情遭受拒绝,就会非常容易撤回并转化为自恋。在这类演说中,我无法将我们所知晓的一切完整地讲给你们听,因此与爱的冲动方式的基本规划相关的知识,此刻也无法进行些许补充说明了。我想要对你们说的仅仅是以下这番话:对象的筛选,或者是里比多超越自恋之后的发展,可以两种方式呈现出来。第一种是自恋型(the narcissistic type),可以用与自我相似的对象来取代自我本身;第二种是恋长型(the anaclitic type),里比多将可以满足儿时需求的长辈视为对象。里比多对自恋型对象筛选所表现出的偏执感,同样也是具有同性恋倾向的人所具备的一种显著特征。

你们肯定都还记得,我曾在本编第一讲内容中引用过一位女性的幻想的嫉妒之情。此刻我们的演说马上就要告一段落了,你们必然希望我可以运用精神分析学说来对幻念做出阐释。然而对于这件事,我无法像你们所希望的那样来向你们阐述非常多的东西。幻念并不受逻辑以及真实经历的控制,它与强迫观念相一致,皆能通过其与潜意识资料之间的联系来进行说明;这类资料一方面受到幻念或者强迫观念的阻挠,另一方面却又会通过幻念或者强迫观念得以呈现。这两者间的区别其实就在于这两种情绪的表现形式以及动因上的区别。

抑郁症(可以划分成许多各不相同的临床类别)与妄想狂一样,我们同样能大致地窥探出这种疾病的内部结构。我们早已晓得这类患者所感受到的烦闷冷酷的自我埋怨,其实都与自身所丧失的或者是由于某种失误而不再去珍惜的性对象相关。所以，我们便由此认为抑郁病患者的确都将自身的里比多从客体之上撤销收回，只不过因为存在一种叫作"自恋的用其他人来进行自比"(narcissistic identification)的过程，便将客体移植于自我之内，并以自我来取代客体。对于这个过程，我仅能用一种叙述的方式向你们说明观点，绝不能以形式与动力的概念来进行解释。因此自我便被看作是早已被丢弃的客体；原本那些准备施加在客体之上的所有狠毒的报复性方式，也都转而施加在自我中了。由此推演可知，抑郁症患者的自杀冲动同样可以用以下的假设来进一步理解：这便是，患者对自我所抱有的恨意，和对既爱又恨的客体所持有的痛恨一样强烈。正如其他自恋的病态一样，处于抑郁症中的情绪生活很明显具有布洛伊勒定义的而我们所谓的矛盾情绪(ambi-valence)；这个单词的含义是对同一个人来说具备两种相矛盾的情感体验(也就是爱与恨)。遗憾的是我们无法在这些演说中对矛盾情绪这个概念进行更为细致的探讨了。

除了自恋精神病，还有一种我们已经了解的癔病的"以其他人来进行自比"的形式。我非常希望可以通过三言两语便能让你们清楚这两者之间的区别；遗憾的是并不存在这个可能性。如今再提几句，抑郁症存在周期式或者循环性质，理应会引发你们的兴致。当条件适宜时，我们甚至能在疾病退去且还未到来之间进行研究与诊治，以此来阻抑其病情的再次出现。（我早已反复尝试并且获得成功。）所以，我们因此晓得在抑郁症、躁狂症(mania)以及其他疾病之中，全都存在一种独特的能够用以解决冲突的方式，从先决条件的角度而言，这种方式与别的精神病是相同的。由此你们便能想象到精神分析在这个领域中依然占据一席之地。

同时我需要向你们说明，对自恋精神病的研究，有助于我们对自我以及由各种各样的官能与要素所组成的部分有所了解。之前我们曾在这个领域进行过简单的讨论。通过对发现的幻念的研究,我们已经获得如此的结论:这便是,自我中存在一种持续处于窥探、批判以及比较状态中的官能,所以,才会与自我的另外一个部分进行抗争。因此,对我们而言,患者的抱怨其实是觉得自己的一举一动都被人监控着,任何一种想法都能被他人知晓并进行研究,直至此时其实已将一个无人能晓得其为真的真理讲了出来。他的失误只是他认为这个令人厌恶的势力并不是他个人所有,而是在他的体外存在着;事实上,他在自身的成长历程中,早已树立起一种自我理念(an ego-ideal),他在自身的自我之中感受到了一种官能的标尺,能够凭借自我理念来对自身的真实自我与所有行动进行考察。我们甚至可以推测他树立这个理念的缘由,旨在以此来获得与儿时的核心自恋相关联的自我满足,因为随着年龄增长,这种满足早已屡屡遭受抑制并最终消失了。这种自我批评的官能便是之前我们所说的自我检验作用或者是"良心";夜梦中所呈现出的对不道德渴望的反抗,便正是这一官能。倘若这种官能从处于监控之下的幻念中脱离而出,我们就可以对它的起源有所了解,它其实是在父母师长以及社会背景的熏陶下并从与这类楷模进行自比的历程中出现的。

这便是将精神分析运用到自恋精神病研究中所获得的一些结论。遗憾的是数量依然太过稀少,其中有很多甚至还无法让我们获得清晰的概念,原因是唯有新资料历经多年的分析以后,这些概念才可能具备些许成果。这类成果之所以具备可能性,其实是因为自我里比多或者是自恋里比多的运用;正是由于这类概念的辅助,我们才可以将在移情精神病领域所得的结论延伸至自恋精神病中。然而此刻你们或许会质问我:自恋精神病与精神病的全部失调是不是都能运用里比多进行说明,疾病蔓延是不是皆因精神生活中的里比多所致,而并非自我生存本能的失调。在我来看,对这个问题的解答仿佛并不是非常重要;况且,此刻我们还不具备进行解答的能力;完全可以等日后再来解答。根据我的推测,等到那时肯定能加以证实:诱发疾病其实是里比多冲动所持有的独特能力。因此不管里比多时应用在实际的精神病领域,抑或是重度精神病领域,皆能获得成功。原因是我完全了解里比多的本性,那便是完全不会屈服于现实以及必然性的控制。只不过我同时认为自我本能在这个方面同样具有连带关系,既然里比多具备诱发疾病的情愫,因此自我本能的机能便一定会因此遭受侵扰。尽管我们认可自我本能是重度精神病的核心受害者,但我依然无法看出我们分析的方向会因此而失去效用;这些全都等以后再来讨论吧。

此刻暂且继续来说说焦虑,以此希望能将之前并未理解的地方进行说明。我们之前曾提到过焦虑与里比多的关系原本就非常清晰,只是难于和以下这个无可厚非的假设进行彼此间的调和:这便是,面对险情而出现的真实的焦虑其实是自我生存本能的表露。然而假设焦虑的情愫并非发源于自我本能,反而出自于自我里比多,我们要做出什么样的反应呢?毕竟焦虑感往往会对身体造成非常大的伤害,焦虑程度越加深厚,其危害性也将越加明显。无论那仅存的可以保卫自我的行动属于退避或者是自卫,它往往都会对其进行干预。因此,倘若我们将真实的焦虑的情感要素划分到自我里比多之中,而将它发出的举动划分到自我生存本能之中,则理论上的所有困惑都能顺理成章地加以理解。你们也将不会再宣称我们是由于知晓了恐惧才会逃离了。我们了解恐惧之后的逃离,全都因为对险情的感知从而导致的一种相同的冲动。从危险中得以幸免的人,认为他们从未有过恐惧感,仅是伺机而动——比如端起枪支对准发起进攻的猛兽——对他而言,这的确是那个时候最有利的方法。

第二十七讲 移情作用

此刻我们的探讨马上便要告一段落了,如此一来,你们肯定抱有一种期待,只不过千万别因此而造成一种误解。由于精神分析终归是以治疗为宗旨的,所以你们也许会认为我在探讨过精神分析的全部疑难问题以后,在结尾绝对不会对治疗只字不提。实际上,对于这一问题我无法省略不再赘述;由于和治疗的状况存在联系,我仍需向你们转达一个崭新的事实。倘若不存在与这个崭新的事实相联系的知识,那么对之前已经分析过的疾病,一定不会有较深的理解。

我晓得你们肯定不会期望我对你们转达如何进行分析治疗;你们仅仅想要大致了解精神分析的治疗方法以及成效。想要了解这件事,是你们固有的权利,任何人都无法否决;然而我并不想这样转达给你们——还是请你们去主动探索吧!

请你们在脑海中仔细考虑一下吧,从导致疾病的要素直至在患者心中发挥作用的成分,凡是至关重要的事实,你们都已经有所了解。治疗到底会在哪一点上造成影响呢?首先,便是遗传倾向——我并没有常常提及遗传,原因是在其他科学中这个疑问早已被人们频繁讨论,因此我们便没什么新言论了。只不过你们千万不要因此就认为我看轻了它;我们是做研究工作的,必然非常清楚它的势力。不管怎样我们无法让遗传发生些许改变;这便是这个问题中预先存在的资料,能对我们的奋斗范围做出限制。其次,便是儿时经历的影响,它常常是研究中举足轻重的资料;它们归属于往日，当然也会让我们无法大展拳脚。接下来，便是人生中的所有苦难，也就是现实生活中的幸福被掠去，从而导致生活中的所有爱的要素消失不见——比如贫穷、不和睦的家庭生活、失败的婚姻生活、恶劣的社会环境、过分的道德压力等。这个领域自然非常有可能获得行之有效的治疗；然而务必要效仿那位维也纳传说中的约瑟王（Kaiser Joseph）在实施福祸时所采取的方式才可以——凭借一位权威者的和善的专制，才能让人完全顺从，并且困难也会随即泯灭；只不过我们算什么人，难道也能向众人广泛地施与治疗方法吗？在社会生活中我们身无分文且毫无权势，仅仅依靠行医来谋生，自然无法像其他医生那样去为穷苦无依的人们广施疗法；原因是我们的医治过程需要很多时间与精力。只不过或许你们依然坚信之前所讲述的无数因素中，必定存在一种能够接受治疗的可能性。倘若患者的欢乐会被社会的传统道德掠走，则可在治疗过程中劝说且鼓舞他们冲破这类阻碍，并通过丧失理想来获得满足与健康，虽然这种理想常受人崇仰，但世间将其丢弃置之不理的也大有人在呢。然而健康的得来是因为"自由的生活"（free living），那么必然会让研究染上有违普遍道德的污点：原因是它会让个体获得利益，但却会让社会遭受损害了。

与研究相关的这个错误的印象到底是什么人告诉你们的呢？研究的治疗过程中自然会包括一些自由面对生活的劝言——倘若并无其他原因，那便是由于患者在里比多中的渴望以及性的抑制，或者是一种出现在肉欲与禁欲之间的冲突。这类冲突，并不能通过帮助一方面来抑制其他方面就可以完满解决。对精神病患者来说，一定是禁欲主义获得一时的胜利；最终便导致被抑制的性冲动于症候中寻求释放。倘若我们让肉欲具备获胜的可能性，则那被忽略的对性生活造成抑制的势力便必然会去症候中寻求弥补。这两种方法全都无法阻止内心的冲突；总是要有一方无法获得满足。由于冲突并不是非常猛烈，所以医生的劝说也能出现成效的事例并不是很多，并且这类事例也便不需要研究的治疗了。但凡极易从医生那里感受到影响的人们，就算是没有这个影响也必然可以自行解决。实际上，你们终究明白，倘若一个已经绝欲的男子执意要进行违法的性交行为，抑或是一个未获得满足的妇人准备寻找一个情人以此获得弥补，则他们必然不至于要先从医生或者研究者那里获得准许，而后才去为所欲为。

当人们探讨这个问题时，往往极易将该问题的核心忽视——也就是精神病患者发病的冲突与处于矛盾之中的各类冲动的正常抗衡之间存在不同，原因是正常抗衡的两类冲动往往位于同一个心理范畴中，而对发病的冲突来说，这两类势力之中的一类会潜入前意识与意识之上，另一类被囚禁在潜意识之内。所以，它的冲突必然不会有最终的结果；这两类势力想要碰面的难度，实在无异于天南地北的差别。倘若想要将此解决，务必要让两者在同一个情境中相见。在我看来这就是精神分析的核心任务。

除了这些，倘若在你们的设想中认为研究法同样将劝诫人生或者指导行动作为要点，那你们难免又犯错了。实际上，我们在极力逃避饰演导师；我们仅仅期望患者可以自行解决。为了实现这个目标，于是我们劝说他在接受治疗的时候，暂且勿对生活做出果断的决定，比如与事业、婚姻或者离婚相关的事宜等，都应等治疗结束以后再做讨论。或许这是你们无法预想到的吧。只有面对年纪较轻或者无法自立的人时，我们才不会坚守这种限制。对这类人而言，我们只能同时兼任医生以及教育者；由于那个时候我们明确知道自身担负着重大的责任，因此便不得不谨慎行事了。

尽管我竭力辩驳研究的治疗并不提倡自由自在的生活，但你们千万别就此认为我们宣扬的是传统道德。这两者全都并非是我们的宗旨所在。我们仅是观察家,而并非改造家;只不过若想做到观察,就无法从批判之中脱离出来了,所以,我们绝不会拥立传统的性道德,或者是赞同社会对待性问题的处理方式。我们并不难证实人世中存在的因为道德律而出现的牺牲,往往超越了它自身的价值;所谓的道德举止既难以从虚伪之中幸免,也难以摆脱呆板。我们绝对不会向患者隐瞒这类批判;务必会让他们如同看待其他问题一般,习惯于对与性相关的问题做出毫不偏颇的思考;假设他们在接受完治疗以后,可以从肆意的性与绝对禁欲中选择恰当的处置方式,如此一来不管最终结果是怎样的,我们都无须遭受良心上的谴责了。不管是什么人,仅仅只需结束完整的训练,同时能对真理有所认识,就可以强化用来抵御不道德险情的力量,纵然在某一方面他的道德衡量准则不同于常人。如此一来禁欲在导致精神病方面的重要性,我们也无须做过度预估;唯有少数由于剥夺作用以及里比多积累而引发的疾病,才能通过并不难引发的性交活动而使治疗获得成效。

所以,你们便无法做出这样的假设,若是想要对精神分析的疗效做出说明,必然是因为患者进行了肆意的性生活;你们不得不寻找其他的说明。我记得我曾在反驳你们的这个推测时讲过这样一句话,也许能帮助你们步入正途。我们获得疗效的原因,也许是因为通过某类意识的物质来取代某类潜意识的物质,将潜意识的观念变换为意识的观念。你们若是如此,便正中要害了。由于潜意识扩张并且进入意识之中,因此压抑随即被消除,症候也随即被消退,而导致疾病的冲突最终变为一种早晚都需要处置的正常的冲突。我们的任务仅仅是让患者可以具备这种心理层面的改造,此时可以得到怎样的成效,他们也便能获得相同的利益。假设并无压抑或者与压抑相似的心理过程等待消除,则我们的治疗就可以算是结束了。

我们奋斗的宗旨能以不同的公式表现出来——让潜意识变成意识,同时解除压抑作用,或者是将记忆丢失的部分弥补回来,它们全都指向相同的一件事情。或许你们对这番话并不满意,认为精神病患者的恢复存在非常之大的差异,由于他接受了精神分析层面的治疗,有可能会彻底变成另外一个人,但你却仅仅听说,整个过程只不过是让潜意识之中的资料较之以前略微削减,至于意识的资料则仅仅只是较之以前略微增加罢了。或许你们并不清楚这种心理改造的重要性。尽管一个已经接受治疗的精神病患者在本质上仍旧故我,但却的确转变为一个不同以往的人——这也就是说,他已经转变为能在最为优秀的环境中所培养出的最为优质的人格。而这便不再是一件无关紧要的事情了。假设你们可以知晓我们所有的成果,可以明白我们竭尽全力以在心理层面引发这种看似烦琐的改变,则会更加理解各类心理平面存在区别的重要性了。

此刻我暂且从这个问题中脱离出来,询问你们是否明白我们所说的"原因治疗"(acausal therapy)的意义所在。倘若一种治疗方法从疾病的呈现方式中脱离而出,通过寻找突破点来将其病因彻底解除,这便是原因治疗。那么精神分析算不算是原因治疗的其中之一呢?想要对这个提问做出回答并非易事,但我们却能因此而确信诸如此类的问题的不着边际。当精神分析的治疗不再以解除症候为直接目标时,便会大概类似于原因治疗。而在其他领域并非如此,因为我们对原因的渴求要远超压抑作用,一直到本能倾向以及它内部构造中的一定强度,以及这类本能发展的失衡等。倘若目前我们可以通过某种化学方式来将心理机制进行改变,或者是随机对里比多的数量进行增减,抑或是通过减弱某种冲动以此来强化另外一种冲动的能量——如此一来便会变成一种纯粹的原因治疗,同时我们的研究同样会变成分析缘由时必不可少的首项任务了。但是正如你们所知的,目前还没有能够实现里比多历程的这类影响;我们的精神治疗方法并非是在症候之上进行攻击,而是在远远地位于症候的下方,仅在非常怪异的情境中,这个位置才会被我们靠近。

既然如此,我们到底需要进行什么样的任务才能让患者的潜意识进入到意识之中呢?之前我们认为这件事非常容易,仅仅只需将这种潜意识资料发掘出来,同时向患者传达就可以算是结束了。然而此刻我们已经明白这只是一个孤陋寡闻的谬论罢了。我们对他潜意识的了解,和他本身对自己潜意识的了解,这两者根本就是两码事。我们把已经了解的事情传达给他,他并不会被同化,并以此取代自身的潜意识观念,而仅仅只是兼容并包,实际上鲜有变化。正因如此我们才不得不继续用形势的主张来看待潜意识的资料,并且在他记忆之中首次出现压抑的那个层面上去进行探寻。首先务必要将这种压抑彻底解除,而后通过意识观念来取代潜意识观念的任务才能够马上实现。然而这种压抑又该怎样做才能解除呢?因此我们的任务随即步入了第二个阶段;首先是看到压抑的存在,其次是将这种压抑赖以生存的抗力彻底抹除。

这个抗力又该怎样做才可以抹除呢?仍旧是:首先将抗力所在的位置寻找出来,而后告知患者。这种抗力有可能起源于我们竭力想要解除的压抑之中,也有可能起源于更早之前进行活动的压抑;它们的存在都旨在对不舒服的冲动做出反抗。所以现在我们所要进行的任务与之前相同;也就是进行说明,验证之后转告患者;只不过此时这种做法是正确的。抵抗或者抗力并不归潜意识所有，而应归于自我，尽管自我并不属于意识，但并无大碍，它必然同样会与我们进行合作。我们明白此处的"潜意识"似乎包含了两种内涵，第一种便是一类现象，第二种则是一种系统。尽管这似乎听起来有些模棱两可难以理解，但终归是之前所讲的话的再次重申。难道不是吗？我们之前已经对这一点有所提及——假设我们可以通过阐释来分辨出抗力的位置，则我们原本便能期望这种抗力与抵抗可以就此消失不见。然而我们究竟具备什么样的本能的动力，以此来供我们分配并让这件事有望成功呢？一方面，其实是患者力求重回健康的渴望，因此他才会愿意与我们合作；另一方面，便是因为他的理智的辅助，这种理智之所以强化是由于我们对其进行的说明。倘若我们可以为他提供一些暗示，则患者自然会很容易通过理智将抗力分辨出来，从而在潜意识之中寻找出能够与这种抗力相抗衡的观念。假如我对你说："抬头仰望天空，便会发现一个氢气球"，又或者倘若我只邀请你仰头望向天空，而后询问你发现了什么，相较而言自然是在前一种情境之下，更加容易发现氢气球。当学生第一次使用显微镜时，教师务必要向他表明需要观察的是什么，不然尽管镜头下方存在物体，但学生却无法看出任何东西。

如今就来说说事实吧！对精神病的各种各样的表现形式，比如癔病、焦虑状况、强迫性精神病等来说，我们的这些假说全都非常可信。倘若我们可以通过这种方法来寻找出压抑、抗力以及被抑制的观念的位置，便能攻克抵御，冲破压抑，从而让潜意识的资料转化成意识的资料。当我们如此进行的时候，就会清楚地感受到每当一种抗力被攻克之时，患者的内心之中便会进行着一场猛烈的斗争——两类趋势在同一个领域中进行着正常的心理争斗，一类是对抗力进行援助的动机，一类是要将抗力消除的动机。前者是之前构建起压抑作用的旧动机；后者则是近来所引发的新动机，有助于辅助我们将冲突消除。正因如此我们便将之前由于遭受压抑作用而暂时休止的争斗再次点燃，以此作为对这件事的新付出，一方面，向患者阐明旧的解决方式能够导致疾病，而新的解决方式却能重回健康；另一方面，向他表明那类冲动自打遭受排斥以后，情况早已截然不同。原因是那个时候的自我比较稚嫩且软弱，由于对里比多压迫充满了深刻的恐惧之情，所以才会竭力逃避，然而如今的自我已经变得相对强大，同时具有丰富的经历，并且可以得到医生的帮助。所以，我们所期待的能够再次爆发的冲突，与压抑作用相比会拥有更加圆满的结局；如果你们不信，则以我们对癔病、焦虑性精神病以及强迫性精神病的成功治疗为证。

然而除此以外还有其他类别的疾病，尽管处境非常类似，但我们的治疗方式却没有效果。对这类疾病来说，它们的自我与里比多之间出现了一类冲突，并因此导致压抑——尽管这个冲突在形势上与移情精神病的冲突存在区别；除此之外，我们同样可以从患者的生活入手去寻找压抑产生的位置；因此我们就可以使用相同的办法，抱有相同的期待，为他提供相同的辅助，向他转达我们所要实现的事情，并且此刻与压抑形成之时的时间差，同样有助于让冲突获得相当不错的结局。只不过我们终归没能将一种抗力攻克，从而解除一种压抑。这类患者，比如妄想狂患者、抑郁症患者以及早发性痴呆患者或许并不会受到精神分析治疗的作用。这是为什么呢？这并非由于智力上的欠缺；想要接受分析必然需要具备某种程度的智力水平，然而便以头脑最灵活且能进行演绎的妄想狂患者为例，难不成他们的智力还不如其他人吗？其他各种推力同样不少，比如抑郁症患者就不同于妄想狂患者，他们同样深刻地知晓自身的病况；然而并不会因此就非常容易地接受影响。由于在这个地方我们再次碰到一种惭愧且并不明白的事实,因此会质疑自己是不是真的有能力可以理解其他精神病的治疗。

倘若此刻专注于探讨癔病与强迫性精神病,便会马上遭遇第二个让人措手不及的事实。当患者略微接受治疗以后,便会对我们产生一种独特的举动。原本我们认为自己早已对所有能够干扰治疗的动机严加提防,并且对我们自身与患者之间的处境进行了彻底的预估,因此能获得一个最为可信的结论;然而除了我们已经预估的这一切,似乎有某些之前并未估计出来的物体突然袭来。这种突如其来的新现象本身就是非常繁复的;接下来我先对比较普遍且简单的部分略加叙述。

原本患者仅仅关注于自身精神冲突的治疗,但却突然对医生慢慢萌生一种独特的兴致,但凡是和医生相关的事情,仿佛显得要比他自身的事情更加紧要,正因如此他不会再将注意力集中在自己的疾病上了。他与医生之间的关系,一时间同样变得更加缓和;对于医生的要求他非常遵从,竭尽全力地以示感谢,同时呈现出令人诧异的美好品德。正因如此研究者同样会对患者充满好感;深深地庆幸自己可以拥有为这种品性仁慈的患者进行治疗的好运。倘若医生恰巧遇到患者的家属,同样会因听到患者对他的尊崇而备感欣喜;患者在家中对研究者赞不绝口,认为他身上拥有各种各样的美好品德。家属们会说:"他对你绝对仰慕;绝对信赖;对他而言,你的一言一语竟会如同上天赐予的真理一般。"这个时候或许会有明眼人补一句:"除了你之外,他并不谈论其他事宜,总是谈论你,着实有些太令人厌恶了。"

医生在那个时候自然是非常谦虚的,认为患者尊崇他的原因,一方面是由于他期望医生能够帮助他重回健康;另一方面是由于治疗的作用,这是患者之前从未听到过的,让他增长了见识。在这类因素的影响之下,研究同样取得了令人诧异的发展,患者理解医生给出的暗示,将注意力集中在治疗之上,因此研究所需的资料——比如他的记忆以及想象——全都唾手可得;他准确无误的理解,即使是研究者也会感到惊讶,因为这类崭新的心理学观点原本是被身体健康的人坚定反驳的,然而患者居然可以如此乐于接纳,这着实让人高兴不已。由于研究之中存在这种和平相处的关系,因此患者的状况从实质上来说同样出现了缓慢的进步。

但是如此的好天气并不能长久存在,终归会有黑云蔽日的一天。所以,研究逐渐显现出困境,患者坦白自己无法再讲出其他内容了。我们毫无疑问地感受到他不再对这项工作充满兴致,偶尔倘若你让他将自己脑海中随时浮现的事情讲出来,并且不会进行反驳,他早已充耳不闻了。他的举止不再受到治疗情境的控制;仿佛他自始至终都未与医生产生过合作的约定一般;单以表面而言,同样能明显地发现如今他的注意力早已分散在别的秘而不宣的事情上了。而这就是治疗难以进行的处境。因为再次出现了一种强劲的反抗力。这种事情是如何发生的呢?

假如这类事情具备对其加以了解的可能性,则这个干扰因素便是患者施加在医生身上的一种猛烈的友爱之情,但这种情感并非通过医生的举止与治疗的联系就能做出说明的。这种情感的呈现形式以及想要实现的目的,自然是伴随着两个人之间的处境而发生变化的。假如其中一个是位年轻的女子,另一个则是位青年,便会给人正常的印象;这个年轻女子时常独自与这个男子碰面,同时又会对其诉说心事,同时这个男子处于指导者的位置,如此一来她对他的爱慕之情,便似乎是自然而然地发生——只不过一个患有精神病的女子的爱意必然难免会有些许变态,对此暂且不予讨论。倘若两个人之间的情形与假设的这个事例越发不同,那么这种爱慕之情也会越加无法理解。假设一位年轻女性并未遇到合适的对象，同时医生尚且没有爱人，则倘若她对他抱有浓烈的感情，甚至可以离婚以求陪伴他左右，如果这件事无法实现，便会与他在私底下相恋，而这依然是可以理解的。在精神分析的范畴之外，这类事情同样非常普遍。只不过在这样一种处境中，女孩以及妇人们往往会进行如此令人惊讶的坦白，由此可知她们以一种非常独特的态度来应对治疗的问题：她们已经明白，除了爱情，并没有其他可以医治她们的方法，并且在刚开始治疗的时候，她们早已希望最后能从这种关系中寻找到现实中所欠缺的抚慰。仅仅是因为抱有这样的期望，她们才会忍耐研究的拖沓并不顾将自己的观念暴露出来。我们还能补充一句："因此才会这样轻易就能理解那些往往较难接纳的事情。"只不过这样的坦白状态的确让我们深感诧异，我们之前的全部预估也都烟消云散了。在这个问题之中，我们竟然能将这个至关重要的元素完全忽视了吗？

　　事实的确是这样的：当我们的经验累积得越多，对这个崭新的元素便更加难以否定，该元素对整个问题进行了改造，同时也侮辱了我们科学的预测。拿最开始的几次来说，也许我们认为那个时候分析的治疗仅仅是遭遇了一个意外出现的阻碍而已。然而这种对医生萌生的钟爱，便是在最不合适或者可以说是最为荒唐的情形之中——比如年迈的妇女与白发苍苍的医生之间，实际上压根儿并无人们所说的诱惑——同样无法避免，如此我们就不能再将这件事看作是意外，而不得不认可它与疾病的本质之间的确存在紧密的联系。

　　这个我们务必要认可的新增事实便是移情作用（transference）。意为患者将情感移注在医生身上，原因是接受治疗时的情形无法对这种情感的起因做出说明。因此我们更加质疑这种情感或许存在另一种起因;也就是最先已经在患者的内心成型,而后借着治疗伺机转移到医生身上。移情可以以一种热烈的求爱形式表现出来,也可以比较平缓的形式表现出来;假设一位是年轻的妇人,另一位是年老的男子,尽管她不愿意变成他的太太或者情人,但却依然想成为他心爱的女儿,里比多的渴望略微转变一下便成为一种如同柏拉图式的合乎理想的友谊。有的妇女晓得怎样将自己的移情作用进行升华,以使它具备必然存在的理由;有的则只能以粗俗的、原始的且几乎无法实现的形式呈现出来。只不过在本质上终归是一样的,它们的起源是一样的,这是众人有目共睹的。

倘若要询问这个新事实的范畴,就不得不再补充一点解释。比如男性患者到底经历过些什么呢?这里,起码我们知道并无性别以及性诱惑方面的烦恼。然而他的本质情境与妇人相同,他也如此爱慕着医生,也如此将他的品性过分夸大,也如此恭顺地服从他的要求,也如此对所有和他相关的人们充满了妒忌。移情的升华更多地在男人与男人之间存在着,直接的性爱则较为少见,就如同患者呈现出来的同性爱的倾向全都能以其他形式表现出来。同时研究者发现男性患者普遍存在另外一种表现形式,乍一看它似乎和方才所讲过的背道而驰——这便是抵抗的或者是消极的移情作用。

在治疗伊始,移情作用便在患者心中产生,暂时可以算作是最为强劲的动力。这种动力的最终结局,倘若能够引发患者的合作意识,便会有助于治疗的发展,当然并不会有人发现或是注意到它。反过来说,但凡转化为抗力,则必然会备受瞩目了;那个时候会有两种背道而驰的心理能够让病人转变对治疗的态度:(1)由于爱的吸引力过于强烈,已经表露出性欲的意思,因此便会引发内心对身体的抵抗;(2)友爱之情转瞬变为敌对之情。简单而言,敌对之情的出现往往要比友爱之情靠后,并且将友爱之情当作掩护;假如两者同时出现,就能被当作是情绪冲突的最好例证,这种情绪冲突控制着人和人之间最为密切的一切关系。因此敌对之情与友爱之情共同展示了一种依恋之情,正如同反抗与服从尽管彼此相悖,但实际上都依靠他人而存在。患者对研究者的敌对,自然同样能被叫作移情,原因是治疗所用到的情境并非导致这类情感出现的缘由;因此以这种观念来审视消极的移情作用,同样与上述关于积极的移情作用的观念相符合。

移情作用到底是在什么地方发源的?它为我们带来了怎样的困境?我们怎样做才可以将这些困境攻克?又会因此获得什么样的便利之处?这类问题唯有对分析方法进行针对性的解释时,才能进行探讨;此处仅为概述。由于受到移情作用的影响,因此患者会对我们提出某些要求,我们自然是要服从这类请求;否则,倘若愤怒地将其拒绝,则难免太过于愚笨。想要攻克他的移情作用,倒不如向他说明,告知他的情感并非源自于现在的处境,也和医生毫无干系,仅仅是对他之前某种经历的重演罢了。所以,我们便让他将重演转化为回忆。那个时候,便往往似乎是对大型阻碍进行治疗的移情作用,不管是友爱的或者是敌对的,全都能成为治疗中最为便捷的手段,以此来将内心的秘密揭露出来。只不过这种突如其来的状况难免会让你们感到诧异,所以,我仍需简单补充几句,以此来将你们由此产生的不悦印象抹除。我们需要明白的是,我们所进行研究的患者的病况终归无法视作是已经宣告结束,也正如同生物一般持续不断地发展着。治疗刚刚开始的时候还无法对这个发展进行抑制,只不过一旦患者接受治疗以后,病症的进程仿佛全都马上汇聚在一个方向上——也就是汇聚在对待医生的关系上。所以,移情作用就如同是位于一棵树的木材层与树皮层之间的新生层似的,正是因此也才会有新组织的出现以及树干半径的扩展。一旦移情作用达到如此的程度,则让患者进行回忆的任务就随之退后。那个时候我们就可以说这已经不再是对旧症的诊断,而是对取而代之新出现的且经过改善的精神病的诊断。对于这个取代旧症的新状况,研究者可以从它的起源开始追溯,是怎样发展并且改变的,他对这个过程非常熟知,原因是他便是它的核心对象。患者的所有症候全都丧失了之前的意义,以此来适应新出现的意义;这个崭新的意义也就隐含在症候之于移情作用的关系之中;否则,也仅有那些能够适应的症候得以保存下来,而不至于消失不见。倘若我们可以将这个新近患上的精神病治好,便等同于将原来的疾病治愈,换言之,便是结束了治疗任务。倘若患者与医生之间可以存在正常的关系,从被抑制的本能倾向的影像中脱离出来,那么当他与医生分开以后,同样依然可以维持健康。

对癔病、焦虑性癔病以及强迫性精神病等来说,由于移情作用的治疗具有如此至关重要的地位,所以这类精神病都能一同归属到"移情的精神病"中。不管是什么人,倘若可以通过分析的经历来对移情的真相获得一个真实确切的印象,就绝对不会再对那些于症候之中寻求释放的被抑制的冲动的本质有所质疑了;这类冲动富含里比多的意味,无法再找到更加确凿的证据了。我们能这样讲,唯有对移情的现象进行分析以后,我们才得以更加确信症候的意义其实是里比多的取代的满足。

但是此刻我们认为有必要对之前所讲述的治疗作用的动的概念进行改正,以此来获得与这个崭新的发现的彼此协同。我们通过分析明白当以抗力处理正常的矛盾时,他渴求一种强劲的推力,以此来辅助他实现我们所希望的处理结局,从而重新拥有健康。不然的话他或许会重蹈覆辙,从而导致早已进入意识的观念再次回复到压抑之下。这个抗争的结局并非是由他的领悟力所决定的——原因是他的领悟力既不强大又不自在，无法实现这种成果——反而是由他与医生之间的关系所决定。假设他的移情作用是乐观向上的，那么他就会以为医生具有绝对权威，并对他的分析以及观念深信不疑。假设并不存在这种移情，或者说这种移情是消沉颓废的，则医生以及他的观点就难以引起患者的注意了。信仰从爱之中发源，一开始并不需要什么借口。假设借口是由被爱的人所提，则仅仅是等到以后才对其进行批判的查验。不以爱作为依靠的借口，就无法让患者或是普通人接受其影响。因此一个人从理智的角度来说，同样唯有里比多在客体之上进行投资的时候，才会存在接受他人影响的可能性；因此我们可以确信，对患有自恋倾向的人来说，纵然具备最为优质的分析方法，也恐怕难以有大展拳脚的地方。

在其他人身上映射自身里比多的能力，固然是一般正常人所共同拥有的；精神病患者的移情作用的倾向，仅仅是这个通性的得寸进尺罢了。这样举足轻重且普遍存在的通性，竟然并没有什么人加以关注与使用，这难道不是相当怪异的吗？实际上早已有人对此加以关注与利用了。伯恩海姆凭借其敏捷的思想，的确曾将人类的受暗示性作为他的催眠学说的依据。实际上，他所宣称的"暗示感受性"便是移情作用的倾向，仅仅是由于他将这种倾向的范畴过度缩小，以至于并未将消极的移情囊括在内。只不过伯恩海姆从来没有解释过何为暗示，以及它是怎样出现的；对他而言，这其实是一个无须证明便能一目了然的事实，并无说明的可能。他并不晓得暗示感受性是依赖于性或者里比多的活动。我们务必要承认的是，之所以要在分析方法中摒弃催眠术，仅仅是想要从移情作用中探寻出暗示的本质。

然而此刻我准备暂时停顿一下，以让你们进行充分的思考。我明白此刻你们的思想中已经出现一种非常猛烈的反驳，倘若剥夺你们进行发言的权利，便难免会让你们的注意力分散开来。我知道你们必然觉得："你终归是承认自己仿佛实施催眠术的人一般通过暗示的辅助。从始至终我们就是如此认为的。只不过你为何要蜿蜒曲折地探求往日的经历，发现潜意识的资料，对各种各样的化装进行阐释，浪费了许多时间、精力以及钱财，最终不还是将暗示作为最行之有效的辅助动力吗？为何你与那些忠心耿耿的催眠术实施者一样，通过暗示来对症候进行治疗呢？假设你依然认为在这种蜿蜒曲折的方式的帮助之下，能够揭露出无数躲藏在直接暗示之后的重要的心理学事实，则又会有什么人来对这类事实的可信度进行验证呢？它们不同样是来自于暗示或者无意暗示之中的吗？难不成你无法让患者接纳你的观点从而对你的建议产生益处吗？"

你们的反驳非常有意思，务必要进行回答。只不过并非今日；原因是时间太晚了。待下一次再做答复。你们要晓得，我必然会严格予以作答。今日务必要将我开头所讲的话做个结尾。我之前曾答应你们，说会通过移情作用来说明为何我们无法对自恋精神病获得治疗效果。

对于这个说明我只需几句话足矣，你们也会因此明白这个谜题竟是如此轻易就能猜透，以及各种事实是怎样贯穿下来的。经验表明：自恋的精神病患者并不具备移情的能力，即便具备，也只是微不足道的。他们并非因为敌对而与医生分开，反而是因为毫无兴致。因此，他们并不会接受医生的影响。对于医生的言辞，他仅以冷淡的态度对待，毫无印象，所以，在其他人身上能够获得成效的治疗，比如发源于压抑的致病矛盾的再次出现以及对抗力的攻克，对他们而言毫无效果。他们一直处于停滞不前的状态，往往会自动地呈现出想要重回健康的意图，从而导致病态的结局；我们只能是心有余而力不足。

依据与这类患者相关的临床诊断，我们之前讲过，他们必然是将里比多对客体的投资舍弃了，从而使得客体里比多转变为自我里比多。所以，这类精神病与第一组（比如癔病、焦虑症以及强迫性精神病）存在差异。他们在接受治疗时的举动同样证实了这个推测。由于他们并不具备移情作用，因此我们的治疗无法在他们身上产生影响。

第二十八讲　精神分析疗法

今日所要探讨的内容，自然是你们已经知晓的。在我承认精神分析疗法的成效主要是因为有移情或者暗示的辅助时，你们曾经向我发问，为何不直接通过暗示来进行，因此又导致了以下的疑惑：这便是，既然我们认可暗示占据了举足轻重的位置，则还能对心理学发现的真实性做出担保吗？我曾答应你们要对这件事做一个圆满的回答。

直接的暗示其实是直接施加于反抗症候的暗示，也是发生在你的权威与疾病动机之间的一场搏斗。在这场搏斗中，你不会过问这类动机，患者只需将它们抑制在症候之中加以呈现。简单而言，你是不是让患者处于催眠中，并没有什么不同。伯恩海姆凭借自身敏捷的洞察力，反复认为暗示其实就是催眠的本质所在，而催眠便是暗示的产物，也就是一种接受暗示作用的移情；他热衷于利用清醒时的暗示，原因是这种暗示可以与催眠的暗示获得相同的效果。

此刻我到底是先来对经验的结果做一说明,抑或是先进行理论层面的讨论呢?

请准许我们先从经验入手。1889年我抵达了南锡,前去探望了伯恩海姆,并有幸成为他的一名学生;同时将他所著的有关暗示的图书翻译为德文。许多年以来,我一直在利用暗示进行治疗,一开始利用的是"禁止的暗示"(prohibitory suggestions),而后便结合着布洛伊尔询问患者生活的方式一同使用;所以,我便能从各个领域的经验出发以将暗示或者催眠疗法的结果推测出来。根据先辈们关于医学的看法,一个完满的治疗方法,务必要有非常快速的成效,以及可信的结果,同时又不会让患者感到憎恶;伯恩海姆所采取的方法与这之中的两个要求相契合。与分析方法相比较,这种方法见效更快,并且不会让患者有不舒服的感觉。然而对医生来说,却嫌它过于单调;原因在于不管是什么人,它始终采用相同的方式来阻止各类症候的发生,但却无法理解症候的意义与重要性。这样的工作是机械化的而并非科学性的;颇具江湖人士的韵味,只不过从患者的角度来说,倒也用不着如此计较了。对理想疗法的第三个要素来说,则催眠疗法彻底以失败告终;原因是它的结果并不值得信赖。有的疾病可以使用这种方法,有的疾病便不可以;有的疾病通过这种方法可以获得显著的成效,有的疾病则鲜有成效,至于这之中的缘由,便无从知晓了。更让人感到遗憾的是治疗的效果无法长久存在;等过一段时间以后,倘若你再与患者交谈,旧症便会再次出现,或者通过其他症状表现出来。到那个时候或许还能再次使用催眠的方法。只不过经验丰富的人会警告患者,劝说他千万别因为多次遭受催眠而丧失自身的独立性,反倒因此成癖,如同使用麻醉剂一般。反言之,运用催眠疗法以后,偶尔也可以与医生的预期相契合;以最少的精力获得彻底的疗效;只不过收效的要素依然没有被理解。有一次,我利用短时催眠的治疗方法将一个女性患者彻底治好,她突然莫名其妙地怨恨于我,最终病症再次出现;之后,我和她谈妥了,并将她的疾病治好了,然而她却再次对我感到万分痛恨。此外我还有过如下的一个经历:同样是一位女性患者,她的病情相当顽固,我曾反复将她的精神病症候消除,然而当我正在为她进行诊断时,她突然伸出手臂将我的脖子环抱起来。不管你是否喜欢,既然这件事已经发生,我们就不得不对暗示性权威的本质与成因进行研究了。

与经验相关的内容如上所述;由此可知丢弃直接的暗示,未尝不可以用其他方式来取代。如今将这类事实连接起来进行简单的阐释。运用暗示法进行治疗时会要求医生付出更多的努力,而对患者的要求则相对较少。这种方法与绝大部分医生所认同的有关精神病的观念并不矛盾。医生告诉神经过敏患者:"你并未患病,仅仅是得了神经过敏而已;因此我只需在五分钟之内讲几句话,便能让你身上的所有病痛彻底消失。"只不过在没有任何恰当方法的辅助下,一种微不足道的努力便可以将重症治愈,这难免与我们对普通能力的信仰相差太远了。假设各类疾病的情形能够进行彼此间的对比,则由经验可知,这种暗示的方法根本就不能医好精神病。然而我同样清楚这个观点并不是天衣无缝;世间同样存在这种猛然成功的事情。

从精神分析的相关经验出发,在催眠的暗示与精神分析的暗示之间存在以下的差异:催眠的治疗方法是对内心的隐私进行粉饰,而分析疗法是将这类隐私揭露出来并解除。前一种方法力求姑息,而后一种方法旨在彻底解决。前一种方法通过暗示来对症候做出反抗,它仅能强化压抑作用,却无法对症候的形成过程做出改变。后一种方法力求从导致症候的冲突中探寻出致病源头;借用暗示,以此来将这类冲突的结局加以改变。由于催眠疗法会使患者陷入无法活动与改变的处境中,所以,一旦遭遇致病的新因素,他便毫无反抗可言。而分析疗法要求患者做到如同医生一般的努力,以此来将心中的反抗消除。倘若抗力被攻克,患者的内心生活便会出现持久的转变,同时获得较为高级的进步,以及可以阻止旧症再次出现的能力。攻克抗力便是分析疗法的核心成果;患者务必要具备这种本事,如此医生便会采取一种具有教育含义的暗示来帮助患者。因此我们可以这样讲,精神分析疗法其实属于一种再教育。

此刻我希望可以让你们明白分析疗法与催眠法在利用暗示方面的差异了,前者是在暗示的帮助之下进行治疗,而后者专门依赖暗示进行治疗。由于我们已经把暗示的作用溯源至移情作用,因此你们可以更加清楚地明白催眠治疗的效果为何会这样不可靠,同时分析疗法的效果又为何会这样持久。催眠术是否取得成功,完全取决于患者移情作用的要素,只不过这个要素并不受我们支配。一个处于催眠状态的患者的移情作用有可能是消极的,最常见的便是两极性的,对此或许能通过独特的态度来抑制他的移情作用,我们对这些并没有十足的把握。而精神分析直接立足于移情作用,从而让其可以自由发展并对治疗产生帮助。所以,我们尽可能地使用暗示,同时进行管控;因此患者无法再肆意地控制自身的暗示感受性,倘若他具有接受暗示作用的可能性,那我们便可以对其暗示感受性进行有利的指导。

此刻你们可能会觉得:不管躲在分析之后的推力是移情或是暗示,我们施加在患者身上的影响,总会导致我们的发现在客观正确性上让人生疑。治疗的便利之处能够转变为分析的弊端。这是在反抗精神分析的时候多次提及的言辞;虽然这番话并无缘由,但我们也不能因此就对其置若罔闻。假设它果真包含理由,则精神分析仅仅只是暗示治疗方法的一种行之有效的独特变体;则它所包含的一切与患者过往的生活经历、内心动力以及潜意识等相关的结论,全都没有重视的必要性。对我们持反对意见的人确实是如此认为的;他们认为我们首先是依据自己所想象出的性经验,而后把这类经验的含义(假设并非这类经验本身),"注射进患者的内心"。相比在理论的帮助下,反倒是通过经验的证据来对这类罪行进行反驳会更让人感到满足。每个运用过精神分析的人,全都清楚我们无法利用这个方法来对患者进行暗示。我们想让患者变成某种理论的信奉者原本并不是很难,只需让他接受医生的错误信仰,他的举止便同样会与别人一样,仿佛是个徒弟一般。但是我们通过这种方法仅能对他的理智造成影响,但却无法对其病症产生影响。只不过当我们对他说,他在心中所求之事,确实等同于他内心真实存在的事情,此时他才可以化解冲突并攻克抗力。在分析的过程中,医生推论的失误会慢慢消失;于是更加正确的观念将会取而代之。我们的目标在于通过一种非常谨慎的手段,来对因为暗示而出现的短暂的成功进行阻碍;然而就算是存在这样的成功,也并无什么影响,所以我们绝不会因第一个疗效而感到满足。在我们看来,倘若并没有对疾病的难题做出说明,也并未将记忆欠缺的地方填充起来,同时也没能找出压抑的根源所在,那么分析的研究便不能算是告一段落了。假设在时机尚未成熟以前便预先出现了结果,则我们会将这类结果当作是分析工作中的绊脚石,而并非是其发展,我们务必要持续不断地将因为这类结果而出现的移情作用揭露出来,同时否定已经获得的治疗效果。这样一个基本的最终特性,便充分可以让分析疗法与纯粹的暗示疗法有所区别,同时让通过分析而得的效果不同于通过暗示而得的效果。在其他任何一种暗示疗法中,移情作用都会被仔细地保存起来从而安然无恙;而在分析疗法之中,移情作用自身便是接受治疗的对象,往往会对它的各种各样的表现形式进行持续不断地解析。分析而得的结果,那么移情作用自身必然会因此而消失不见;假设在那个时候存在成功且是持久的,那么这种成功必然不是在暗示的基础上产生的,而是因为患者心中已经出现的改变,这是由于患者心中的抗力早已在暗示的帮助之下被攻克了。

对在治疗过程中因暗示而出现的片面影响的预防,就是持续不断地对抗力进行抵抗,因而这类抗力将自己伪装成反面的(对立的)移情。此外还存在一个需要我们留心的论证,这便是,分析而得的很多结果,尽管可以被怀疑是因暗示而来,实际上可以通过其他可信的资料来证实并非如此。对痴呆症患者与妄想狂患者来说,根本不存在被暗示影响的可能性。只不过这类患者所表述的潜入意识中的幻象以及象征的转变等,皆与我们对移情精神病患者的潜意识分析而得的结论彼此一致,由此可知虽然我们的阐释往往会被人们质疑,但的确拥有真实的证据。我觉得倘若你们在这些领域上信任研究,必然不会出现过大的失误。

此刻我们准备通过里比多说来对治疗作用的表述做个结尾。精神病患者既不具备享受乐趣的能力,也不具备有所成就的能力——前者是由于其里比多原本就并未依附在实物之上,而后者是由于在压抑作用之下他所能分配的能力皆用来延续里比多,因此便毫无余力去展示自己了。假设他自身的里比多与自我不会再产生冲突,同时自我又可以支配里比多,那他便不会再生病了。因此治疗的任务就在于释放里比多,以让它从之前的迷恋物中逃离出来(自我无法触及这类迷恋物),从而反复地为自我服务。既然如此,一位精神病患者的里比多到底在何处呢?其实非常容易发现：它附着在症候上，同时症候会通过取而代之的满足以让它对目前的所有要求感到满意。所以，我们务必要对患者的症候进行控制并将其消除——而这也正是患者对我们的工作提出的要求。然而想要将症候消除，务必要先从症候的成因入手，观察它们之前存在的冲突，而后凭借之前并未使用过推力，将冲突引至一个新的解决方式。若要对压抑作用进行这样的诊察，务必要凭借导致压抑作用出现的记忆线索，才能取得部分成效。尤其重要的是在患者与医生之间或者是移情作用中，让那些早期的冲突再次出现，患者会竭尽全力做得与之前一样，因此我们才可以让他发动内心全部有效的力量去寻求另外一种解决方法。所以，移情作用其实是所有竞争力量交汇的竞技场。

但凡是归属于里比多以及与里比多进行抗衡的力量，全都聚集在一点：也就是和医生之间的关系；所以，务必要将症候的里比多夺去；因而患者仿佛会利用这种通过人工方式得到的移情作用或者移情的混乱，来取代之前的疾病；同时他的里比多仿佛也会用医生这个"想象出来的"对象，来取代其他各种各样的虚幻的对象。于是因为这个对象而出现的新争斗，就会在研究者的暗示之下，升华至表层或者更为高级的心理层面，最终转化为一种正常的精神冲突。由于这个时候新的压抑作用已被避免，自我和里比多的抵御就此结束；患者的内心已然获得统一。里比多从暂时的对象，也就是医生那里脱离出来时，便无法重新回到之前的对象上，因此如今就处于自我的支配之下了。治疗过程中，我们从这个争斗中发现的抵抗力，一方面是因为自我讨厌里比多倾向，从而以压抑的倾向呈现出来；另一方面是因为里比多的韧性，不肯从它之前迷恋的对象上摆脱出来。

所以，治疗任务依然可以划分为两个层面：首先，强迫里比多从症候中脱离出来,并聚集在移情作用上;其次,竭力对移情作用发起攻击以让里比多重获自由。倘若我们想要让这个新冲突最终获得成功,务必要将压抑作用消除,这样里比多才不会再次摆脱自我并钻入潜意识之中。同时这件事之所以具备可能性,又是因为患者的自我在研究者的暗示之下发生了转变。由于说明的过程会在意识之中引入潜意识的资料,因此自我会由于潜意识的消退而慢慢延伸;同时由于教育影响而和里比多达成和解,因而自我同样愿意给予里比多一定的满足。由于自我可以让少许的里比多得以升华,因此其对里比多要求的恐怖感也慢慢降低了。治疗过程越是与这个理想的表述相接近,那么精神分析的治疗效果也会增强。倘若存在障碍,这便是:(1)里比多欠缺灵动性,不肯从客体上脱离出来;(2)患者自恋的严谨性,绝不会容许出现某种限度的客体移情(object transference)的发展。或许治愈中的动力学知识可以以如下更为清晰的方式表述出来:这便是,由于我们通过移情作用将一部分里比多引至我们的身上,因此才将早已从自我之中摆脱出来的里比多的所有能量汇聚起来。

此处我们需要明白,由分析而导致的里比多分配,无法让我们直接对之前生病时的里比多倾向的本质做出推测。假设一位患者由于将对父亲的感情转移至医生身上,因此得以痊愈,我们万万不可就此认为他得病的原因其实是因为他在潜意识里对父亲存在一种里比多迷恋。父亲移情(the father transference)仅仅是一个竞技场,供我们在这里将患者的里比多克服罢了;至于它的起源则另有他所。竞技场并没有必要成为敌人至关重要的壁垒之一;同时敌人想要保全首都,也没有在城门前进行战斗的必要。唯有移情作用被再次分解以后,我们才能通过想象来对隐藏在疾病之后的里比多倾向进行推测。

此时还可用里比多学说来对梦做出解释。一位精神病患者的梦,如同他的失误以及自由想象一般,皆能让我们从中寻找到症候的意义以及里比多的倾向。通过欲望在这类倾向中获得满足时所采用的方式可知,经受压抑作用的是什么样的欲望与冲动,以及当里比多脱离自我之后又会附着在什么样的客体之上。因此在精神分析治疗中,对梦的阐释显得尤为重要,同时对大部分实例来说,它又是进行长期研究的至关重要的手段。我们早已晓得睡眠条件可以让压抑作用稍稍松懈下来。由于压抑所带来的沉重压力已经变弱,因此在梦中,被抑制的欲望会比在白天呈现得更加清晰。因此对梦的分析其实是对被抑制的潜意识进行分析的最为快捷的手段,而被抑制的潜意识便是从自我中摆脱出来的里比多的栖身之地。

然而精神病患者的梦,与一般人的梦相比在本质上并无差别;实在是无法对两者进行区分。倘若我们认为对精神病患者的梦的说明,无法用以阐释一般人的梦,则难免会说不通。所以,我们务必要认定精神病与健康的差异仅仅是针对白天而言;对梦的生活来说,这种差异便无法成立。所以,我们必须要将那些从精神病患者的梦和症候之间得出的结论运用在健康人身上。我们不得不认可在精神生活中健康人同样具备构成梦或者症候的要素;我们还必须承认健康人同样能形成压抑,并且需要耗损一定的能量来延续压抑,同时他们潜意识的内心中同样储存着极富能量的被抑制的冲动,况且这之中同样有一部分里比多摆脱了自我的控制。因此从本质上来说,一个健康人同样能被看作是一个精神病患者,只不过他能进行发展的症候似乎仅有梦罢了。事实上,倘若你们对他清醒时候的生活进行批判性的分析,同样能找出与这个结论相违背的事实;原因是这个看似健康的生命同样存在无数零碎且无关紧要的症候。

所以，神经质的健康与神经质病态（也就是精神病）之间的区别能被缩减至一个实际的差异，并且可以通过实际的结论来进行判定——比如此人的享乐与活动到底可以达到什么样的境地。也许这个区别可以溯源至肆意分配的能力与被压抑控制的能力之间所形成的比例。换句话说，它是量方面的一种区别，而并非质方面的区别。显而易见，这个主张为我们以下的观点提供了一个理论依据：那便是尽管精神病是以体质的倾向为基础而建立起来的，但本质上依然存在接受治疗的可能性。

所以，我们便能从精神病患者与健康人的梦的统一中，推断出健康的本质。然而对梦自身来说，我们还能推断出如下的结论——这便是：（1）梦无法跟精神病的症候撇清关系；（2）我们对将梦的重要性缩减为"把思想翻译成古代的呈现方式"这个公式（参见第二编）感到质疑；（3）我们务必通过梦来将里比多的倾向揭露出来，包括那个时候真实活动着的欲望的目标。

此刻我们的演说马上就要告一段落了。或许你们会感到失望，认为我虽将精神分析疗法作为主题，但实际上却仅仅讨论理论知识，而对治疗过程中的状况以及成效并未提及。然而我同样有理由：之所以并未提及治疗的状况，原因是我自始至终都未打算让你们接受实际的训练从而运用分析疗法；同时之所以并未涉及治疗成效，则是出于若干个动机。在刚开始演说的时候，我曾反复强调，我们在恰当的情形下取得的效果，并不会逊色于其他领域的医学治疗成就；或许我还能说其他方式是无法取得这类成绩的。倘若除此以外我还会进行过分渲染，难免会有人因此质疑我是在自卖自夸，借此来消除敌对者的贬低。即使是在公众集会的场合，医学领域中的友人同样往往会对精神分析进行恫吓,扬言倘若将研究的挫败以及有害的结局公之于众,就能让受到损害的民众知道这种治疗方法根本没有效果。暂且先不讨论这种方法的弊端,仅来说说失败资料的收集同样不一定会是一种行之有效的线索,以便准确地预估研究的结果。正如你们所知,分析疗法出现并没有多长时间;因此还要花费很多年的经验来对它的技艺进行完善。由于这种治疗方法在传授过程中存在各种各样的问题,因此相较于别的专家,初学者务必要想方设法将自身的能力展示出来,他在早些年所获得的结果根本无法对分析疗法的成果做出衡量。

刚开始精神分析的时候,无数治疗意图难免都会以失败告终,原因是研究者会对那些原本并不适用于分析疗法的各类病症进行诊断,而如今由于发现了某些特征我们便将这类病症排除在外了。特征同样仅能通过探索而获得。一开始我们并不晓得当妄想狂与早发性痴呆获得充分发展时,分析疗法便无法获得效果;我们自然能运用这种方法来治疗各类颠倒的状况。然而早些时候的失败并非是因为医生的失误,或者是在进行病症筛选时不够谨慎,而是因为外部的不利状况所导致的。我仅说过患者内心无法逃避但却能够攻克的抗力。在患者所处的状况中存在的一切对精神分析持反对立场的抗力,尽管从学术角度来说欠缺兴致,但本质上却非常重要。精神分析的治疗如同外科手术一般,务必要在最合适的情境中进行,才能具备成功的可能性。正如你们所知外科医生在实施手术前,必须先进行各种各样的布置——比如合适的房间、充足的光照、娴熟的帮手、患者亲属的回避等。试想一下倘若外科手术全都在患者家属眼前进行,家属们围在四周观察,一旦看到切割就会失声尖叫,如此还有几次能获得成效呢?对精神分析来说,亲属们的干预确实存在非常之高的危险性,我们也手足无措。我们觉得患者心中的抗力是不得不引发的,理应加以严格地预防;只不过面对这类外部的抗力,我们又该怎样去防备呢?虽然无法用各类说明将那些亲属劝服,但我们又不可以让他们站在一旁而置之不理;更不可以推心置腹,向他们坦白实情,原因是如此难免会让患者对我们丧失信心,等到那时患者必然会请求——这自然是理所应当的——我们,认为我们既然已经信任他的家属,则无须为他继续治疗了。身为一个研究者,但凡明白家庭分裂的隐情,就必然不会诧异于患者家属往往不希望患者重获健康,反倒希望他的状况不要出现好转。假设精神病是因家庭矛盾而引发的,则家里的正常人便会将自身利益看得比患者重获健康还要重要。由于丈夫深知当妻子接受治疗时必然会将自己的罪行揭露出来,因此他对这种治疗不抱有好感便不足为怪了;由于丈夫的抗力是施加在患病妻子的抗力之上,那么我们便无须对竭尽全力之后的失败与中止感到愧疚,原因是那时我们所进行的其实是一个根本无法完成的任务。

此刻我不打算列举太多,仅举一个病例,出于职业素养,我同样不得不在这个病例中忍气吞声。很多年以前,我对一位少女进行分析诊治;她由于长时间的恐惧,既惧怕离开家门,又惧怕在家中独自居住。经过长时间的犹豫,她终于承认自己曾在无意之中发现母亲与一个富翁暗生情愫,从那以后便备受此事的困扰。她非常不娴熟地——或者说非常巧妙地——将分析而得的探讨向她母亲加以暗示,暗示的方式是:(1)转变自身对母亲的举止;(2)声称除非是母亲本人,不然谁都无法消除她独居时所感到的恐惧;(3)倘若母亲要外出,便绝不开门。她的母亲原本就得过神经过敏症,自从去水疗院后,已经康复许多年了——抑或是说得明白一点,她与一位男士在水疗院相识,从那以后交往甚为密切,因而感到非常快慰。她从女儿强烈的暗示中引发猜忌,而后猛地领悟到女儿畏惧之情的本意所在。本意便是幽禁母亲，以切断她与情人之间的自由来往。因此这位母亲便毅然决然为这个对自身有害的治疗画上句号。她将女儿移送到一个专门接受精神病患者的处所，多年以来，始终将她视为一个"牺牲在精神分析中的可怜人"；我也因为这件事而备受唾骂。我之所以没有进行辩解，是出于职业素养的限制而无法将这个秘密公之于众。若干年以后，我的一位同事前去采访这个身患空间恐怖症的女孩，对我说她的母亲与那个富翁之间的私情已经被公之于众，她丈夫以及父亲也已表示默许。只不过在她女儿身上所施行的治疗却也因为这个"秘密"而丧失了。

大战发生的若干年前，来自各个国家的患者全都前来问诊，从而让我无暇顾及其他人对我家乡的诋毁。因此我制定了一条规则，但凡是在生活的紧要关系中，并未达到法律所规定的年纪且无法独立的人，便不会代为治疗。精神分析家原本没必要都能制定出如此的规则。由于我对患者家属所做出的警告，或许你们认为我是因为分析的目的，才会让患者脱离家族，又或许会认为唯有脱离亲友的人才能接受治疗。然而这番话并不一定就是对的；患者——起码并非是精疲力竭的人——在接受治疗的时候，倘若依然需要对日常生活施加在他身上的要求进行抵抗，便会对治疗产生不利。至于患者家属同样要对自己的举止严加注意，以免对这种有利要素造成损害，同时也不应妄自菲薄医生所做出的努力。只不过我们又该怎样做才可以让这些并不受我们控制的人们具备这样的态度呢？当然你们同样会认为患者直接所处的社会环境与素养程度，会对治疗的成功产生非常之大的影响。

虽然我们的失败能够用这类外部干预因素进行说明，但却早已对精神分析治疗方法的成效减分不少！赞同分析疗法的人曾劝说我们对分析疗法的成果进行统计，以对我们的失败加以抵消。然而我并不赞成。原因在于：倘若进行比较的单元相差甚远，同时接受治疗的病况大多又不尽相同，那么所做的统计也将毫无意义。更何况能够用来统计分析的时间非常短暂，无法对疗效是否能持久存在做出证实；对大部分病例来说，实在是没有可能去进行记录。原因是患者对其疾病以及治疗的秘密严防死守，并且即使康复以后也不愿意告诉他人。对精神分析持反对态度的最大理由便是，在与治疗相关的问题上人们最没有理性可言，因此难以受到合理论证的作用。新颖的治疗偶尔会引发狂热的追捧，比如科克首次公布结核菌的研发成就；偶尔也会引发彻底的质疑，比如杰纳的种痘术，事实上是从天而降的福祉，但却依然备受人们反对。对精神分析持反对态度的偏见，以如下的例子进行说明最合适不过了。当我们医好一种非常难以出现疗效的疾病以后，就会有人这样说："这根本不算什么，过了这么久，患者自身也能好转。"假设患者早已经历四次抑郁症与躁狂症的交错袭击，在患上抑郁症的某个阶段来我这里进行诊治，三个礼拜后，躁狂症再次发病，因此他的家属以及他们请回来的名医，全都认为这个躁狂症必然是分析治疗导致的。对如此的偏见进行反驳，确实是束手无策，在大战中你们会发现，不管是什么样的集团国都会因偏见而对别的集团国感到厌恶吗？这个时候最适宜的应对方式便是暂时忍让，等待这类偏见随着时间推移而最终消失得无影无踪。或许有一天，这类人会以不同于以往的目光来对同一件事做出判断；而之前他们为何会产生不同的观点，却依然是一个无法知晓的秘密。

或许如今对精神分析疗法持反对态度的偏见已经逐渐平缓下来。分析学说的持续推广，无数国家日益增多的以分析疗法进行诊治的医生都能加以证明。在我年纪尚轻时，催眠暗示疗法正遭受医学界的反抗,其猛烈程度与此刻"头脑清醒"的人对精神分析所进行的反驳如出一辙。作为治疗手段,催眠术的确没有实现我们的预期,我们这些精神分析家或许能自诩为它的法定继承者,理应不该将它对我们的鼓舞以及理论方面的启示遗忘。人们所展示的精神分析的有害结论,大致都局限在患者冲突转剧之后出现的短暂病况,而导致冲突转剧或许是因为分析过于死板,或许是因为分析的猛然中止。你们已经知晓我们对患者的处置办法,我们的付出是不是会让他们遭受永久的损害,你们必然能自行判定。分析的错误使用可以有很多种:尤其是在荒诞的医生手中,移情作用会变成一种极具危险性的手段。只不过对医术治疗的误用是在所难免的;倘若刀无法进行切割,那外科医生还会使用它吗?

此刻我的演说要结尾了。我对自己以上演说的诸多缺陷而感到愧疚不已,这绝对不只是出于礼貌的客套话。特别感到惭愧的,便是我无意中提到一个问题,常常应许会在其他地方再进行详细的表述,但是之后并没有合适的时机来履行约定。我所探讨的问题,目前依然没有结束,而是正处于持续不断的发展中,因此我的简略表述同样缺乏完整性。有很多地方,我原本是要进行总结的,但最终并没有加以归纳。只不过我的意图并不是要让你们全都变身为精神分析领域的专家;我仅仅是想让你们对此有所了解,从而引起你们的兴致而已。